THOMAS F. MILLARD

亚洲的决裂

1909 年前远东的兴衰

America
and the
Far Eastern Question

[美] 汤姆斯·F.密勒　著

郭彤　林珺丽莎　译

北京航空航天大学出版社

BEIHANG UNIVERSITY PRESS

图书在版编目（CIP）数据

亚洲的决裂：1909 年前远东的兴衰 ／（美）汤姆斯
·F. 密勒著；郭彤，林珺丽莎译 . -- 北京：北京航空
航天大学出版社，2019.1

ISBN 978-7-5124-2913-0

Ⅰ. ①亚… Ⅱ . ①汤… ②郭…③林… Ⅲ . ①远东－
历史－近代 Ⅳ . ① K310.4

中国版本图书馆 CIP 数据核字（2018）第 300922 号

亚洲的决裂：1909 年前远东的兴衰

出版统筹：邓永标
责任编辑：曲建文 舒 心
责任印制：刘 斌
出版发行：北京航空航天大学出版社
地　　址：北京市海淀区学院路 37 号（100191）
电　　话：010-82317023（编辑部） 010-82317024（发行部） 010-82316936（邮购部）
网　　址：http://www.buaapress.com.cn
读者信箱：bhxszx@163.com
印　　刷：天津画中画印刷有限公司
开　　本：710mm×1000mm 1/16
印　　张：28.25
字　　数：380 千字
版　　次：2019 年 4 月第 1 版
印　　次：2019 年 4 月第 1 次印刷
定　　价：78.00 元

自1906年3月《新远东》(*The New Far East*) 一书出版以来，我又对"远东问题"涉及的地区进行了两次访问，进一步观察并研究了该地区的问题。本书关注了我在以往书中放弃研究的地区形势，提出并拓展了其范围，且对有些看来显而易见的结论进行了批判。

我避免泛泛地使用数据。如果有些观点和结论是以数据为基础的，我便通过采纳或摒弃政府或个人提供的数据，从而有自己的判断。在东方，数据经常是编制出来用以支持某种假设的，这种风气之盛，可能超过了其他任何地区。在当代日本，涉及经济和财政方面的数据时，情况尤其如此。

我之前的著作是一部反日本的长篇大论，许多人公开声称自己支持书中的观点，我希望仍会有人同样地对待本书。这并不表示，攻击日本是本书的宗旨。我希望日本民众和其他国家民众一样，能够找到一些目标，这些目标不会因为损害其他国家的利益而引起国际纠纷和冲突。多年来，我密切关注其趋势，并研究这些趋势对其直接影响的民众聚集地的实际效果，从而得出一个结论，即日本的现有政策是有这个倾向的。形成了这个观点之后，我毫不犹豫地将其表达出来。而基于一些事实和形势所形成的观点，我也努力地将他们陈述出来。有些人可能会认为，探讨当代日本的活动时，我详述了令人不快的部分，而忽略了良好的方面。对于这些人，我想说的是，本书试图讨论的是日本政策中比较重要的部分，至于日本人性格中值得欣赏的特质虽未提及，并不意味着我忽略了他们。从相当意义上说，这些特质普遍存在于各个民族之中。一个民族只有把它们发挥到极高的程度，才能让他人广泛关注其行动。无数作家已经描述了日本的优良方面，而且日本也组织了他人无可匹敌的宣传活动，从而将其优点展现在全世界面前。我认为同时讨论优点和问题颇为恼人，对于这一点，以及有军方背景的日本政治家可能无法实现的野心，我努力将牵涉其中的利益和势力以相互平衡的形式呈现出来。

从我深入这个主题的程度，尤其是从美国利益的视角来看——而且只从这个方面审视的话——本书的讨论是有所偏袒的。而关于这个问题的大量著作，美国利益几乎未被考虑进去。我希望大家想起这一点时，也能原谅上述偏袒。在美国和世界其他地方，人们利用受启发后的公共观点和优秀的政治才能，对这些问题进行评估，而我希望本书对解决这些问题会有一定帮助。写这本书时，我从没考虑会有这种效果。

感谢《纽约时报》出版社、《斯克里布纳杂志》(*Scribner's Magazine*) 和《阿普尔顿杂志》(*Appleton's Magazine*) 允许我对曾经刊登在他们出版物上的内容进行再创作。

汤姆斯·F.密勒

1909年2月1日于纽约

目 录
CONTENTS

第一章 觉醒的东方

　　许多研究强国事务的学生认为，远东问题是世界亟待解决的重要议题。没有哪个问题像它这样涉及如此广阔的一个领域和复杂多样的势力，而且包含着根深蒂固的力量。这一问题的解决势必会影响各个国家的未来，乃至整个人类的命运。

　　基于上述前提，再怎么强调那些标志亚洲进步形势的事件也不为过，因为这些事件具有导向性，将决定着政策发展的进程。如今国际形势正经历着彻底的重塑，显而易见，这是日俄战争带来的结果。事态变化的速度快得惊人，改变着各国政府间的外交关系，也破坏着这些外交关系的根基——那些已建立的条约以及国际礼让原则。新的国际协议接连出现，其他事项也被提上日程。许多国家原本互为友好，现在却开始睥睨相视。当前，盟国间也开始重新审视它们结盟的根基。到处充斥着不确定性，部分地区满是忧虑情绪。新理念、新设想、新目标和新方法充斥着东方人的头脑，然后转化成行动，不久之后，西方世界就会对此有所察觉。人们已经没法再对东方正在觉醒这一事实有所质疑了。

　　这种东方的觉醒体现在诸多层面，广义上可以分为情感和现实两大层次。现在东方出现的情感跃动可以从日俄战争中日本的胜利找到痕迹。从中国到波斯，任何一个亚洲国家都受到了日俄战争的影响，进而激发了自身的进取意识，通常表现为拥有了坚持独立和种族平等的诉求，产生的大体结果则是西方世界在东方的威望下降。显而易见，这种情感和想法甚至可能会影响强国的国内事务。毫无例外，这些事务都与某种"种族问题"息息相关。那些想方设法去统治成百上千万东方人的西方国家对此兴趣颇浓，其中尤属英国表现得最为明显。有意思的一点是，英国对日本的崛起以及日本在世界的地位相对提升有着重大贡献。所以除开中国，英国或许对日本胜利所伴随的某种不利影响有着最敏锐的感受。

过去三年间，印度当地动荡不断，形势日益严峻，这是许多东方事务观察家都承认的事实。但在某些观察家看来，其中的缘由还不甚明朗。有些观察家对其原因的阐述仅仅着眼于印度地区，它们发展势头强劲，得到了许多关注，但是这些表述之间似乎难成体系，甚至还互有冲突，得出的结论和观点也都不一致。面对如此令人费解的情形，想要一探究竟，我们必须将视线投向更远处，必须看到印度地区之外的地方。1906 年间，我游历了东方世界的绝大部分地区，从东边一直到西边。在日本横滨，我找到了些蛛丝马迹，随后发现朝鲜、中国、海峡殖民地（Strait Settlements）①、缅甸，直至印度等国家或地区，都出现了同样的迹象。这种迹象开始变成人们口中的"泛东方主义"（Pan-Orientalism），人们谈起它时，通常带着怀疑论色彩，有时候还有些揶揄，偶尔则以警惕的态度提起。无论西方世界如何看待此迹象，总之，所有的东方国家都受其影响，它在印度的一些表现形式更有独特含义。

中国正经历的改革运动有着强烈的现代进步色彩，但也掺杂着偶尔复燃的排外情绪。和中国一样，印度的动荡源自多种复杂的力量。但毫无疑问，东方世界当前的普遍情绪是人们越来越渴求在更大程度上参与本国的发展和管理。在印

---

① 海峡殖民地，英国以前在马六甲海峡的直辖殖民地，包括 4 个贸易中心：槟榔屿、新加坡、马六甲和拉布安。原由英国东印度公司建立或接管。1867 年前三处建为直辖的海峡殖民地。1912 年拉布安自新加坡分出，成为该殖民地的第 4 部分。（本书的脚注均为编者注）

度，这种情绪主要体现在两个层面——首先是政治和民族层面，其次是商业和工业层面。

英国政府在许多方面都给印度带来了启蒙和益处。对许多英国人而言，无论是否在印度待过，他们都很难被说服，英国统治所秉持的宗旨及其影响从未给殖民地人民带来任何一点好处。即使有人愿意接受这个说服英国人的任务——我本人当然不愿意，想要动摇英国人心中这个根深蒂固的想法也不是件容易的事情。英国政府的杰出表现彰显在许多显而易见的方面，比如它的总部行政管理极为有效，小官员贪腐现象也很少见。

人们对此都有共识。英国已经摒弃了自己作为征服者的态度，而选择以调解者的身份，造福于当地各阶层，以人道主义精神对待他们。英国政府进行了多项改革，其中一项就是让当地人民有机会接受现代教育，此外，除了行政管理最高层之外，它还在各个层级启用有能力的当地人参与事务管理。广义上，英国政府对当地人的态度即是赋予他们所有被认为可以享有的机遇和自由权利。此政策维持了印度的稳定和平，并逐渐带来了物质繁荣。

尽管如此，印度人民深知，哪怕自身参与到当局政府的辅助工作中去，还是处在遥远的英国管控之下，只要一日不放开，恐怕印度直至今日都是处于英国的刀刃之下，正如克莱武（Clive）①统治的那段时期一样。此话听来可能很残酷，但这正是事实的真相，至于诸多有争议性的议题，比如正确与否、有益与否，在这样一种关系中都是无足轻重的。

本质上，印度当前的动荡是长期积患的结果，是过去众多历史原因的爆发，但它的导火索当属日俄战争中日本的取胜。它算是打出了头枪，类似的还有诸如

———————————

① 克莱武，即罗伯特·克莱武（Robert Clive，1725—1774）。英国殖民者、孟加拉省督（1758—1760，1765—1767）。早年在东印度公司任职。参加英国与法国在印度的争斗。1757年普拉西战役后，建立英国对孟加拉的统治。省督任内迫使莫卧儿统治者给予英在孟加拉、比哈儿和奥里萨的收税权。后因英国会追究其涉嫌任内渎职，自杀。

"东方人的东方""中国人的中国"等警句学说。就像印度的人口一样，日本的胜利使得其理念渗透至其他国家。实际上，我很痛心看到这种局面。过去三年中，整个东亚地区都充斥着低档的电影展览，这些电影展通常都是由日本巡展商主办。我曾在中国及几个地区参加过这种电影展，比如香港、新加坡、仰光和印度。大部分影片的品质一般，就是那种英美国家惯常放送的电影，不同的是，许多影片都对日俄战争进行了刻画。毋庸置疑，其中有些影片是真实的，因为我在西方国家看过这些影片，画面都是战场上的日本军队、旅顺港和其他地区的俄国战俘等。不过有些影片明显是伪造的，常常拍摄一些虚构的日俄冲突，日本无一例外都被塑造成了胜者。

其中一些影片的想法源自南非战争期间伦敦上映的类似电影（在概念上），描述俄国对中国和其他国家人民的暴行，随后日本拯救了他们，俄国蒙羞并受到惩治。一般而言，除非通过间接渠道，中国或印度的苦工往往无法直接接触文献材料，但是他们可以通过影片看到一系列的行为并进行模仿。在这些影片中，他们能看到自己向来敬畏的白种人在战争中被深色皮肤的人打败，至于其中的真实性，他们做梦也不会去质疑。通过诸如此类或者其他更微妙的手段，日本将自身想要传递给东方世界的信息渗透进中国和印度人民的生活中。

鉴于英国和日本的两国关系以及可能造成的后果，英国政府官员和议员本不该就这种联盟公开表示谴责，但事实并非如此。针对那些泛东方主义表现强势的地区，英国政府会压制那里的人民自由表达的权利。1908 年，日本著名英文报纸《日本纪事报》（*The Japan Chronicle*）刊登的下面这一段话，在我看来，充分体现了英国人对英日联盟东方阵线的机智回应：

不可否认，日本当前弥漫着一种勃勃野心和沙文主义，要平息这种势头异常困难，往往不成功便成仁。倘若这种情绪在某种阶层中蔓延，官方人士往往会与之撇清干系，如果某些政要的言语出现了这些说辞，这种沙文主义则会被多加粉饰，更不易为人察觉。

早前人们会无来由地担心俄国将侵犯印度，这同样影响了 19 世纪 80 年代英国政客的观念，但是真实与否，只能等到后来的年月才能水落石出。近期，有些国家与日本签订了协议，在这些人的头脑中，这种念头依旧神出鬼没。只不过一系列的后续事件掩盖了这一点，比如俄国战败和印度新刮起的民族主义风潮——大部分人都似乎充满疑惑，这到底是杞人忧天，还是经过俄国外交官精心设计的阴谋，为了将印度管理者们的注意力从事情真相上转移开去，甚至连始作俑者都未预期到这份成功。我们现在很难设想，与 3 亿印度人民自发的独立诉求相比，还有什么会给英国在半岛的统治带来更大的危险，恐怕进行一次印度西北荒山前线（绵延数百英里①）作战也不过如此。确实，关于俄国机构左右印度民意的传闻层出不穷，但人们总难免不去揣测，印度的不满情绪主要表现为对俄国青睐有加，人民只要把自己现在的主人替换掉便心满意足了。

英国方面有一点是显而易见的，它之所以与日本签订一个协议，一方面是因为对俄国的非理性畏惧，另一方面则是对日本真实国力的低估。在西方世界的眼中，日本这个小国为了追求民族独立，奋起与无所不能的北半球强国抗争，这可以说是一场必败无疑的战役。在当时，全世界对日本的军事力量都未过多在意，至于之后的战争胜利，则激发了日本的无限野心，进一步昭示了日本真实的对外政策。对此，人们更是毫无察觉。总之，鉴于之后的事态新发展，英日联盟可以说是绝佳范例，证实了当时国际事务治理经验的匮乏。

英日联盟带来的情感上的影响意义深远、引人关注，不过日本崛起产生的物

---

① 1 英里 =1.6 公里。

质结果，或许会让英国更为担忧其在远东地区的利益。日本一系列新举动严重削弱了其盟国的利益，尤其是商业利益。对此，目前也没什么好回避了。大量事实说明，英日联盟有着本质上的缺陷，它无力保障联盟宗旨得到确切实现。关于这一点，英国和日本政客也慢慢有所认识。如若不然，近期的英俄联盟、俄日联盟和法日联盟又从何解释？倘若英日联盟如日本预期有效维护了其在东亚的地位，它又为何多此一举，与其他国家签订类似协议？另外，英国方面要真是认为日本能够帮助巩固英国在印度的利益，它又为何与俄国签订一份内容一致的协议？毋庸置疑，英国政治家逐渐意识到，与日本联盟完全无益于其在亚洲地区的地位巩固，而联盟带来的情感影响更是导致英国的威望不断下降。英国方面还需认识到一点，即与日本的联盟还可能致使其与美国的关系陷入窘境，同时会影响其与美国和其他英属殖民地的关系。澳大拉西亚（Australasia）①地区尤其感觉受到冒犯，那里的人们本就人心惶惶，纷纷揣度着日本的勃勃野心。当然，在英日联盟到期前，英国和日本双方或许会齐心协力，力求避免两国间的联盟沦为国际笑柄。针对两国联盟一事，英国和日本的议会均不愿做出公开评论。

在印度支那②，法国也察觉到日俄战争产生的情感上的影响，它的东方殖民地已经很长时间没经历过这样的动荡。或许，法国不愿看到日本的影响力在亚洲扩散，但它显然视随大流为上策，认为这样利于维护自身的国家利益。正因如此，才促成法国 1907 年 6 月与日本签订了"工作部署"协定。由于"工作部署"协定措辞较为模糊，所以除非结合日俄两国签订的类似协定，单个法日协定并不具有太大的意义。有一点很有意思，此项协定适用于"与（签署国）拥有主权、保护权或占领权领土范围毗邻的中华帝国"。此协定透露了一点，即法国正在观察中国

---

① 澳大拉西亚，狭义的指澳大利亚、新西兰及附近南太平洋诸岛。广义的还包括太平洋岛屿（美拉尼西亚、密克罗尼西亚和波利尼西亚），范围与大洋洲同。
② 印度支那，通常指中南半岛的越南、老挝、柬埔寨三国。

的事态，倘若"门户开放"政策陷入停滞，"势力范围"主义再次复活，法国此刻断不愿被挡在这个临时筑起的防御墙之外。我并未将法国的这种行为解读成它希望中国分裂，这一点已经得到了证实和中国政客的信任，法国只不过是在为未来可能发生的不测而做足准备罢了。

过去三年内，德国的远东政策未受到很大关注，主要是因为德国在寻求一条平衡且持续的道路，以求避免尴尬的纠葛。现在看来，由于认识到了日俄战争伴随的影响，德国对中国态度确实有所反转，而且诚意十足，愿以一己之力来维护中国的统一完整与"门户开放"政策。自德国对华政策发生改变后，德国在中国的地位也有所提升。青岛已经成为中国山东的主要港口，中国以往惧怕德国的政治图谋，所以对其怀有敌对情绪，但现在这种情绪正渐渐消退，德国在中国的商业利益也因此得到大幅提升。我们几乎可以相信，德国政客们确实对自己之前采取的不利政策有了认知，而现在，与"势力范围"所主张的帝国分裂相比，他们相信"门户开放"更利于本国在中国的利益巩固。针对德国近期采取的远东政策，中国和其他国家并没有什么不满，就这种情况来看，我们可以寄希望于德国，希望它秉持各利益相关国达成的一致原则，发挥其自身的作用。日本在与俄国和法国进行协议谈判的同时，也试图与德国接洽，希望签订类似的协定，但却无果而终。

就远东地区近期的事件和局势来看，我们完全有理由得出结论——创造新的国家势力平衡是维护国际均势格局的唯一途径。这种均势需建立在一个不同于现在局势的基础之上，涉及新的势力和稳定性因素。依我之见，这种势力和稳定性必须依靠美利坚合众国直接、积极的参与来获得。

但凡任何一个对此话题有兴趣的美国同胞，都难免开始思索美国在解决此问题的过程中要扮演什么样的角色。无论影响好坏，远东地区发生的一系列事件必定会对我们国家造成极大影响。从现代意义上来说，鉴于我们的领土位置处于太平洋沿岸，我们的国土实际上与太平洋西海岸的远东国家紧密相邻，而且我们在部分地区还有一些国家财富，这些地区势必会牵扯进之后的事态发展中，有一些地区更会面临直接冲击。凭借现代西方的手段和影响力，我们希望通过贸易的方式在地大物博的中国收获可观的利益。说实话，考虑到远东当前局势和各远东国家未来的可能性，我们不得不承认，美国在那些国家的利益至关重要，这一论点或许同样适用于那些美国目前没有政治主权或者未打算寻求政治主权的地区。

被普遍认可的一点是，美国已经到达了自身发展的一个转折点。美西战争和战后计划外获取的领土也给美国带来了新的责任和问题。眼下来看，虽然这些给了我们新的利益和渠道，但美国迅猛发展的势头使我们必须谋求更大范围的利益。在我看来，这主要体现在美国的经济发展层面。美国正面临工业发展的危机，当然，这里并不是说美国经济已经再无发展空间，而是说，美国资源目前得到了部分开发，在未来许多年内，接下来的发展要继续消耗这些国内资源。让我们来看一个等式，等式一边是持续膨胀的工业产出，另一边是我们的国内消费，尽管后者体量庞大，但我们现在面临的状况是，美国必须寻求新的市场渠道，如若不然，美国工业很快将陷入停滞。一旦如此，国内的繁荣发展势必受到影响，同时还会拉大美国与其他强国的差距。既然如此，美国政客们的责任便一目了然，就是要考虑长远的利益，开拓新的市场，想方设法为国内生产者提供保障，为他们提供进入其他市场的公平入口。

在未来，美国必将会选出一批新的政客，而这便是未来美国政客们要面临的众多问题之一。为了美国的发展，政客们必须在世界范围内搜寻商业机遇，他们的目光不可避免地投向了远东地区。当今世界，已经不存在神秘之境，已经没有什么适宜于人类活动的未开发之地。我们的居住范围即是领土划分的结果，如果说它的经济潜能还未被完全开发，那也是因为大自然永远保有它的秘密，等待着人们去发现，人类只有在强烈需求的驱动下才能挖掘到那些秘密。中国是一个天然资源丰富的大帝国，地处温带气候地带，在这片土地之上，居住着4亿多勤劳聪慧的中国人民，这个大国同样面临着转折点。我们国家已经迎来了新时机，政客们不应将视野局限于国内领土，而是应当放眼全世界。远东地区，这个集聚了世界三分之二人口的区域，又出现了新的气象和机遇，自然是不可忽视的存在。美中两国是一个真正的利益共同体，美国与其他东方国家的关系无法与其相提并论。倘若这是事实，我们可以得出明确结论——如果事关中国命运和事态发展的协议不符合美国的利益和期许，那这个协议是不可能有实际效力的，也不可能有助于远东地区和平的维护。

泛东方主义的扩张也会遭遇来自远东地区内部的抵制，比如将人们按民族来统一，或者建立政治联盟，这些对西方国家来说都是"黄祸"。这些黄祸多以国际猜忌、国际敌对的面貌呈现。中国不愿被日本统治，但同样反感被西方人统治，这种情况下，中国或许宁愿选择一个西方的统治者。中国对日本当前采取的大陆封锁政策极为不满，它认为政策的矛头就是指向中国。这些目前独立的远东国家现在正寻求着本国的正常发展，有朝一日，一定会构建出全新的势力平衡格局，正如欧洲所经历过的一样。甚至在日本国内，大陆封锁政策也遭遇了反对声音。一些日本政客将英国之前的欧洲大陆封锁政策作对比，英国之前一直是此政策的相关利益国，但之后却被排斥在外了，有些日本政客认为日本野心如此之大，相似的命运就在不远的前方。但是，持这种意见的政客还属少数，所以并不能影响日本的国策，而且他们的担心仅仅是在失败的情况下才会成真，这种状况下，日本的大陆封锁政策才会丧失其侵略性特征。与西方国家相比，远东地区的命运最终要取决于中国立场的变化。

与此同时，我们可以明显观察到，日本是当前远东问题中最强势的不安定因素，这使得日本当下的举动和局势都变得引人注目、影响深远，我们全面考察远东事务时，必须对日本加以重点关注。

第二章　日本的新经济制度

日本开始实施新的国家政策时，遇到了一些阻碍，可是日本并未因这些阻碍停下推行新政的步伐。其他国家要是处于类似的处境，可能已举步维艰了。日本现在的境况有些类似美利坚合众国，当时美国正经历殖民地构建联邦政府的过程。

美国推行政策改革的时候，并不需要先突破一些旧观念和旧体制的围剿，日本的情况也类似，取得日俄战争的胜利之后，日本采取帝国主义扩张政策时，国内的反对声音寥寥无几。旧传统习俗的势力已经被破除，日本也已经接受了现代观念的洗礼，与其他西方国家的民众相比，日本民众的思想也更容易被影响，更易接纳先进的政策或体制。

日本在日俄战争中获胜，因此军方寡头势力彻底掌握了话语权。时至今日，日本全国上下极易受到民族主义的鼓动，但凡以民族为旗帜而提出的任何主张，都会受到日本国民的拥护与支持。而日本近期推行的父型政策（paternal policy）正是高擎着这样一面民族主义大旗帜，此政策实施初期，受到了民粹势力极大地推动，可谓世所罕见。

日本所实施的一些新经济制度和经济手段充分彰显了其工商业的中央集权特质。在当今的现代文明社会中，我们还是第一次亲眼看见一个政府履行起一个企业的职能，甚至所有的工商活动项目都要归政府管理和监控。假设这样的社会运动最终在西方国家得以成功开展，那么可以说日本给我们提供了一个先例。

日本政客们选择了这样的冒险之策，其背后的动机复杂多样，其中有出于与其他国家对抗的考量。无论是和目前的还是潜在的竞争国相比，日本的经济实力都处于劣势，因此政客们深觉务必倾全国之力推动工商业改革。他们的理由是，倘若将国家的工商业发展事务分派给不同的机构管理，就会变得过于分散，这样一来，资源和时间会耗费在不必要的环节上，这一观念正是日本新政的理论基础，可是新政策的实质起源和动机恰恰不是这个。为防止部分鼓吹政府集权制度的西方人士此时跳出来，将日本当作一个正面的绝佳例子说事（有一些人有这个意图），我们不如来看看日本采取这样一种极端政策时，其周边环境到底如何。

虽说日本政客中不乏此理念的忠实拥护者，他们笃信新体制的稳定可靠，可是自打该理念出现以来，就有许多有识之士公然提出了不同意见，所以照正常情况来看，日本政府断不可能以这样的速度推行此项新政。

日俄战争给日本遗留了许多亟待解决的问题，其中当务之急便是日本的财政状况。日本政府急需资本和收入，这恐怕是它想要控制某些行业和公共事业相关业务的首要原因，可能也是最主要的原因。自战争爆发之后，这一问题就变得更为紧迫，日本政府急需创造新收入、增加原有收入，与此同时，日本还必须找到可充当外债抵押品的财产。在这样的局面下，日本政府接手管理烟草、盐、樟脑、鸦片以及其他小行业。

随着日俄战争的结束，日本的战争经费已经耗尽，同时还积欠着巨额的国债和利息，因此日本政府想方设法地搜刮着有利可图的工商业和公用事业项目。此处之所以提到上述情况，并非是想要将人们关注的焦点引向日本的财政状况，而是想指明一点，即日本的工商业国有化政策并不是纯粹基于此政策的优势而提出的（一些不做深入研究的西方评论人士似乎持有此观点），很大程度其实是因为日本政府急需增加税收的缘故。

为了更好地对某些行业和公用事业项目实施管理监控，政府会采取国有化政策，这个概念本身其实不算新鲜。自文明社会出现以来，国有化也就应运而生，回顾历史，各国政府实施国有化政策，既有失败的案例也有成功的案例，情况各不相同。

日本依据本国国情设立了促进国家经济发展的相关制度体系；政府主张直接给某些行业提供支持，确保此行业朝着良好的方向发展。此次政策的辐射领域非常广泛，比如给予制造所需的初级产品补贴，以及为产品进入市场提供有利政策等诸如此类的扶持措施。尽管如此，也并非每个行业都会受到政府的特别优待。至于哪些企业能够享受到政府的扶持政策，完全取决于日本政府自己的选择。我们不难发现，这是个恐怕连所罗门（Solomon）①都会觉得棘手的难题。可是日本政客们依靠强大的心理素质，迎难而上，即使有人或许会对他们所做判断的可靠性产生一些误解。

该制度三大支柱为金融、工业和商业。金融方面，政府委托银行负责具体操作工作，日本的银行通常与政府有着直接关系。鉴于一些日本大银行机构负责的金融业务与国家利益息息相关，诸如日本银行（Nippon Ginko）、横滨正金银行（Yokohama Specie Bank）②和第一银行（D'ai Icho Bank）这类机构实质上就是政府的部门，其性质与日本的作战部和外交部并无二致。

银行负责所有国内外贷款项目的协商谈判工作。根据政府的建议，它们总是

---

① 所罗门，古代以色列—犹太王国国王（约前960—约前930年在位）。大卫之子。在位期间发展工商业，划分行政区域，建立征税征贡制度，并大修宫室。据《圣经·列王纪》记载，所罗门智慧过人。

② 横滨正金银行，日本早期的外汇专业银行。1880年成立，总行设在横滨，经营对外汇兑、贴现等业务。1893年在上海设立分行，以后陆续在中国各地设立分支机构，成为日本帝国主义对华进行经济侵略的重要金融机构。

位于东京的日本邮船会社总部

东京金融中心

这里有日本银行和其他一些重要的银行

做好了充分的准备，但凡日本的私企或者国企需要资金援助，它们便会雪中送炭。在我看来，针对日本银行的相关业务手段进行一番剖析不失为一件有意思的事情，特别是当日本在海外也发放了国债和行业债券。此处仅举一个例子，便足以说明问题。

日本政府采取了一系列措施对朝鲜和满洲地区进行剥削压榨，在这些地方建立了稳定的日本商贸基地，并将其他国家势力排除在外，形成了零竞争环境。这些措施中，有一项卓有成效，即日本银行向上述地区的日本出口商们提供低利率贷款，此外，那些年贸易额达到一定规模的企业还能享受额外的退税待遇。其他银行运用上述手段之后便无力再开展其他合法的业务了，可是日本银行却能够做到，所以其中奥妙值得深究。日俄战争结束的时候，日本政府受益于海军大将东乡平八郎①的海战胜利，最后时刻还囊获了一笔外债收入，日本政府之前则是将这些外债发给了英国、德国和美国，其中部分资金存放于几家大型银行机构，听凭日本政府调遣使用，还有部分资金用于经济新政开销，以贷款的形式发放给日本企业。其中一些贷款，企业的贷款利率比政府所缴利率低。利息差额肯定由国家填补，可是日本国民对这一细节却没有一点认知。

无论这项政策给日本国内带来何种影响，那些持有日本债券的外籍人士并不会受到实质的利益影响，西方国家的利益也未受到波及。不过等到日本的工商业国有化政策发展到一定阶段，就很可能上升为国际问题。

贸易竞争是常态现象，而且能够起到刺激效应，因此主要出现在个体商户和集团企业之间。而如今，我们看到的是，一个极具凝聚力且富有活力的国家直接参与这些竞争中，因此我所提出的观点很有可能会成为现实。假设日本这种大胆

---

① 东乡平八郎（1848—1934），日本海军将领。萨摩藩士出身。早年在英国学习海军技术。中日甲午战争时，任"浪速"号舰长，偷袭中国北洋舰队。1900年任常备舰队司令，参与八国联军侵华战争。日俄战争时，任日本联合舰队司令长官，率部在旅顺口外和对马海峡击败俄国太平洋舰队。1905年升海军大将。1913年获元帅称号。

的创新之举得以成功，未来的工商业竞争可能会演变成国际层面的对抗，其程度恐怕是今时今日的我们难以设想的。

本人之所以会做出这种趋势预测，并非全然依靠逻辑推理，日本自己也有意释放出信号，企图抽出某个行业领域的工商业资源，举全国之力，用以支持这次体制改革运动。目前看来，上述冲突或许仅存在于远东地区，不过我们不难想见，日本的这套办法假以时日有可能变成国际性政策，因为有了这样一份胜利在望的念想，其他竞争国家将会争相效仿日本的做法，或许还会变本加厉。

其他大国出于现代文明社会整体的利益考量，倾向于遵循互惠原则，降低本国的关税税率，但这种做法在日本新体制下难以推行，而这也会带来许多后果，其中之一就是日本又会重新抱守那一套旧做法，那些为当代富有人道主义精神者视为过时且嗤之以鼻的旧观念。

日本在推行其新的经济体制过程中，双管齐下，同时采用间接和直接的手段，也就是所有权制度和补贴政策。从日本的这一做法来看，我们发现，日本当局为达目的可以不择手段，最终达成目标才是它当前的考量，因为这两种手段其实不具有一以贯之的系统性，甚至还存在互相冲突的地方。关税手段的运用范围相对更为广泛，比如直接的财政红利或者保护性关税政策。

这些发展工商业的手段其实很早便被各国采用，日本并未有所革新。说实话，目前我还尚未发现，日本有真正实施任何变革性政策的措施。话虽如此，日本还是比西方国家更进了一步，更具冒险精神，它利用当前的局势环境，突破了西方国家所创立的商业标准范围。

此处我所指的是，日本企业大规模地以其他国家企业的品牌效应和名誉谋取利益，其中以版权和商标盗用问题最为突出，日本制造商和商人近些年来一直都占着这份便宜。我们现在没必要清算旧账，不过却有必要厘清一下这件事，这个问题必须得到改善。

即使是日本政府所属的产业也充斥着这种现象，其中以军工和海军物资供给制造业最为严重。

日本的直接补贴政策辐射领域非常广泛。制造业领域中，纺织面料享受补贴政策，特别是棉花这种生产材料；农业领域中，大量的初级产品生产享受政府的扶持和补贴；运输行业里，大型的运输企业实际上已经算是国有企业，双方互通有无，政策也息息相关。日本政府以银行为中介，使用国家公共资金促进私人贷款业务的发展，因此扶持了一些机器设备的进口业务，这些设备主要用于新产业创设和原有产业的拓展。

这些企业有的曾经是私人运营的企业，甚至有的归政府管理。私营情况并不理想，在日本政府的扶持与帮助之下才得以重焕生机，比如钢铁行业、码头和造船厂等。日本政府为了开发本国具有发展前景的自然资源做出了各种努力，一发现此类资源，政府便立刻扶持一家企业进行资源开采。

不过，日本政客们意识到产品生产是一回事，而产品销售则是另一回事。日本政府可以通过征收关税的手段打击外国商品，从而达到维护本国国内市场的目的。可是日本的野心是在整个远东地区建立商业霸权，这意味着日本在其政治势力尚未巩固的地区同样会碰到竞争对手。因此日本正谋划着该如何在竞争中立于不败之地，其中有些手段可谓趣味十足、意义非凡。

日本政府推行商业对外扩张政策时，交通运输的基础设施在整个过程中扮演了重要角色。这些基础设施目前相当于垄断了陆空交通运输，日本政府拥有所有铁路线的所有权和运营权，一些大型航运公司直接享受政府补贴待遇，或者实际上隶属政府体制管理，其中包括日本邮船会社、大阪商船会社和东洋汽船会社。

三大航运公司旗下拥有 200 多艘货运船，总吞吐量达到了四十多万吨。日本在推动其海上贸易线路的过程中给整条航线进行补贴，而日本的货运船会享受特别的补贴，造船所需的进口原材料也大都可以免收关税。当这些货船正式投入使用时，还可以享受到另一笔补贴。以日本邮船会社为例，实际资本投资比例只有34%。所以，上述企业即使没有正常营收也可以继续维持下去。

日本经济新政改革中重要的一项是关税条例，此关税条例于1906年10月1日正式生效。无论是日本提出该关税议案，还是国会审批此关税议案的过程中，日本政府一直试图在国内外营造一种假象，即此关税政策仅是单纯的收入调整，可是最终条例一经出台，毫无疑问是明显的保护性关税政策，这显然是日本所使用的手段之一，目的是为了巩固自己在远东地区工商业的霸主地位。仔细审视一番该新政的具体细节，其保护性意图昭然若揭。然而，和日本的其他新政措施一样，该保护性政策也不全然是利好政策。日本实行保护性关税，恰如其他类似政策一样，本身自带的固有的冲突性，未来肯定会产生一系列摧毁性效应。

日本当前的政治环境难以容纳反政府观点。该法案正式成为法律条令之前，反对的声音便已经出现了。日本国内的主流声音是建立新日本，而有些人则指出日本政府的新措施非明智之举，这些人会被视作妨碍国家进步，因此通常会遭到禁言。还有一些人直指日本政府的政策存在缺陷，而这种缺陷很可能会给国际社会带来不利影响，这样的言论更会遭到封锁。

人们纷纷控诉这些持异见者，认为他们损害了国家名誉。这股战后高涨的民族主义情绪，令大部分日本政客和商人都感到难堪。可是，一些具有影响力的报纸和其他舆论报道都极为反对日本的经济新政措施。由于日本政府眼下成功地以增加税收的名义将其保护性政策掩盖了起来，因此那些反对的声音最终无疾而终。尽管如此，他们绝对可以称得上凝聚成了一股势力。

日本国内有些人士并不会如此轻易地向压制屈服，其中就包括大隈 ① 伯爵。此

---

① 大隈，即大隈重信（1838—1922），日本首相（1898，1914—1916）。佐贺藩士出身。明治初年任民部大辅、大藏大辅。后任参议、大藏卿。1882年创建立宪改进党，并创办东京专门学校（早稻田大学前身）。1888—1889、1896年任外相。1898年与板垣退助联合组阁，任首相兼外相。1900年组建宪政本党。再任首相时，日本参加第一次世界大战，并出兵中国山东，向袁世凯政府提出旨在吞并中国的"二十一条"。

人在公众心中是一位德高望重的人物，想要禁止他发表意见不是一件易事，而且伯爵理念超前，根本不存在自私自利的野心。他频繁地在议会上和会后发表自己的反对意见。1906 年在大阪的一次演讲会中，大隈曾抨击日本政府实施保护性政策的行为太过鲁莽，并且提到：

　　那些支持日本实施保护性政策的人几乎都将此视为报复性政策，可是报复性政策不仅会影响其他国家，同样也会反噬自己。日本目前所生产的产品对其他国家来说，其实并非刚需，所以日本的政策应当以尽可能低的价格将其产品投入外国市场，尽可能地不与其他国家产生冲突，以免他国对日本征收报复性关税……日本国家收入有所增长，其本质原因是日本恢复其关税主权后所实施的关税新政，该政策最终出台时已经演变成了保护性政策。显然人们都在翘首期盼着该政策的试验效果，甚至有观点认为，日本国内高昂的土地税费主要得归咎于其他强国长久以来对日本关税权的把持，并且还隐约暗示说，日本的新税政策将使那些强国自食其果。如果日本政府打算达成这一结果，那么假设我们经过一番税收征收成本的计算，按道理这应该会给日本政府带来一份净利润。换句话说，这些关税要由那些出口商品至日本的国家来承担。可是我们看到的情况并非如此，因为关税一旦上涨，则意味着日本国内缴纳了关税的商品价格也会随之上涨，而对真正的消费者而言，价格上涨幅度往往会比关税上涨幅度要大。如此一来，其实是消费者承担了这部分关税，从国民财产层面来说，这只不过是另一种征税方式罢了，承担者还是日本国民。

　　这番言论言简意赅，但是大致勾画出了日本新经济体制的轮廓。我并不打算罗列这项政策的优势与弊端，只是想大体描绘出该政策的核心要点。大隈伯爵所陈述的观点是对日本父型政权的理性剖析，与近期日本国内的主流言论相比，他的看法更为客观合理，而整个国际社会也会观望日本该政策的最终实施效果，或许还会带上一些焦虑的情绪。

有一种看法是，该体制非常理想，将所有的国家大型项目集中管理，这体现了一个国家政府的最优职能，而日本正是将管理权力集中到了几十个人的手中。假设这几十个人面对国民交与他们的重大事项时，一直都能做出明智的决策，或者绝大部分时候可以明理断事，那么我们或许还可以期待此政策的硕果。

该政策很有可能非胜即败，因为一旦这些人做出了错误的选择，那么所有的一切都将分崩离析。至于不在政府扶持范围内的行业项目，相比之下则可能会受到冲击，而许多经济学家都坚信的一点是，国家政府应该让工商行业遵循其自身的经济发展规律，不应该多加干涉，这才是经济发展的最佳方式。

但凡亲眼见证过日本国民对本国扩张计划的高涨热情与拥护的人，恐怕都会对这种情绪印象深刻。起初，这种战争所激发的国民情绪被日本政客们巧妙地粉饰为追求和平，日本也曾一度用同样的手段促成了陆海军行动任务。

可是维护和平和作战是两个截然不同的事情，回顾历史，两者也需要不同的管理方式。即使是在战争时期，随着战争的逐步发展，这种国民情绪亦会有所消退，好战情绪也成了机械模式，其背后动机主要来自于纪律。初期，日本的新体制明显带有好战色彩，政府呼吁国民支持推行新体制，其实就是呼吁它的人民走向战争，而日本人此时又恰好沉湎于胜利之中难以自拔，所以便积极响应政府的号召。日本人民会做出回应也是在所难免，只不过这种全民热情为日本的扩张计划注入了极大的推动力。

日本的工业发展出现了突然的扩张趋势，主要是因为日本的新政策，而对于那些善于从表象看到本质的人士而言，该新政打从一开始就是一个不稳定因素。若严格依照日本的实际情况来说，日本此次工业扩张发展所基于的资源和机遇与战争之前的情况并无二致，因为日本战后资源并未即刻增加，土地和人力资源没有发生任何实质变化。每一个国家都会经历不断进化发展的过程，在此过程中，新的工业机遇与空间便会随之涌现。而这种进化的过程往往是循序渐进的。

财富的剧增有时候确实会发生，比如美国这样的国家；可是这通常都是总体财富积累增加所伴随的成果，往往是国家繁荣发展之后才会看到的景象，而绝非在此之前的事情。日本的行为影响了我们对国际社会未来发展的设想，可它甚至不愿等到这种影响消退，在这些成果变为西方国家口中徒有其表的果实前，它希望日俄战争的胜利果实可以转化为资本。它甚至不愿意等到国家真正的繁荣来临，它必须预支成果，必须提前将硕果收入囊中。日本该政策虽然有利好的一面，但同时也充满了潜在风险，这个道理不言自明，而且部分日本人自己也指出此路危机四伏；可是日本当前乐观情绪高涨，国民自信满满，在这个时刻，这项政策粉墨登场，日本民众当然不会另作他想，自然选择支持推行该政策。

第三章 日本的外贸政策

或许日本战后的一系列举措中，最能够说明问题的当属日本外贸政策与日本的宏图伟略之间的关联。这就让人们对日本所采取的一些手段产生了兴趣。这些手段已经有了实际运用，近期日本政府就是通过这些手段促进本国工商业在远东地区的发展，因为这些手段本身可以折射出一个国家的国民性和立场，同时还能透视出日本这个国家真正的政治意图，即它到底要走上一条通向何方的路。

经济学家们已经对这一问题展开过研究，他们得出了共同的结论，即日本因其地理位置和自然资源的劣势，本国的发展将不可避免地受到制约，尤其是在和其他国家相比之下，除非它能够在本国的海外势力范围维持住自己工业龙头的地位。一些日本政客对本国未来发展有所设想，在他们的蓝图中，远东地区将在大日本的带领之下重振雄风，在工业领域全面压制西方国家，可是就目前的情况来看，这一设想不切实际，不太可能实现。

如果日本打算令这一设想变为现实，它必须先完成两个任务：远东地区产业重组，建立远东霸权。日本人现在的立场观点是，即使日本完成了第一项任务，但倘若没有达成第二个目标，这对日本来说将变成一场祸事，因为日本将不得不把第一的位置拱手让给它的对手，如此一来，日本必将陷入劣势。由于远东地区目前各政权已经建立，情况一目了然，日本在这场工业霸权竞赛（此处可能也会演变成一场政治霸权竞赛）中只有一个劲敌，就是中国，因此对中国实行工业统治便成为日本经济政策的一个目标。

在这场两国间的工业霸权竞赛中，下列两个问题都会对结果产生决定性影响：地理位置和资源优势，以及政府对工业领域的干涉控制。比方说，如果日本当前在远东地区有着毫无争议的政治霸权，那么两大东方国家间的领导权争夺问题或许就得到了永久解决。但是实际情况是远东大部分地区目前依然处于中国政权的统治之下，假设未来依然是这个局面，那中日两国间竞争的最终结局将取决于资源和具体用途的比拼。

若比较中日两国间自然资源的优劣，鉴于两者的差距太过悬殊，并没有什么比较的意义，无论是哪一种自然资源，中国都有着绝对优势。至于无生命资源，中国地大物博，储量丰富，所有现代工业生产所需的原料资源，中国应有尽有；其国民与日本国民一样聪慧，而且数量上更具优势。至于现代工业不可或缺的重要自然原料，日本的储量几乎可以说没有。与其他国家相比，日本根本不可能在产品生产上节约多少成本，日本的一切重大工业发展所需的原材料都要从国外进口。从这一点看，日本和英国的情况类似。日本若想成功，只能寄希望于提升本国实力，创造条件以较低成本生产商品，并销往其他远东地区国家。原材料进口至日本，然后在日本国内生产，制成品再出口到其他国家，这倒是一种可行的做法，可是生产成本经济与否，要依具体情况和竞争环境再作判断。

日本所面临的竞争，主要来自两方面：东方国家和西方国家。日本在谋求远东地区商业霸权的过程中，将会与西方国家狭路相逢，而后者恰恰深谙现代商业和生产运作之道，而且所有的相关机械设备都已准备充分，且状况良好。尽管日本已经在推进现代工业发展上取得了如今的丰硕成果，可是日本要想赶上西方国家的生产效率，恐怕还得花上几年时间，这从二者的人均生产量便可知一二。因此，日本的商业霸权事业很大程度要取决于廉价劳动力这一要素。我们比较一番日本工人和西方国家工人的工资，就可以知道日本人力成本实际上并不比西方人力成本低，不过日本现在肯定认为自己已经在这方面有了优势，可以弥补其他方面的短板。美国是日本碰上的一个工业强国，美国本土可以生产大规模工业发展所需的绝大部分原材料，运输至亚洲地区也更为便宜和便捷；欧洲没有一个国家有这样的优势条件。日本经济学家们对此有清楚的认识，因此将美国视为其未来发展最大的西方劲敌。

日本政策在东方推行时所遇到的阻碍有一些不同，中国似乎是该地区更为突出的一个角色，实际上可以说是决定性因素。在整个远东地区，中国所产的原材料质量更好，成本更低，而这些原材料又恰是日本工业发展的必要资源，而且中国的商品市场更大，发展前景更好，这些都是日本制造商们所需要的。因此，根据日本现行的总体策略来看，日本在推行其工业扩张政策过程中，中国扮演的角色既是原料产地也是销售市场。

中国有着如此廉价的劳动力资源，如果按照常理发展，中国难道不会倾向选择建立自己的工业体系？难道会愿意依附日本？倘若中国的回答是肯定的，它显然会比日本更具优势，除非后者能够设计出一些方法和手段影响中国的发展轨迹，并且还能成功践行这些方法、手段。

我们大致了解一下所涉及的相关核心要素，或许能为我们理解日本的新政策提供一些切入点，而日本的这些新政策同样也体现在日本政府于国内和亚洲其他地区所开展的行动中。日本为了发展国内工业运用了一些手段策略，并在开拓附属市场和供给产品上也运用了一些方法。按照西方社会的普遍观点，这些手段大体可以分为两类：正当手段和非正当手段。

主要正当手段包括：（1）保护性关税；（2）补贴；（3）财政扶持；（4）减免产品运费；（5）退税和出口奖励；（6）政府集中化组织。

主要非正当手段包括：（1）不公开的免税福利；（2）不公开的运费折扣；（3）

以军事和政治手段打击竞争国家；（4）模仿和伪造竞争国产品。

这里需要指出一点，上述总结并非基于个别日本民众或者日本企业巨擘而得出的，我们要明确地知道这些手段都是日本政府的作为；如果此处要举出确切的例子佐证这一点，我也仅会挑选出那些与日本政府有着最直接关联的事例。

或许有人认为，西方国家为了达成类似的目的，曾经也运用过上述正当手段，只不过形式有所不同；不过与西方普遍情况相比，日本政府集权化政策的力度更大。日本政府目前控制着铁路和主要的汽船航线；通过把持大银行机构，日本政府得以主导国家金融发展；此外，日本几大重点产业也被政府垄断；通过部分控股以及各种各样的补贴政策，政府抓住了许多大型工业企业的命脉；集中这些力量，并且能够向国民征收税费获得支持，日本政府因此有能力集中全国资源投入到任何一个有发展前景的项目中去。

现列举一个日本采用上述手段刺激行业发展的案例，即日本新兴棉花产业，此处我援引美国领事的报告中关于此话题的相关内容：

在探讨日本政府扶持日本产业（尤其重点扶持棉花产业）这一问题时，最重要的一点是要认清一个事实，即棉花产业的背后是整个日本政府势力，其渗透的方式多种多样。从国际竞争层面来看，日本棉花产业俨然是一个国家垄断行业。政府维系着该行业的发展，首先，实施保护性关税政策；其次，建立商品销售托拉斯组织；第三，以4.5%的利息给企业提供运营贷款；第四，提供国有运输线路运费折扣。日本政府以上述各种手段给予本国企业支持，所以对于那些希望在东方发展业务的外国棉花制造商而言，他们实际上是在与日本政府展开竞争。我十分确信，日本在未来不仅会继续推行此项政策，甚至还会将此项政策覆盖到其他产业。

日本横滨正金银行横滨总部

或许有人会退一步认为，任何一个政府都有自由采取此类政策促进本国发展，其他国家不应该对此抱怨连连，因为他们无论是采取与日本类似的政策，还是走一条与日本截然不同的道路，都是他们自己的选择自由。我的立场则倾向于从客观逻辑来推断该政策的实施成果，我认为，此政策有朝一日会催生出反作用力，使得之前的成果作废，甚至可能会整个摧毁掉之前的成效；日本新政可能会产生什么后果，那些竞争对手们当然不应该忽视，而是需要进行一番审视，可话虽如此，西方社会目前也没必要对这些正当手段太过提心吊胆。不过那些非正当手段就当另作他论了。

日本外贸政策还伴随着一些非正当手段。在日本国内，这些措施显然不利于其他贸易国发展，可是这些手段在亚洲地区所带来的影响才更为触目惊心。

在日本国内，外国商人认为自己利益受到侵害时，他们可以向日本政府提出控诉，不过要是问题没能得到妥善解决，他们也只能屈服；无论他们遭到了什么不公平对待，日本政府的内务治理权都是容不得外国人质疑的。

在日本企业模仿和伪造外国企业商标一事上，现在有迹象显示，日本政府打算采取相关措施保护外国制造商和商人的利益；虽然政府之所以有此举动，可能是因为它需要确保外国展商会出席下一届东京博览会，这才有了日本政府的良心发现。不过在亚洲大陆地区，尤其是中国，外籍人士则可以说和日本人处于同等地位，他们也不会允许日本人肆意妄为，以牺牲其他国家的利益。因此日本的亚洲政策实施已经上升为一个国际问题。

日本政府实施其亚洲政策的主要手段是控制该地区的出入运输线路，比如日本汽船线路、朝鲜和满洲地区的日本政府铁路。此外，日本依靠直接军事占领以及间接的政治统治，对该地区部分领土和入关口岸实施占领。

日本为了促进本国在亚洲大陆利益的发展，采取了一些手段，日本政府在此问题中也扮演了一定的角色。或许通过几个例子，我们对这些问题会有个大致了解。我会阐述一个假想案例，但本人会充分利用已知的事实，基于一些直接证据和间接证据来陈述相关事实。接下来，我们先回顾一下日本商品的生产流程，然后再来讨论日本商品在亚洲市场的销售情况。我们选择棉花这种商品做例子，是因为棉花是日本政府直接扶持的主要产品，一些棉花厂也是皇室所有。

日本邮船会社（皇室所有企业，政府给予补贴）将原棉从印度、美国或者中国运至日本；原棉进入日本可以免收关税，或者享受税费减免待遇；然后日本纺织公司（皇室持股企业，并且享受补贴）将原棉进行加工生产；成品出口至满洲地区，同时可以享受政府的额外奖励；货物由大阪商船会社（皇室持有股份的汽船航线，并且享受补贴）运送至满洲；然后货物进入由日本把持的口岸，所有税费一并免除，或者暗中领取退税。

满洲地区内的货物运输由南满铁路（日本政府所有）负责，运费有折扣；商品在奉天销售。这么说吧，销售商品的商户们根本不用缴纳本地税费，而且还能免交其他费用，这都要归功于日本对满洲部分地区实行了军事控制。而日本商品在市场上销售，还有模仿商标这种手段的加持，主要有两种形式：其一，盗用竞争对手的产品商标，主要以一些中国消费者熟悉和热衷的品牌为主；或者将一些假冒伪劣的次品投放进满洲市场，企图损害竞争对手的品牌名誉；此外，日本银行还通过一些手段操纵满洲地区货币，这样便又为日本商户们增加了一些优势。

当然，我的意思并不是说日本所有出口到满洲地区的商品都享受到了上述扶持政策，也不是说某一个日本商品同时享受了上述所有福利；不过我可以肯定的一点是，日本政府为了推动满洲地区本国贸易的发展，有时会同时运用上述手段，而一些日本政府垄断的行业产品也会同时享受上述所有福利政策。日本在朝鲜也采取了类似策略，只不过具体情况会有所不同。

而在中国其他地区，上述"扶持"政策的可行性并不大，因为日本在这些地方没有实现政治控制，而这一点又恰是保证扶持政策得到有效实施的必要条件；

不过若论海上运输和盗用竞争对手品牌商标这两个重要手段，日本在过去三年时间里可以说事迹遍布整个远东地区。日本为了推动本国贸易在中国的发展，采取了一些非正当手段，其中一个例子引起了我的主要关注。从许多层面来看，这个例子都极具启发性意义。

1908 年早期，一家远东地区从事业务活动的外国贸易公司发现，公司为中国市场特别设计的"商标"本来已经在北京（中国的外国商标权完全依靠此制度维护）、东京和其他国家如期注册，可是依然遭到盗用。此商标产品在日本国内属于政府垄断产品，但很快这些仿造品就流向了它的源头，那里的外国企业开始与日本政府展开交涉，呼吁政府关注此问题，可以说是有礼有节。

日本政府也确实做出回应，表达了对此现象的遗憾之情，可是他们将此现象归咎于无心之失，而非蓄意之举，随后政府也做出了保证，除了日本领土范围，也将在其他地区采取整治措施，反正这些地区垄断盛行，外国企业加入竞争也不会破坏原有局面。

面对这一回应，外国企业也只得接受，不过他们不久后便得知，朝鲜和满洲地区的商标伪造还是极为猖狂，屡禁不止，于是他们再次向日本政府提出抗议，提醒它履行之前的承诺。而日本政府回应称，之前所谓的承诺并不适用于朝鲜和满洲地区，意思是不会针对此事再采取进一步措施。鉴于日本政府目前在朝鲜和满洲地区的霸权统治①，这一事件就显得极为有意思了，与此同时，通过这件事，我们可以看出日本政府在商业伦理问题上到底持怎样的态度。

研究日本贸易政策方方面面的过程中，我们注意到一件事，即日本政府动用各方力量大力推动一些重点产业，它们的发展都要依靠中国提供原材料，这一点

① 本书所指的满洲地区范围主要是日俄战争涉及的东三省地区，并不完全与通常意义上的满洲全部范围完全一致。另外，日俄战争后，日本对东三省部分地区有过军事控制，书中所谈到的"殖民"、霸权统治，是作者基于自身立场和当时所处历史环境得出的结论，与我们现有的史实陈述并不一致。后文还会出现这样的问题，特此说明。

我们不得不予以关注，尤其是两大支柱产业——棉花和铁。假设中国完全恢复了其政治和财政主权，它肯定会为了保护本国新兴产业而对日本企业征收保护性关税，中国劳动力资源丰富，原材料储量充沛，凭借这些优势，中国可以奠定自己的贸易霸主地位。

日本企图垄断远东地区的航运贸易，中国正逐渐对此有所察觉，与此同时，政府管控的中国企业正打算在欧洲和美国拓展业务。据我所知，中方已经与太平洋上的一条美国航线接触，打算和美国航线签署协议，与日本运输航线展开竞争，这种事情并非不可能。上述美国运输航线目前实际上是与一条日本政府补贴的航线有协议关系，但我们知道，后者频繁地违反协议规定，总是给本国货运商暗中提供运费折扣。

日本已经公然昭示其欲垄断太平洋运输业务的企图（依据为日本邮船会社1906 年度报告），这扰乱了通往远东地区的美、英、德航线的运营，有人呼吁效仿日本的做法，向本国货运商提供补贴，这才是保证上述西方国家航线能够继续在太平洋上运营的不二法门。没人清楚自己能从这件事中得到些什么。倘若日本政府继续动用国家税收补贴货运商，这些货运商的运费成本便比美国货运商更低，在这样的情况下，美国对日贸易与对华贸易未来到底会是怎样一个处境，我们都不得而知。

不过有观点认为，一旦日本通过运费减免的手段成功将西方国家航线挤出太平洋航运业务圈，他转眼便会暗中对外国商船征收高额运费，如此一来，日货便会处于绝对优势地位。无论是日本之前的所作所为，还是如今的举动，都不乏佐证这一观点的证据。中国并不打算将这块东部水域拱手让与日本，这从中国企业近期的一些举动就可以看出来。

日本在实现远东商业霸权计划的过程中，碰到的拦路虎可不只是中国，他自己也意识到了这一点，另一个拦路虎则是美国。美国若是积极运用外交手段，致力于维护中国领土完整和门户开放政策，那日本的计划恐怕也将难以进一步推行。围绕此事而展开的讨论中，美国一些公众人物和新闻报道的态度也频频让我瞠目结舌。许多人似乎认为日本企图占领中国完全是正当行为，退一步说，就算是这么个道理，那他们也忽略了一件事，即中国也至少有同样的正当理由去捍卫自己的内政管理权，而那些会受到中国分裂波及的相关利益国亦有权采取措施维护中国领土完整。熟悉两国国情和民族发展历史的人或许会产生这样一个疑惑——日本所谓的远东霸主方针的推动力到底何在。

如果说日本必须找到一个出口输出其大量的底层劳动力，西方国家肯定不会接纳这批人，因此远东地区就变成了一个选择，这倒可以接受；可是要说日本有权将这些人输送到国外，将他们当作自己实施对外扩张的先锋军，就值得商榷了。中国或许愿意接纳这些日本人，不过这些日本人可能会完全被当地中国人同化，除非日本采用极端手段维护本国的民族团结和国家凝聚力，而要实现这一点，直接在中国实现日本政权统治恐怕是唯一的手段。而对于西方国家而言，上述问题不单与他们的商业利益息息相关，因此，他们自然会考虑一件事，日本若进一步推行其贸易政策，是否能够与西方国家的远东利益相契合。

第四章　日本外交关系

1907年至1908年间，日本外交关系频频遭人诟病，因为它不再坚守以前所主张的理念和原则，而恰恰是这些才令日本焕发了生机。日本人现在逐渐意识到了问题，国际社会对此也有了一定程度的认知。这种局面是日本的现代外交政策造成的，除此之外，周边环境也是一个原因，所以此事值得我们进一步深究。

日本的外交政策可以分为两个阶段：萌芽和发展阶段，成熟和衰退阶段。整个过渡期不到两年时间，两个阶段都应该予以重点关注。因为我们不仅可以通过它们看到日本这个国家的野心和实力，同时也可以看到日本外交政策发展到成熟阶段时的整个局势样貌。

日俄战争之后，日本政客的心思都放在了外交问题上，而非国内事务，外交可以说是他们的首要关注点，我们可以找到能够支持这一说法的众多例证。日本政府不满足于单纯管理本国事务，它希望对外扩张，而战争只是通向此目标的一步，只是为下一步开辟道路罢了。然而，和平局面的来临只是拉开了日本国内政治危机的序幕而已，《朴茨茅斯和约》① 在日本受到普遍诟病，随后导

---

① 《朴茨茅斯和约》，日本与俄国结束日俄战争签订的和约。1905年9月5日在美国朴茨茅斯签订。主要内容：俄国承认朝鲜为日本的势力范围；将在中国辽东半岛（包括旅顺口和大连）的租借权转让给日本；割让库页岛南部给日本。

致桂太郎①内阁的垮台和正彦伯爵政权势力的衰退，正彦伯爵曾引领日本度过了之前的战争时期。

之后日本经历政府班子重组，侯爵西园寺②当选首相，林铣十郎掌管外务省，林铣十郎刚刚成功签署英日同盟协议，有人便会认为，日本对外扩张政策要在林铣十郎任期内推行。所以无论他个人到底在日本的外交活动中贡献了多少力量，日本的外交成果与他到底有怎样的关系，在公众看来，他必须对一切外交事务负责，他也自然成了议会在野党的攻击靶子。

林铣十郎所面对的主要呼声是，在必要情况下，日本应该动用陆海军力量实现其在远东地区的经济霸权，而且还要维护日本的外交关系，即使不能保证日本在国际社会的处境能够有助其完成大计，至少也要确保日本的计划不会因为外交关系而受到阻碍。尽管此事需要考量许多相关因素，但日本政策成功与否，关键取决于中国的命运，因此中日两国外交关系就成了一个重要议题。日本宏图大计的成败取决于与中国的关系，所以日本要与中国建立关系，就面临着两条路：通过和平协商达成圆满结局；策划外交阴谋，必要情况下依靠武力达成目的。

事实证明，在西园寺内阁时期日本明显偏向第一种政策，但也曾一度选择了折中策略。然而，我们也无法否认，日本有一段时期是后者当道。的确，我们甚至怀疑日本政府当时是否曾考虑过第二种方案，虽然当时国际社会的权宜之策曾一度对日本政府有所牵制，至少表面上是这样。

日本政府预期其东亚政策会遭遇西方势力的阻挠，美国和德国这两个国家除

① 桂太郎（1848—1913），日本首相（1901—1906，1908—1911，1912—1913），陆军将领。长州藩士出身。中日甲午战争时任第三师团师团长。1896 年任台湾总督。1898 年升陆军大将，同年至 1901 年任陆相。首相任内缔结英日同盟，进行日俄战争，吞并朝鲜，并制造"大逆事件"，镇压社会主义运动。
② 西园寺，即西园寺公望（1849—1940），日本首相（1906—1908，1911—1912）。出身贵族。早年参加明治维新运动。创立明治法律学校，参与创刊《东洋自由新闻》。曾赴欧考察宪政，并任文相、枢密院议长。1903 年起任政友会总裁。此后两次组阁，均因同军部势力发生冲突而辞职。1919 年以日本首席全权代表身份出席巴黎和会，同年封公爵。

外，日本因此在实际外交活动中态度会有所折中，此事后面章节会进行回顾；而中日两国关系目前似乎进展迅速，俨然有走向白热化的趋势，所以此问题值得关注。无论日本对中国实行怎样的统治，其理想局面是要彻底把持中国政权，有观点认为这或许也是日本蓝图中的最终目的。即使日本有可能实现这一目标，也肯定要历经漫长的时日。只是考虑中国这一个因素的话，日本要想对其进行彻底的政治统治，可能需要抢在中国军队完成现代化之前发起战争，但这也只是说起来容易，做起来可不易。

但目前情况很可能是这样，无论日本还是其他想要军事占领中国的国家，恐怕都将会遭遇其他势力的大力阻挠。所以日本目前选择了一种明智的做法，只在当前的日本势力范围内建立政权，然后在整个中国领土推动其本国贸易发展。日本的外交政策就是因为此举而受挫，更准确点说，是日本没有审慎行事的后果；日本所遭遇的绊脚石显然不是中国，表面上也和中国的局势并无关联，但这改变不了一个事实，即日本对华的态度才是真正的症结所在。不过有一些事情貌似没有关联，但通过这些事情，我们可以更清楚地看到日本在国际社会地位的下滑。现在我们简要回溯下近期发生的一些事件。

其中最重要的当属造成美日关系产生裂痕的一些问题，因为这些问题直接导致日本如今在国际社会处境艰难。我们几乎可以肯定，美国迟早会对日本产生反感情绪，即使没有发生什么具体冲突事件，事情也会发展到这一步。日本战后的姿态膨胀得厉害，此外，日本在日俄战争末期的一些所作所为，在西方社会也传得沸沸扬扬，日本的这种举动不可避免地会招致一些反感。

换作任何一个国家，将他置于当时日本所获的国际声望之中，都不可能泰然自若。聪明的西方人士现在或许已经明白，日本之前的光辉形象全是假象；但假设日本当时没有以加利福尼亚事件作为美日外交关系的挡箭牌，没有做出这种短视的选择，或许它还能利用之前的光辉形象谋得可观的利益，这倒还算是具有可行性的政治手段，而且甚至还可能免受之后美国的反击。

此事件随后变成了国际焦点，但没持续多久。虽然话是这么说，还是有那么一段日子，人们感觉到此事可能是那种小的外交失误，由于大国势力参与其中，便对国家命运产生了决定性影响。不知道到底是东京哪位人士想出了这么一招，把国际社会的视线都引向了学校问题，现在这已经难以追究了，因为没有人愿意站出来承认。

这段时间里，两国都默契地对外营造一种观感，即美日两国已经恢复和平友好关系，有意思的是，所有人都彻底将学校事件① 抛到了脑后。

日本政府各机关都在忙着巩固林铣十郎的外务部政权，当时林铣十郎在议会处境艰难，遭到了猛烈抨击，他们几乎一致将下列事情列为重点问题：美国日籍移民问题、加拿大日籍移民问题，以及就日本在满洲的地位与中国进行协商谈判。日本那些亲政府派报纸在回顾林铣十郎任期内的外交成果时，没有一家报纸提及旧金山学校事件。

一些前文列举过的林铣十郎任期内的大事件都得到了正确评议；但是有些人可能会对一件事感到诧异，即近期的日俄协议和日法协议竟然没有列入大事记。

满洲问题是上述三个问题中最重要的一个，中国正是观察到日本在西方社会的影响力有所减退，才振作了起来，采取更加果断的态度，开始主动地与其他国家建立外交关系，寻求国际社会人道主义援助，以此与其东方邻国相抗衡，否则，日本也不会在满洲地区陷入这样的困境。

不论英国政客们怎样加以辩驳，加拿大的日本移民问题，再加上日本新政暴露出的其他问题，都对英日联盟产生了很大的负面影响，英国国民对此联盟的热

---

① 即后文提到的旧金山学校事件。1906 年 10 月，美国旧金山市教育委员会颁令该市学校隔离亚裔学生，旧金山亚裔学生只能上"东方学校"（Oriental School）。这引起日本政府的极大不满，直到美国总统西奥多·罗斯福（Theodore Roosevelt）施压当时的校委会，才允许日裔学生与白人上同样的学校。此时其他亚裔仍只能到克雷街（Clay Street）的东方学校就读。

情有所消退。这就意味着，假设日本在贯彻其对华政策过程中与其他西方强国发生冲突，英日联盟并不能为日本提供什么实质性支援。同样，如果日美两国间没有发生上述学校事件，加拿大移民问题也就不会发生，因为后者显然是前者的产物。

目前，英日联盟之前所承诺的道义支持有所收缩，而这又导致日俄和日法协议效力削弱，且这两个协议本来就模棱两可、颇具争议。近日有一种说法是日美间将爆发战争，这不仅让西方社会的亲日情绪有所消退，而且对日本在英国和欧洲的信誉度产生了负面影响，他在美国的信誉更是已经荡然无存。假设日本没有牵扯进学校事件，美国的移民问题恐怕也不会出现。由此看来，东京政府没有人愿意出来承认自己是罪魁祸首也就可想而知了。

日美关系破裂给日本外交政策带来了灾难性影响，日本政客们恰恰是意识到了这一问题的严重性才急于修复日美关系，并且还急着昭告天下，特别是在中国，两国间关系可说毫无遮掩。如果日美关系继续保持这样的局面，日本的相关利益肯定会受到波及，首当其冲的是日本的海外债务问题，有几项战争紧急贷款已经到期。日本只有重新筹措资金才能清偿欠款，这意味着日本必须再次在外币市场借贷。

外国金融家一旦拒绝向日本提供贷款，十有八九将会引发日本的金融危机，日本的海外信用债券和有价证券必然会贬值，虽然其他筹资贷款手段可以有所保障，但具体情况会受到日本在国际社会处境的影响。就在日本打算进行新一轮贷款时，国内有人提议皇太子对欧洲进行访问，但这一策略遭到了两点驳斥：其一，日本太过频繁使用这一手段；其二，皇太子是庶出，谨慎的日本外交家们纷纷质疑，历来重视皇室纯正血统的欧洲国家会如何看待这种巧合。

当美国舆论不再支持日本的时候，日本才猛然意识到自己失去了一份珍贵的财产，自然会急于想要与美国重修旧好。在中国，日本将因此受到更大的打击，这一点已经是不言自明的事情。日本本可以对中国实施怀柔政策，根本无须动用威胁或者武力，便能在这片领土上确立自己的统治地位。

不过这也有可能是日本经过一番实地调查后所做的决策，他们认为自己没有时间采取循序渐进的外交策略。机会来临时，日本必须迅速行动，否则就将永远错过机会。如果是从这个角度来看，没人会说日本政客判断错误。中国要是能够成功捍卫自己的主权，日本成为远东霸主的梦想就将渐行渐远；这意味着这个问题必须在十年之内形成定局。

既然日本会在远东地区有主动攻势，那么远东地区似乎将会面临一段危险时期。在这个问题上，中美关系极大地影响着日本利益，日本清楚地知道，中国之所以向美国靠拢，他自身的政策是主要促成因素，太平洋地区的国家势力均衡很可能要被打破重组，日本的宏图伟略将因此受到制约。

从目前局势来看，日本的大陆政策如果由国际法庭审理，那么日本将会有一个喘息的机会，他们可以利用这个短暂的时间修复外交关系，重新拾回丢失的阵地。日本国内的政治信号也透露出这一点，政客们就等着这一刻呢。

1908 年春，进步党公然抨击当届政府的外交政策，令西园寺内阁处境难堪，这也是西园寺之后递交辞呈的原因之一。虽然进步党拿外交政策说事，但我们也不清楚进步党此举是否有借题发挥的意思。因为从某些方面来看，进步党似乎只是在落井下石，趁着西园寺内阁处境堪忧的情况下对其进行肆意攻击。政府机构为了支持内阁，不断地找各种借口，要么就是此刻提出这个问题不合时宜，要么就是这种挑衅让行政机构难堪，有损国家荣誉。

内阁自己也在诉苦，抗议说现在攻击外交政策太不是时候。此事形势如此严峻，政府费尽心思地在满洲地区和朝鲜掩盖这一事实，不让消息走漏风声。

许多日本人士认为青木子爵在这件事情中发挥了作用，青木为前任日本驻美大使，曾经因日美关系问题与林铣十郎意见不一。此外，林铣十郎的声援者们纷纷提出抗议，认为就因为青木不听上级指示，美国才会疏远日本，然后还对日本的其他外交问题磨刀霍霍。

不过此事此刻被拎出来讨论，更加印证了一个无可辩驳的事实，有人把日本帝国的外交关系弄得一团糟。或许，日本国内受到的冲击比任何一个地区都要大，他们因此感受到了后果的严重性，充分意识到西方社会不再对日本报以信任，而这给日本带来了多么惨痛的后果。

日本企图在远东问题上外交孤立美国，结果却导致自己被孤立。

如果向西方社会寻求人道主义援助，日本或许有朝一日还可以找到另一个机遇，但现在错失了这个机会，再也找寻不回来了。这个机会本是由一个西方国家送到他的身边，这个国家对日本和他的主张理念满怀幻想，全然偏离了真实面貌。

日本此前受到西方国家热情对待，现在则被怀疑和不信任，这一点是毋庸置疑的；日本报纸更具有洞见，所以在报道中承认了这点。日本以前被视为远东地区的和平守护者，现在则被当作一个不安定因素；而假设西方社会不再对日本抱有幻想，对他的虚假姿态深恶痛绝，将日本视为国际社会的毒瘤，对其实施外交制约，凡是对东方局势有着深入认识的人，恐怕都不会吃惊。

第五章　日本和美国

随着一些干扰美日关系的琐事翻篇，两国间的真正问题开始浮出水面。在这之前，美日的私下外交成功掩盖了这些问题。

不言而喻，加利福尼亚学校事件在双方协商一致的情况下得到了解决。移民问题虽然给两国带来多年的摩擦，但我们似乎已经步入一个新的阶段，凭借圆滑的外交手段，两国成功地寻求到使双方表面上都满意的解决方式。这对我们来说，是个机遇，它标志着远东问题的解决迎来了转折点，我们对局势有了更清晰的认识，正因如此，我们才可能找到新途径，对本国利害攸关的事情做出妥善调整。

当前事态如何？未来局势走向如何？要想把握这些信息，我们必须回溯日本对美态度的起源和发展历程，这些都体现在日本过去两年多的外交政策中。一个长达半世纪的协定一朝瓦解，我们回顾这一过程中的一系列标志性事件时，发现似乎可以划分为两个阶段。依照日俄两国和约，日本和俄国需在 18 个月内从满洲地区撤军，将这些地区的管辖权交还中国政府治理，这带来了一段过渡期，相关利益国都乐意看到目前的良好局面，并且暂时停止了不断攫取利益的举动。朝鲜的情况也一样，不过日本在朝鲜的宗主权建立在日本和俄国的和约以及其他国家默许的基础之上。

撤军满洲地区的最后期限是 1907 年 3 月，之后，日本在极不情愿地放弃其对满洲地区的掌控权以及伴随的利益的情况下，意识到有必要开创利于本国的新局面。在寻求同盟时，日本首先将英国排除在外，因为英国为了达成英日联盟，已经放弃了在满洲和朝鲜地区的利益。俄国已经占有了三分之二的满洲和大部分蒙古地区，或许能和日本达成协议，两国可以在各自所占领土范围驻扎军队。法国在南方明确划分了"势力范围"，德国瓜分到中国一小部分华北地区，这两个国家或许可与之协商。很久以前，英国就试图将势力范围往长江流域之外推进。

还有一个大国没提到，这个大国在中国和朝鲜的贸易份额仅次于英国，而且更具发展前景，如果满洲地区不再实施"门户开放"政策，这个国家受到的冲击要比其他国家受到的打击加起来还要大，因为他绝大部分的贸易份额恰好分布在北方。这个国家在中国也不存在"势力范围"，如果分割一旦成真，这个国家的政治战略将全面瘫痪。这就是美国所处的境况，日本方面也意识到，如果想要巩固本国在满洲地区的地位，甚至说攫取中国绝大部分地区的利益，美国将会是此过程中的最大阻碍。

日本为了获取对朝鲜和满洲的全权掌控，策划了一系列对外活动，日本最终也取得了一定程度的佳绩，签署了一个国际协定。恰逢其时，日本与法国和俄国各签署了协议，协议涵盖常规的"门户开放"的相关内容，保障了三方在各自势力范围内的自主权。不过美国则依旧是个待解决的问题，华盛顿政府方面释放出了微弱信号，他们已对真实情况有了觉悟，甚至有迹象显示，美国考虑采取行动，阻止日本政策的实施，并且准备积极干涉，参与到保护中国的行动中。不过日本清楚一点，满洲和朝鲜的封闭导致了美国在这些地区贸易的瘫痪，对此，源源不绝的抱怨传到了华盛顿政府，鉴于此情形，美国迟早会采取措施解决问题。因此，日本想方设法要找到一个事端，借此对美国发起外交抗议，目的是为了把美国的注意力从其亚洲大陆政策上转移，针对未来华盛顿政府可能发出的抗议，日本希望以此为筹码，先采取初步的外交策略。

　　显而易见，日本选择启用此外交策略的时机恰到好处，与法国和俄国的协商也进展得十分顺利，在此协议正式发布前，国际社会对此关注甚少，这也算是一个令日本满意的结果。日本对朝鲜以及对满洲的政策逐渐招致了一波反对的声音，如果此时国际社会对日本的行为有所警惕，或许还能对日本施加一些道德压力。可惜，国际社会依旧被日本的假象蒙蔽，而这一假象又与之前的陆、海战胜利以及那些不分青红皂白的褒赞脱不开干系。就在日本想要借机发挥、寻找事端之际，又恰好发现了一个长期存在的问题，即日本学生在美国旧金山公立学校的处境问题。借着这股浪潮，这个事件得以提前公之于众。事件爆发前期，日本方面可以说是应对得当，而美国方面却是无力应付。现在来看，普通人也一清二楚，华盛顿政府起初对此事件处于茫然状态，而随着事态进一步发展，人们会发现这只是日本的一次借题发挥，它不过是想乘此机会扯入一些其他事务。如果在日本就这个学校事件大做文章的时候，华盛顿政府当时能不那么简单思维，而是联想到美日关系更广泛的范围，联想到那些会改变两国关系的直接或间接因素，情况可能就会不同了，或许就能避免之后的事态发展，或许能通过一个更平和的方式化解这个外交危机。显然，华盛顿政府当时并没有这种认知，政府一度举步维艰，直到事件进一步发展，美国才醍醐灌顶，但对形势也是半知半解。

　　美国人现在回想 1906 年至 1907 年间发生的事件，一定对美国政府早期处理学校事件和移民问题的方式深感愤怒。很明显，从日本的种种举动可以发现，他起初对学校事件的妥协是为了掩盖其真实的内政举措，这种做法是每个政府的惯常手段，而且日本也签订了相关协议，巩固了成果。外交策略阶段到此告一段落——无从得知结束的时间和地点。而实际问题解决阶段随即悄悄展开，要不是日本发现上述外交策略暂时起到了作用，这个阶段早就先拉开帷幕了。针对美国的日本移民问题，华盛顿政府长达数月内做出卑躬屈膝的半道歉姿态，此外，当时加利福尼亚还受到了日本方面的威胁压力。之后，美国依据美日协议，发现美方有权将特定阶层的日本人驱逐出境，除开这点，美国甚至了解到日本早在之前就发布敕令，将一些外籍人士驱逐境外，践行了它在协议中的相应权利，而美国同样享有这种权利。或许日本自己也很惊讶美国政客竟然随着他们"起舞"，受他们的摆布，难怪日本当时为了本国利益不断采取冒险举动，直到后来事态失控，引火上身，它才就此罢手。

后来华盛顿政府态度发生了转变，至于背后确切的原因，已无从得知，但在1907年初，美国政府似乎已经有所觉悟，意识到日本的外交政策并非表面上看起来那么单纯，这一发现使美国的态度突然发生了逆转。为了重新挽回自己在两国关系中的平等地位，美国采取了一系列行动，其中包括向太平洋派出一支美国舰队，现在来评价这个不算机智的做法其实已经无济于事，因为这可以说是一段无法避免的过渡期。日本和国际社会都相信舰队会离开太平洋，这支美国舰队的航行旅程也十分顺利，两因素相加，彻底改变了局势，拉开了第二个协商阶段的帷幕。

还有其他几个相关事件对这一阶段起了推动作用，其中之一是东京和华盛顿双双替换了他们的驻外大使，此事件受到了众人的关注。上一任美国驻日大使卢克·赖特将军（General Luke Wright）主动辞去大使一职，理由是必须打理家中私人事务，但是明眼人都心知肚明，这只不过是次要原因，赖特大使主动请辞的真正原因是对美国政府的优柔寡断深感厌恶，对日本外务省的狡猾和暗藏的无礼充满反感。确实，赖特大使的职责是扮演一个缓冲的角色，华盛顿政府忙于集思广益，试图在太平洋地区开展切实行动，进一步推行其外交政策，可是结果却难以令人满意。长达数月的时间里，赖特大使都不得不忍受日本外务省的软性施压手段，同时必须应付日本媒体对美国政府的讥讽嘲弄。早已被人遗忘的敕令此刻重新被翻了出来，此事让赖特大使的日子舒顺了一些，不过他去意已决，一心想要辞职退休。

谈到此处，有必要提一提那份敕令所扮演的角色，这是个挺有趣的话题。敕令发布于 1899 年，但显而易见，这份敕令当时并未引起美国驻日大使和国务卿的注意，因为两边都未曾将此事记录在案。赖特大使后来之所以注意到了这份敕令的存在，全要归功于一位居住在横滨的美国人，此人在办理一些法律相关事务时碰巧看到了这份敕令，继而对它的适用范围和具体实施进行了一番调查。赖特大使在东京领事馆看到了这份敕令，大为震惊，因为敕令证明日本已经践行了美国应同等享受的权利，而在此之前，日本却对美国的行为大肆指责，这样一份敕令彻底粉碎了日方立场的根基。当时日本的确将几百个中国人从长崎驱逐出境，中国驻日公使就此提出抗议，指责此种行径有悖中日协议精神。日本政府的托词则是，敕令条款授予了当地管理者此类事务的自由裁量权，所以日本政府无权对当地的管理进行干涉。与此同时，日本媒体却坚持要求华盛顿政府对加利福尼亚采取高压手段，迫使其履行一些莫须有的协议义务。

姑且不考虑赖特大使决意退职的原因，他已为继任者就职铺好了道路，扫清了一些恼人的枝枝蔓蔓。1908 年 9 月，新的驻日大使托马斯·J. 欧布莱恩上任，塔夫脱①同一天到访日本，并发表了振奋人心的演讲，重新平顺了混乱局面。这种情况下，欧布莱恩得以在一个全新的环境中就职，而美国政府也已充分把握了自身的立场，对于如何巩固国际地位也有了明确的方向，为欧布莱恩提供了坚实的后盾。另一方面，日本的态度也发生了转变。它此时明白自己的"唬人把戏"已不再奏效，如果想要亡羊补牢，与美国重修旧好，就必须处理好旧美日协议遗留下的问题，不再依靠外交回避策略，与美方共谋一个公平透明的协定。欧布莱恩大使在与日本外务省协商移民问题时，首先表明了美国诚挚的态度，如果日方不采取措施对美国境内的日本移民进行管制，美国将接下这个管理任务。我知道，

---

① 塔夫脱（William Howard Taft, 1857—1930），美国总统（1909—1913）。1901 年成为驻菲律宾第一任总督，1904 年任陆军部长。总统任内，推行"金元外交"政策，干涉拉美国家内政。

日本内阁对此没有给予及时回应，至少它不情愿接受这个现状，不想采取实际的行政措施。针对欧布莱恩大使的主张，日本外务省的前期态度是，倘若美方坚持要求日本采取行动，日本断然不会屈服于外界压力，但假设美方将此上升到两国友好协议的层面，日本则非常乐意加入讨论。好在此轮"挽回颜面"的前哨战及时得到妥善解决，双方进入实质性磋商阶段，目前的结果虽说算不上令人满意，但也算平稳公正。在双方磋商的过程中，出现了一个古怪的现象，即日本声称践行美国主张时遇到了一个大问题。日方对此问题大肆渲染了一番，以"国家权力"理论为托词，声称日本移民法律授予当地政府护照发放权，中央政府不能随意干涉当地政府行为。尽管日本之前就对美国做出了承诺，但是直到 1908 年的最后几个月，日本政府才真正开始限制护照发放，对移民企业进行管理。不管怎么说，日本现在似乎已经接受了现实，方式虽算不上尽善尽美，可政府的确真心实意地推行了一些限制措施。但日本还是有些挑剌的行径，如果双方迟迟未能达成最终协定，很可能是日方希望掌握着这个筹码，作为两国其他事务谈判的条件，因此借故拖延。

美日两国继续在一些外交琐事上周旋，探讨着所谓的美日关系，而双方真正的利益冲突逐渐浮出了水面，即远东的长期风暴中心——满洲地区。用政治术语来讲，即东亚地区的"门户开放"，换言之就是中华帝国的统一与瓦解，以及其他所有的相关事宜。

日本方面对此深有体悟，这从一事实就能清楚知晓，无论是本地还是驻外的日本媒体，甚至包括日本政府的喉舌，都纷纷撕下了面具，单方面公开地将满洲问题置于美日关系中进行探讨。日本政府机关每天都会发出一些声音，并且大张旗鼓地宣扬这些基调贬损的观点，此外，日本还大做书面文章，精心地谋篇布局，目的是昭告世人满洲和中国的日美利益不存在对立。日本试图隐瞒一个事实——其亚洲政策才是两国关系的矛盾核心，可惜日本的这种外交手段已经丧失了迷惑性，随后便彻底摒弃了这种做法。

相关迹象显示，至少有一部分美国和欧洲的媒体开始对真相产生警觉。然而，还存有一种理解方式，那就是许多美国人并不乐意接受这一远东局势真相，至少是不愿将其置于美日关系中探讨，他们认为在两国关系就要修复之际，这个问题只会为美日关系带来新一波矛盾冲突。在我看来，这种看法绝对目光短浅、大错特错。对于一些聪明的美国人来说，美日两国的友好关系突然遭到破坏，正如晴天霹雳一样，他们自然一时难以理解，但假设对这些近期卷入的不充分因素置之不理，必将为美日两国未来关系埋下巨大隐患。而那些公众人物或者大批媒体不断地摆出事实，一遍又一遍地强调，学校事件和移民问题都只是些不难解决的小事情，他们这么做难道有什么好处？可惜这些解释并不能让人们有所认知，不然美日两国早就重修旧好了，失败的原因就在于他们忽视了真正的核心问题。就事论事，我认为通过揭露混乱背后的原因，让国际社会对问题的核心所在有一个共同认知，将会促成事态的和平发展。

无论如何，从目前来看，可以肯定一点，在这漫长的一段时期内，人们错误地将焦点放在了不重要的事情上，外交局面一片喧嚣，而那些可能真正引发美日关系冲突的因素正在迅速发酵，积攒能量。

正确审视这些相关因素后，我们清楚地发现，真实的美日关系已经步入了外交初期阶段，此处仅谈论两国的直接关系。日本已经对此情形有所预期，并且与其他强国签署了一系列协议，企图在当前寻求势力平衡的国际礼让局面中孤立美国，尽管如此，美国目前还是较日本占据着更有利地位。在道德和物质力量两个决定层面上，美国都远胜日本。首先，只要当前笼罩国际社会的迷雾得以消散，局势便会明朗起来，真相随即便会浮现，自然将为国际社会采取实质举动提供良好环境，到那时，美国为了维护自身利益，主动参与调解问题，向中国提供支援，人们自然会对美国的道义立场报以理解。至于物质层面——比较两国海军军事实力以及打持久战的必备物资储量，美国再次远超日本，此处就不谈那些日俄战争研究人员得出的错误结论了。往长远一点考虑，美国和日本之间的战争归根结底要落在一个争论点上，即未来文明到底是由白种人还是黄种人主导，因此一旦双方矛盾爆发，美国自然会得到来自欧洲强国的道义支持。

然而，美国之所以能发现自己的条件得天独厚，全拜外围环境所赐。这并非政府的自觉，难怪在日本施展其外交"把戏"时，华盛顿政府未能看清自己的底牌或者游戏的利害关系。而日本之所以没能成为一个国际利益收割者，全是命运使然，命运女神总是偏袒它的挚爱，将所有的王牌放在了美国手中。

日本政客们深信美国向太平洋派遣舰队的举措将会开创一个亚洲事务发展新局面，他们一直以来都希望美国海军长期驻扎在大西洋，不过日本深知正是自己的行为引起了政策变化，所以也就满怀感恩地接受了新现实。他们意识到，倘若美国舰队吹响号角，东方地区的势力平衡将被彻底打破，而且可能永远无法恢复。如果担心舰队被日本舰队中途拦截，则是杞人忧天。据可靠消息，美国舰队的远航线路上，日本仅有三艘服役战舰，其他都处于维修和再造状态。对日本来说，恐怕只有实现舰队调度才能与美国舰队抗衡，但就算这种可能性成立，这种调度也超出了日本的能力范围。

在我看来，那种认为只要学校事件和移民问题得到解决就能恢复旧美日协议的想法简直大错特错，因为永远也不可能回到之前的局面了，事态一经发展，就绝不可能再倒退。当前的美日关系非常紧张，双方已经直接表明，一经挑衅，任何一方都有可能发起战争，此话一点也不夸张。我想，日本目前或许洗清了图谋菲律宾群岛的嫌疑，但毋庸置疑，日本政客们肯定将那些群岛视作未来帝国版图的一部分，只不过当前不是施展此计划的好时机。如果美日两国未来发生冲突，其导火索必定与亚洲大陆的局势密不可分。

第六章 日本的陆军和海军计划

日本已经意识到，自身的利益攫取行径以及危在旦夕的美日关系对国际秩序造成了破坏，为了挽回局面，日本采取了许多措施，其中最引人注目的要属日本声称将大幅削减陆军和海军的军费支出。有迹象显示，一些军营已开始正式践行此宣言。日本的这一举动或许能够平息当前的动荡局面。将削减军费一事昭告国际社会，是出于政治效应的考虑而采取的宣传策略，目的是为了削弱日本在国际社会中的好战形象，也就是说，除非对其展开深入调查，国际社会其实并不会将此宣言当真。不过，这是一个非常重要的话题，针对相关影响因素的研究为我们揭示了一些有趣的事实，或许能给我们带来启示。

为了匹配当前的外交权宜之策，日本政府试图尽快推行相应的实质措施，不过这绝非易事。此次纯属巧合，正值日本提出了1907—1908年议会年度预算方案，此事引发了内阁危机，万众瞩目，同时让日本政府对上述事件有了新的想法。此次危机背后的因素复杂多样，几乎涉及日本当前的所有制度措施，不过眼下主要体现在两个派系间的斗争——控制日本政府多年的军队派和其反对派。某种程度来说，这一斗争成功地将人们的注意力聚集在了日本的陆军和海军计划上。此外，由于议会反对意见的介入，日本政府被迫摊牌。

之后，日本内阁提出了增长税收的议案，议案主张对相关经济体进行预算审核，继而引发了争论。日本的财政金融形势值得我们重点关注，但在此处难以详尽阐述，不过日本目前确实处于财政困境中，日本人民深受重税折磨，这些都与局势有着直接关系。日本的年度预算 15 年内从 113,796,380 日元增长到 6.2 亿日元，人均税收以类似的比例增长。日俄战争的开支以及政府后续采取的政策措施使日本的国债从 5.52 亿日元（1908 年 3 月 31 日）增至 22.67 亿日元，年息从 0.36 亿日元增至 1.66 亿日元。

围绕日本的军备开销与其政治政策间的联系，我们进行了相应分析，分析过程中回顾了过去几年内的日本预算项目，发现了一些有意思的事情。时至今日，没人会对一个事实抱持异议，即早在日俄开战前几年，日本已经开始积极备战了。我重新梳理了一遍日俄战争爆发前一年的日本陆、海军开销以及日本今年的军费开销，列表如下：

陆军　1903—1904 年 ·············· 0.46 亿日元

　　　1907—1908 年 ·············· 1.116 亿日元

海军　1903—1904 年 ·············· 0.358 亿日元

　　　1907—1908 年 ·············· 0.82 亿日元

1907—1908 年的数据涵盖了普通预算和额外预算两项。日本很有可能在日俄战争爆发前一年耍了点政府惯用的伎俩，在公布预算时将陆军、海军开销划分到了其他项目之下，因为从数据来看，那个财政年的公开预算总额似乎并不足额。自战争发生后，日本每年的常规军备开销增长了 132%，额外开销为 2.04 亿日元，其中 1.7 亿日元或甚至超过一半的开销都用于陆军和海军开支，可能比之前所谓的秘密开销差额更大。尽管表中并没列出中间年份的开支，但我们也能清楚地看到每年的增长幅度，直至在最后一个财政年达到了峰值。这毫无疑问说明了一点，日本在与俄国缔结合约后，立马开始将可用的财政收入投入本国的陆军和海军，目的是为提高自身的武装实力，直到 1908 年，从日本的普通预算和额外预算可以看出，国家财政收入超过 40% 都用于了军备扩充。日本的预算项目逐渐引起了国际关注，并招致一片批判之声。这之后，日本政府控制下的一些外媒开始向外抛出一些数据，想要证明其陆、海军费用并非如上述所言，没有那么大的数额，这也佐证了一个备受争议的观点，日本的手段干净利落，不留痕迹。的确，日本预算做的手脚总是会导致一些数据偏差，使日本国外的人士难以摸清真相。不过，本书使用的数据来源于一位长期研究日本局势的外籍人士，我认为极具准确性。至于其他计划中的陆海军费用，日本只能采用权宜之计，将它们纳入下一年的预算，记录在政府账簿上，而并未纳入上述预算中。

1907—1908 年度预算公布前的一两年，日本保守分子对政府的政策日渐不满，预算拨款数额如此之大，为了推行计划，日本政府还要实施增税措施，这些都遭到了议会的坚决反对。争论的焦点在于，潜在的赤字危机应该通过削减军备开支化解，而非依靠增税避免，这就迫使政府方面必须阐明这些军费的用途。政府首席发言人是陆相寺内①将军。在与议会就预算问题进行探讨争执的过程中，寺内将军与其内阁同事共同提出了一些支撑其政策的有趣论调。寺内将军在议会发表了一场著名的讲话，充分彰显了军队派的主旨观点。寺内在讲话中声称"日本必须为一切不测之事做准备"。整个演讲满是惊人言论，不过其中有一两个论调令我们得以一窥事态方向。其中一个论调是，"世界上所有强国已经依据自身的地理和政治位置建立了武装机制"；另一个论调则是，"太平洋势必会见证下一次大冲突爆发"。在议会随后就政府提交的预算作出最终表决之际，寺内又发表了一番言论，他反驳道，国家的财政困境不应是削减陆海军费用的理由。此外，他还公开表示，

① 寺内，即寺内正毅（1852—1919），日本首相（1916—1918），陆军将领。历任参谋本部次长、教育总监、陆相、朝鲜总督等职。1906 年升陆军大将。1916 年获元帅称号，并组阁。

日本理当义无反顾地实施增税措施，"为了我们帝国的未来"。

假设这番带有沙文主义色彩的言论是多数政府索取军事费用时惯用的策略，我们可不必太过当真，但我们也不应忽略一件事情，那就是日本之所以能坚持贯彻其政策，仅仅是依赖筹措巨额资金以及征收重税的方式而实现的。如果一个国家的财政状况良好，又有许多可征税项目有待利用，那么政府投入相应的军事费用可以理解成是为了加强国防安全。可是日本这样的处境，却将 40% 的税收投入到了军事，而且预计未来将持续增长。此外，内阁相关负责人还对议会表示，"未来几年内，作战部当前的规划将不会发生太大改变"。我们有理由推测，日本政府采取此项政策有其背后的真实意图——针对未来突发事件而做准备。

除了日本政府采取了一些直接措施，我们还能看到广泛的政治宣传，大肆渲染日本当前开展的陆海军军备扩充活动。日本著名经济学家金森近期在大学的一次讲话中说道："历史告诉我们，日本每隔 10 年就要面临一次战争，未来也会如此。每个日本人都应为不久后的大战做好准备，我们将遭遇前所未有的强大敌手。而最重要的准备工作莫过于筹措足够的战争资本，每天存 1 钱①，不到 10 年，就能积攒下 10 亿日元，这是上一次战争日本耗费的数额，所以存钱实在是势在必行之事。如果每个日本人，包括婴儿在内，都能有此充分的觉悟，日本在对外作战时，或许能士气大振，朴茨茅斯的悲剧定不会再次上演。"

恕我才疏学浅，上述言论的历史和政治根据似乎都有待商榷，不过这位政要的原话经过翻译确实如此。依赖日本政府的影响力以及日本各界人士的凝聚力，他的言论以各种面貌渗透进日本人民的头脑中。一方面，这种宣传可以视为纯粹出于政治目的，是一种安抚民众的手段，寻求日本人民对军队派政策的理解。日本的财政困难主要是由于大部分国家收入被用于陆军和海军开销，这一事实已经

---

① 钱，日本铜币，等于 1/100 日元。

无法隐瞒了。日本的缴税人会被说服支持这项政策，目前来看，这依旧是一个待解的问题。确实，一些日本知名人士曾公开断言，除非后续事态发展能确切地证明此项政策的合理性，否则政策发起者，也就是日本军方，一定会受到此政策的反噬，不过日本军方肯定会想办法避开这点，那么势必要将整个日本拖进一场帝国扩张战争中。有评论家对日本军方的政策下了一个似是而非的注解，认为它创造了一种"常态的紧急"局面。

当下，上述陆海军政策已在日本占据了惊人的主导地位，或许有很多美国人都认为其背后的动机只不过是美国学术界忧虑的问题，不会对美国造成直接影响，或者说，与美国政府没有直接干系。在我看来，目前，此项政策的确没有直接针对美国，不过我敢肯定，它一定附带地将美国纳入了计划，甚至可以说肯定会对美国有所企图。试想一下，日本在如此困难的境况下推行这样的政策，以国家的其他利益为代价做出如此牺牲，怎会毫无目的、毫无企图？这样的军备扩充也绝不会是出于防御意图，因为日本的领土主权并未受到任何威胁，甚至还受到英日联盟的保护。那么，日本的军备扩充到底针对谁呢？

要想得到这个问题的答案，我们就要从那些制约日本帝国野心成真的因素着手，忽略掉当时对此政策形势的详尽分析，然后得知日本的举动明显针对中国。此外，中国的命运与其他国家的利益有着紧密的联系，甚至可能会影响未来的文明发展，日本采取举动时势必会将其他国家以及他们的利益纳入考量范围。此时此刻，日本和美国两国关系相互对立了起来。日本早在几年前就对此有了认知，并且制定了相应的国内和外交政策，美国则是近日才猛然醒悟，对远东问题的重要意义有了认识。

此处暂且不谈美日东亚地区的利益冲突，我们将话题聚焦于揭示日本的对华态度。久而久之，日本各阶层，无论是官方媒体还是非官方媒体，都越来越无所保留，大肆议论日本政府的亚洲大陆政策，尤其是日本的满洲政策。日本的教育和商业名人毫不遮掩地表示，日方除了对朝鲜有所企图，还试图在亚洲大陆谋求更大的利益，旨在进一步促进本国发展，此类表达措辞通常都非常慎重，不过其意昭然。因此大隈重信及其政党在《报知》（*Hochi*）上发表论调表明了立场：

已经可以断言，中国将是未来国际冲突的主战场……处理中国问题，一部分人主张分割，一部分人则坚持应该维护它的完整统一……日本作为中国的邻国，理当有义务带领中国跟上日本的步调。日本政府将保持绝对的清醒，采取有远见的强势政策处理中国问题。

其他的当地主流报刊都放出了类似的论调，甚至更加直白明确，不过大都避免使用太过具体的表达，以免引来国际关注。

而其他媒体的论调则更为大胆，比方说，我最近读到了一篇报纸文章，这份报纸不久前还曾刊登文章，详尽探讨了美日两国在满洲地区的利益冲突，言语间还对西方世界作出了保证，认为日本就朝鲜和满洲所作出的许诺是可以信赖的。下面是我看到的其刊登的另一段话：

竟然有人相信日本对满洲的举动是为他人考虑，难以理解这些人的想法。没有国家会这样做，日本也不会例外。倘若日本真的希望中国能完全收复领土主权，旅顺港现在就应该是中国的要塞了，南满铁路也早就是中国的铁路线了。事情很简单，日本只不过是取代了俄国的位置罢了……日本和俄国双方就"门户开放"问题向国际社会发表了声明，态度毫无疑问都是诚恳的，不过两者的情况截然不同……

有些人相信日本是出于无私而将俄国驱逐出南满洲地区，实在捉摸不透这些

正在接受军事训练指导的日本青年

日本青年正练习突破铁丝网障碍以通过防卫工事

人的想法，可是很长一段时间里，西方大部分媒体似乎都对这种说辞津津乐道，直至今日，有些媒体还抱定这个观点，说日俄两国的"门户开放"宣言"同样诚挚"的确恰当。

只不过，还没有什么明确的证据告诉我们，日本目前鼓吹中国分裂的意图何在。相反，中国分裂的延迟明显对日本最为有利，因为这样可以让它的亚洲大陆政策发挥更大效力。尽管日本目前或许能在战争中重挫中国，可是它也清楚一点，中国可能会寻求援助，所以它必须未雨绸缪。

至于美国与日本异常的陆海军计划有何关联，只希望华盛顿当局不要沉溺于两国近日恢复友好邦交一事上，错误地认为两国间已经不存在任何矛盾诱因。1908年2月，高平①伯爵抵达美国，接替青木子爵成为新一任日本驻美大使。一到达美国，高平大使就向媒体重复了之前的惯用说辞。此处援引报道所载的他的部分言论："对美国和日本两国而言，走向战争将会是背离文明的犯罪。日本完全没有一丝战争的念头，而是主要关注本国的物质资源发展，本国人民的素质提高以及民智启迪。"

高平大使发表此番言论时，本人正在日本，我完全能够想象随之而来的声声附和，将这空洞无物的说辞说成是对那些渲染两国冲突的流言蜚语的平息。自然不必想象，日本媒体更是高喊着大合唱。我几乎可以肯定，高平大使发表讲话的同一时期，日本议会在一波波工商企业的反对声浪中，通过了下列预算项目：

陆军和海军（不包括延迟拨款的特殊费用）………1.93 亿日元

教育（不包括地方基金）………………………8,236,940 日元

---

① 高平，即高平小五郎（1854—1926），1900 年到 1909 年任日本驻美大使。1908 年，为了缓和日美的紧张关系，高平作为日本代表，与美国国务卿鲁特签订了重申日美两国在太平洋地区和中国的角色的《鲁特—高平协定》（Root‐Takahira Agreement）。

　　或许一些重要因素能有效制约日本军事政策的实施，可是如果将高平大使的声明与上述日本预算项目做个对比，我们就会发现，似乎我们在审视日本及其政策时，不应该依赖那些传统的外交保证声明，相反从其他观照角度来看待日本问题才是明智之举。

第七章 日本的陆军和海军力量

日本陆军和海军力量之所以受到国际社会关注，绝非因为这是日本的国防举动，而是因为其与化解远东问题有着密切关联。有一部分作者异常热衷于渲染国际冲突论，他们的想象力如此天马行空。即使是这些人，都尚且无法虚构出日本受外敌侵略这一情节。只要日本在适度范围内进行陆海军力量维护，它依旧能维持其军事强国的身份，因此根本不可能受到外敌进犯。此外，从目前来看，尚无任何一个国家有侵略日本的企图，任何一个国家也绝无可能有意愿开展这样一项艰巨而无益的事业。因此，日本只有运用一些外部势力。我们需要通过比较才能就这些事情做出评判，而依照近期的事态发展，我们有必要将日美两国的军事实力做一番对比。讨论这一问题时，有许多假设认为一旦日美两国爆发冲突，日本凭借其高效的陆海军作战部队以及良好的战备水平将会占据优势。此外，有观点指出，日本的上述优势将会抵消掉美国的其他优势。

此观点甚嚣尘上，所持者大都是依据日俄战争的胜负而粗略得出此结论。不过，有一些军事领域的公认权威同样持此观点，他们的想法极具分量。就算接受了上述观点，美国的利益和权威或许也并不会受到任何不利影响。既然日本问题或许会是我国政府的一个长期关注点，那我们就有必要对此议题进行不同层面的剖析。到目前为止，此问题尚未引起公众足够的重视。

我们将日本当前的陆海军力量与他国进行对比时，通常会分为两个要素进行探讨——人员和装备。日美如果发生战争，决胜因素或许会落在两国的海军力量上，可是一个国家的生存能力还是与其陆军实力有着更为密切的联系，至少有着更广泛的联系。鉴于此，本书首先从日本陆军力量谈起。所有的陆军军队大致可以分为两个层次，有军衔的和普通的，也就是军官和士兵，各个国家的军队人员招募情况各不相同。标榜现代高效的国家，军官筛选必须经过一系列过程，而且只有军校出身或者通过特定考试者才能被雇用为军官。当然，各个国家会存在一些例外情况，不过普遍来说这是一条既定规则。军官没有规定的服役期限，只要表现良好，身体素质能够适应军队，他们便可继续服役。然而，和平期间，与同期的士兵情况相比，大部分陆军部队的军官数量持续减少，仅占整个部队的20%。战时的军官损失则另作讨论。

现代陆军部队中，士兵的服役期限为三年，不过法国和日本两国将士兵服役期限减为二年，德国也宣布将采取类似政策。这意味着军队两到三年要更换一批服役士兵，这可能会减少再从军士兵人数，一部分国家实施五年兵役期（比如美国陆军），通常美国会给予士兵专项福利，而那些不采用征兵制的国家则通过额外奖赏保障再次从军率。美国政府给予的奖赏足够慷慨，而且美国服役士兵在军队的处境普遍更好，因此我国陆海军的延长服役比例要比其他国家高。

日本的军官招募采取的是常规方式。大部分年轻军官毕业于日本军校，不过也有许多人以公民身份通过考试成为军官。如果作进一步考察，日本招募年轻军官的方式和英美两国并无本质不同，结果也大体相同，大批能人志士获得了保障。战争指日可待，大部分国家纷纷开始征募士兵，而日本与俄国开战前，出于扩充军官队伍的考量，无限制地招募了大批能人才干，军队输入了许多新鲜血液。

日本此举恐怕就发生在日俄战争的前一年，1903—1904年间达到巅峰，也就是四五年前的事情。战争爆发后，日本陆陆续续损失了大批军官，还有成千军官履行完自身的作战职责后，纷纷选择退休或者递交辞呈。对于这些人来说，当国家处于和平时期，他们难以在常规组织中求得一职。此处不作进一步探讨，据估计，日本现役军官中曾参与过日俄战争的只有不到一半的人，其余军官都是战争结束后才加入军队。

至于陆军士兵，情况则有些许不同。我们现在已经知道，至少在日俄战争爆发两年前，日本政府就已经开始悬赏征召陆军士兵和海军士兵，为后期战争尽可能储备经验丰富的士兵。不过日本政府现在已不再发放这些奖励了，据保守估计（获取的信息证实了这一观点），如今日本在役士兵队伍主要由新人组成，延长服役人员比例要比常规服役人员比例低。日本的征兵方式以及其他大部分军事制度，都是以德国的制度和义务征兵制为基础。久而久之，只有那些在战争末期应征入伍的士兵现在依旧在役，他们或许从来都没有上过战场。经验告诉我们，经历了一次如此漫长而艰难的战争，军队中一定会有人想要脱离军队，至少暂时好好享受个人自由，即使是那些通常意义上的"常规军"也不例外（因为他们进入了国家正式编制，故称为常规军），日本没理由是个例外。基于上述先例和条件，当发现一个国家的老兵比例超过了10%，而且这些老兵两年内甚至可能重新入编，我们难免会心生疑虑。

近期一位美国退役海军军官言之凿凿，公开表示日本短时间内便能动员100万老兵投身战场。至于一位军人为何要做出如此声明，我们难以理解。日本现常规军队接近12万军官和武装人员，我们国家在同样情况下实施了类似的人员扩充举措。的确，有些组织被划分为第一后备军和第二后备军，但这些后备军仅出现于文件中，而且主要吸收特定阶层的军人，后备军可以即刻上场征战，无须事先下达指示或者征求批准。所有欧洲国家都有类似的后备军。日本结束与俄国的战争后，出于财政经济发展的要求（如果不存在其他原因的话），理应尽快缩减其陆海军部队，恢复至正常规模。撇开这一点不谈，日本绝大部分军人还都是战时临时征来的兵。

我们将话题从人员转向装备，来看看日本陆军目前的武器配备情况。日本陆军作战部队配备的步枪称作有坂步枪（Arisaka rifle），是以一位日本军械军官的名字命名的，算是德国陆军曾使用的毛瑟1893式步枪的翻版。日本政府秉持了其传统的拿来风格，只对毛瑟步枪做了少许改装，比如，为了适应日本军人的短手臂，将枪托改短，同时还将枪管改短。日本人为了保障速度和平直的弹道，将毛瑟枪的口径改小，虽然重量减轻了，但是实践证明这种做法明显降低了武器的杀伤力。所以，上述改装并未提升步枪作为武器的威力。虽然有坂步枪与俄国军队配备的武器（曼利夏1891式步枪）威力相当，但它还是逊于美国、德国、法国和英国军队的装备。日本的军械军官对此也无任何异议，参谋本部当前的重点工作即是全面对日本军队进行重新武装。有坂步枪所配刺刀的骨架现在也被认为设计不够精准，作战时还暴露出了许多瑕疵与缺陷。

现在我们已经很清楚一个事实，即日本旧式有坂步枪已经过时（按照现代标准，它甚至难以与美国近日弃用的克拉格相比），要是这个理由还不足以促使日本对其装备更新换代，那么还有另外一个原因，即战争中步枪的大规模消耗与损坏。除了日方官员，我们无从得知日本在战争开始时到底储备了多少支有坂步枪。不过在战争早期，我们发现日本军队中后备人员配备的武器是从俄国缴获的步枪，国外的陆军武官则注意到，一些日本士兵在战争后期携带的也是俄国步枪。从这一点，我们便能得知，日本的有坂步枪储量有限，因为任何一位军人都清楚，将弹药规格不同的武器带入军中是万万不可的。与常规口径步枪相比，使用无烟弹药的小口径步枪更易腐蚀，而且实验显示，步枪射击一千次之后甚至还不到一千次，威力便会急剧减弱。当然，这要依据战争中具体使用的步枪型号而定，不过有一点可以确定，日本有成千上万的步枪已经完全无法使用，战争结束时，可使用的步枪中只有小部分状态完好。在之后的战争中，双方陆军因步枪缺陷而自己造成的伤亡数量明显攀升，这必然会引起指挥官和政府的高度重视。这时候或许还存在一种解决方式，那就是日本可以制造新的步枪，或者对损坏的步枪进行修复，用同款武器替代那些废品。不过日本不大可能选择这种方式，一方面是因为当时日本正在计划研发新式武器；一方面是并无此迫切需要，所以这似乎将会是无用之功。

虽说日本的大炮要比俄国的威力更为显著，在战争早期尤其得到了鲜明体现，可是这全得归功于日本士兵的高超操作技术和大炮数量优势。日本配备的野战炮模仿的是法国已经弃用的设计，无论是机制还是射程方面，都不如俄国军队的野战炮，如果与德国、英国、法国和美国军队当前使用的型号相比，完全可以算作过时的武器。不光如此，实验证明，日本所使用的弹药极具腐蚀性，加速了大炮的损坏。战争后期，日本的大炮并不如战争早期那么有效，很可能正是因为大炮经过反复使用后已遭损坏的结果。

战争爆发后，日本军官曾前往欧洲和美国进行访问，目的是为了考察最新式的军事装备，并且撰写书面报告，丰富实战所需经验，为本国的装备更新换代提供参考。调查的成果已经显而易见。有些师团近期已开始使用新式有坂步枪，据说是在旧型号的基础上作了改进，枪管变长，口径改大。至于是否全军已配备此型号步枪，则不得而知。我们完全有理由做出这样的假设（所得信息确实能够佐证这样的假设）：日本军队目前依旧大规模地使用日俄战争时期的武器装备。此外，新式野战炮出现在上一次军事演习中，完全是法国最新式的复制版，同时还为炮手配备了钢质防护盾，不过只有为数不多的新式野战炮投入了使用。这不禁令人疑惑，日本是否已全面采用了新式有坂步枪和野战炮？武器型号升级之后，即使日本提高其产能，也要花上好几年时间才能生产出足够量的装备，以备大战之需。吸取了上次战争经验，日本参谋本部正考虑对本国的次要装备和士兵随身装备进行更新换代，要经过一段时间后，具体细节才会披露，新式装备效果如何从军队的效率上便可一清二楚。从俄国缴获的大批枪炮虽在紧要关头尚可派上些用处，但要想建立现代军队，那些装备就不值一提了。因为其规格和口径均与现代军备标准截然不同，倘若意图提高军队在现代战争中的作战水平，就必须契合现代军备标准。

有些评论极尽渲染之能事，描述日本在对俄战争中发明使用的装备如何神乎其神，那些炸药和设备又是多么令人叹为观止，诸如此类。这些评论已经深深地印在了人们的大脑中。可真实情况是，要论现代陆海军的精髓和艺术，日本依旧还是西方的"抄袭者"。在战争期间，西方世界耳闻了许多有关日本如何隐藏其军事武器装备的丰功伟绩，其中精彩情节当属一段法国驻满洲陆军武官与日本军官间的轶事。法国武官对于自身所遭受的待遇大为不满，此外，他们所提出的演习参观请求也频频遭到日方拒绝。在这种情况下，法国武官向日方提出参观日本野战炮的请求，竟然再次遭遇推托。最后，法国武官耐心耗尽，对日方进行施压，要求他们必须就自己的要求给出一个明确答复。可是日本军官则言辞委婉地回复道："希望您理解我们需保守军事秘密的重要性。"

"你们的秘密，胡扯！"法国武官此刻的愤懑情绪占了上风，令他仪态大失，叫喊了出来，"说得好像你们从来没有剽窃过我们一样。"

此话虽实事求是但也未免太过直接草率，据我来看，要想弥合此事导致的外交隔阂恐怕颇费周折，多回合的谈判交涉在所难免。事实是，日本的所有陆军、海军装备均直接借鉴西方国家，丝毫没有考虑过版权或者专利之类的事情。

日本海军征募与其陆军人员来源几乎一样，但因为两个军种的结构存在差异，所以具体情形会稍有不同。现代海军管理和征募制度中有一个共识，即训练一个高素质海军要比训练一个同等素质的陆军更具难度。日本海军实施义务兵役制，通常服役期限为 4 年，和大多数国家海军一样，为那些愿意延长服役期的军人提供专门补贴。陆军则只在战争前才会发放额外补贴，主要是为了留住经验丰富的老兵。日本航海历史悠久，拥有一大批善水之人，因此确保了充分的优质兵源，当然，根据现代海军的发展，其实并不需要那么多传统意义上的"水手"了。从内陆农场来的小伙，只要够积极、够敏锐，同样能和海边长大的少年一样，被训练成为一位优秀的船舰炮手。

可是日本海军面临的挑战和其他地方一样，即如何打磨新兵，使他们对自身的责任有深刻认识，并愿为此加紧训练，提升作战水平。在这方面，日本的海军较其敌国并无优势。曾有假设称，日本人对陆海军指令的平均吸收能力要比欧洲人或者美国人高，但就目前情况来看，此假设毫无事实依据。

至于海军武器装备方面，以军舰为代表，我们通过大量公开声明，对日本此次海上作战军备有了大致了解。许多评论认为日本现海军与日俄战争爆发时的日本海军实力相当，可这完全不是事实真相。抛开军舰和机器的损耗与毁坏不说（有无进行彻底修复，无从得知），还有一个因素会对武器装备造成致命影响。日本海军武器装备在此次日俄战争中的负荷量极大，没有任何一支现代海军能与其相比。大型枪炮在全装药状态下发射的使用寿命可想而知。发射20次左右后，枪炮就会开始发生损耗，100发左右则是安全最大限值。这时候必须重新上膛线，必须把枪炮从军舰上取下来。日俄战争期间，有几艘日本军舰配备了新枪炮，许多枪炮已换过膛线了。

虽然日本煞费心机地想隐藏这些细节，但我们现在还是知道了事情真相，日本海军遗留的战时重创远比我们普遍认为的要严重得多。战争收尾阶段，日本军舰上的许多枪炮由于多种原因已经无法使用。如果一支海军在这样一种情况下遭遇强敌，那么必将面临灾难性后果，哪怕是在战争收尾阶段亦是如此。我曾直接从一位专家那里得知，这位专家在对马海峡战役结束后登上过一艘日本装甲巡洋舰，根据他所说，主炮台没有一架炮能正常发射。然而关于此战舰严重受损一事，我未曾看到有报道涉及。类似事例我还了解到许多。

假设上述事情属实，有人可能会指出，如今这么长时间过去了，日本肯定已经对那些枪炮进行了彻底修复，配备了更大型的军舰以及新式枪炮，包括新的现代瞄准和发射设备。此话不假，不过相关情况显示，日本的军舰升级换代进展并不如其海军宣称的那么神速。毋庸置疑（我无权泄漏可靠的信息来源），上一次大规模海军战役中，许多日本军舰配备的是瑕疵武器，完全不顾精度失准可能引发的风险和损失，甚至有些军舰配备的是完全无法使用的枪炮。

倘若此事属实，究其原因，很可能是因为当时已经没有可用的替代武器。我们应该记得一件事情，即俄国军舰抵达前，日本海军有很长一段时间处于相对安分的状态。可以想见，这段时间足够大部分日本军舰靠岸然后进行武器修复，防止军舰陷入更危险的境况。鉴于此，我们有理由得出结论：日本在战争结束后面临大型枪炮不足的窘境。获取这种枪炮的方式有两种——本国制造以及国外采购。如果日本在战后进行了大规模的武器海外采购，那么它现在也不至于受到敌国海军如此的警惕。相反，日本曾公开表示未来将建造自己的枪炮武器，并且已经开始进行大量的准备工作。如果日本通过强占专利以及进口机器便可以低价自给自足，那么为什么还要高价采购英国、德国或者法国的武器？

这也是日本陆海军备升级政策的核心要义。倘若武器亟待更新换代，那么势必要向国外紧急采购，可是明显目前并无迫切需要，所以日本开始建设兵工厂和军械库，陆海两军武器更新的同时还创造了许多就业机会。只要研究下日本新工业政策的特定阶段，我们便能一窥它的企图。至于从俄国缴获的军舰，他们大都比日本军舰的状态还要糟糕，许多甚至都不能正常浮在水面，维修有着巨大困难，而且成本高昂。从上述情况来看，那些认为日本海军军备目前已经与其他一流海军势均力敌的看法完全是无稽之谈。

不仅如此，日本的陆海军组成大都不是经验丰富的老兵，军备也并非最新式武器。相反，日本军队大都是新兵，配备的武器或者已损坏，或者不如其他国家先进。依据以往的战争经验来看，尤其是那些战胜国的经验，大都亘古不变，和平来临之际往往伴随的是军队士气大挫，作战水平大幅下降，部分原因是士兵已经惯于烧杀掳夺，另外则是出于自然反应。难道日本会是个例外吗？相反，多重证据显示，日本的情况如出一辙。我的观点是，现在倘若日本陆军和海军突然与其他任何一个军事强国开战，双方条件相当，除了对战俄国，日本完全不具有与其他国家对抗的优势。我们假设交战双方士兵素质和训练水平都旗鼓相当，但军备上的差距就能导致两边的势力失衡。

美国陆军在数量上占据微弱优势，两国一旦宣战，正式交战前的短短几个月内，日本绝对很难调动大部队参战。所以，从这个角度来看，美国无论与哪个国家交战，敌军的常备军力量将因此受限，我方自然占优。海军战役虽有所不同，但此处的对比分析依旧适用。正常情况下，日本要花上几年时间才能完成其陆海军的全面装备升级，而对于那些担心将与骁勇的日本军人交战的国家，这段时间恰好为他们提供充足的准备时间，前提是他们有意识把握住这个机会。此外，这也意味着在这段时期内，倘若日本与其他强国产生外交摩擦，日本一定不会轻举妄动，也绝不会采取任何强势的冒进之举。

鉴于日本的财政状况，它目前肯定正在加紧步伐为进入作战状态做准备，这一点是无可辩驳的。旅顺港、朝鲜马山港、朝鲜群山港、台湾地区都正在广修防御工事。日本海军相关人士近日被发现在考察菲律宾海域的一些无人小岛，这些小岛目前尚无其他国家占领，这些小岛的唯一价值只能是作为无线电台基地。此外，日本海军近期新添了两艘超弩级战舰以及威力相当的巡洋舰，然而，日本初期计划是预期从 1909 年开始，每年添加两艘弩级战舰（Dreadnaught）① 以及两艘弩级巡洋舰，直至海军拥有"理想中的实力"。

① 弩级战舰，即无畏级战舰，"无畏舰"同类战舰的统称。"无畏舰"是 1906 年下水的英国战列舰，长 160 米，排水量 1.8 万吨，乘员约 800 人，有 4 个推进器，动力装置为蒸汽汽轮机，最大速度 21 节，该舰确立了汽轮机动力、全部大口径火炮的军舰模式。无畏级战舰统治世界海军达 35 年之久。

战争之后，如此庞大的军事配备投入陆军和海军，我们难免有些疑惑，这些军备到底运用在了何处。据称，部分资本可能投入到了间接军事用途中，比如所谓的东方发展公司，此公司每年预计要向朝鲜和满洲派送 4000 名日本人。按照其说法，这些人在那边接受宪兵训练，然后替换当地的常备军队。有些人认为，日本诸如此类的举动只是为了增强自身在大陆的军事实力而采取的间接方式，目的在于不引人注目。还有些人士着重强调一件事情，日本在 1906—1908 年间招收的新兵服役三到六个月后就被解散，这意味着日本希望这一大批接受过军事训练的男子发挥其他的作用。的确，这些都只不过是权宜之计罢了，可能并不利于日本政策的推行，可是远东地区当前局势严峻，日本任何的风吹草动都会引来众人的目光。

第八章 日本的政治倾向

从当前的内政局面来看，日本即将来到一个临界点，即它必须在两条目标相反的路中选择一条：是继续无限期地被当前主导政府的军事寡头政治派控制，还是接受新党派的领导，并主张采取和平方式开拓资源。这个问题对于整个国际社会来说也十分有趣，它一方面代表的是人类进步历程中的某部分势力，此外，选择的结果势必会影响日本这个国家未来的走向，同时也会影响日本在整个远东地区的政策。

日本此时面临着各方的压力，正濒临爆发的边缘。从这一点就足以看出，如果日本实施内阁重组，将会撼动上层建筑的根基。这一事态发展也引起人们对当前日本政府形态的关注，包括它的意识形态理论以及贯彻此理论的执行体制。

日本政府形式上采取的是君主立宪制，但许多人都把美国的那套自由主义原则套在日本这个国家上，这可就大错特错了。日本的政治体制构成大致如下：宪法，负责内阁；两院议会，负责阐释法律和执行法律的司法部门。通过深入研究这些熟悉的机构在日本的运作方式，可以揭示一点，自由民主制度的精髓与要义大都在此难觅其踪影。日本立法过程中，很自然或许也是必不可少的做法是，天皇作为所有机构的顶层势力将其意志渗透进宪法条款中，这样一来，立法、行政、司法机构就明显变成了天皇权力的附庸，并受其意志左右。或许有人会认为，如果政府管理由人民实质掌权，上述现象便可杜绝，可事实并非如此。

现代社会中，民主政府的管理基础通常依靠民众的选举权实现，日本有权参与选举投票的人数不到 80 万人，低于总人口的 2%，相比之下，法国的比例是 25%，美国是 21%。除去皇室贵族，只有那些财产或者上税额达到一定标准的下议院议员才有资格投票，这便将有权投票的群体局限在了上层和一部分中层阶级。而占日本总人口 90% 的广大劳动阶层仅享有向王权诉愿这一宪法特权。

贵族院[①]作为日本立法机构的上层组织，人员构成主要包括：日本皇族男性成员（皇族）、世袭贵族（华族）、部分为国家做出贡献而被天皇任命的终身议员（敕任议员），此外，每个府或者县会组成一个 15 人选民团，成员均是缴税大户，然后由这 15 人再推举出一位候选人，提名者需得到天皇的许可方能成为议员，这一部分议员的任期为 7 年。这样一来，日本贵族院大部分都是由达官贵人组成，经提名成为议员的仅占小部分，而且还是由一批不到 700 人的富人阶层推举出来的。议院中所谓的群众组织，即众议院，则是由大选产生，也就是那些拥有选举权的 1.6% 人口投票产生。众议院总共有 368 个席位，分散在日本 45 个城市和郡县，也就是府和县每个区域平均分配到 2000 个投票名额，如果同样的人口基数放在美国，则每个区域会分配到 2600 个左右的名额。由此看来，日本的众议院除了一些个别议员体现了民主精神，实际完全没有继承民主精髓，是一个真正意义上的贵族独裁体，其政治抱负主要是为了使特定阶层获利，巩固其在内阁或者贵族院中的地位。

议会连同内阁一道对政府实施领导，名义上是由不同党派组成，但所谓的政党与欧洲和美国的政治党派不具可比性。实际上，日本尚未发展成政党治国的制度，只是它套用了这么一个名词罢了。日本贵族院与政党制毫无干系，其议员有

---

① 贵族院，日本 1889—1946 年采用的两院制议会的上议院。

时候会分成几个不同派别，但没有一个能发展成为常态，也没有正式的固定党名。众议院倒是分成了几个有党名的团体，不过一旦议会换届，这些党名通常不再沿用。这样的部署让我们得以一窥日本人民和日本政府间的真正关系。显而易见，日本政府不能擅自代表人民，也不会践行人民的意愿。日本无产阶级参与政务，说到底，是应日本天皇的慷慨之邀，以协助者的姿态辅助天皇管理他的政府，巩固他的相关利益，天皇只是任命了一些贵族议员，挑选了一批众议院议员罢了。当众议院开展换届选举时，竞选活动通常不是以党派为单位，而是每个参选人以个人身份参与竞选。只有当新一届议会班子成立后，才会开始形成党派，不同党派的划分依据主要按照议员针对议题的观点异同。这样一来，政党间的界限其实不甚明朗，更像是一群有着共同利益的议员集结而成的团体，而没有坚持要推行其政治纲领的共同追求。

众议院目前的政党主要有：宪政党、进步党、大同俱乐部和其他不成气候的零散小党派。宪政党属于执政党，在野党则是进步党，至于其他两个政党则没有那么大影响力。大同俱乐部虽然是一个独立政党，但实质上是政府的分支力量，它在议院中打着中央的名义，而且势力渗透进了内阁的大部分部门，影响力不容小觑。这些政党都没有明确的党章或者党纲，而且一旦出现新形势，政党间的人员流动也是瞬息万变。

政府中还有一些其他角色，天皇、内阁以及政界元老（Genro）①，即老一辈政治家。日本内阁的组织结构与其他地方无异，主要由各个政党的代表构成，其卸任需获得天皇首肯。天皇对此事持有绝对权力，至于有哪些因素左右其决策，我们通常难以知晓。一旦发生危机，天皇通常会向政界元老寻求意见，虽然他有权

---

① 元老，特指接受明治、大正天皇诏敕、享有"元勋优遇"待遇并负有"匡辅大政"之责的9位政界耆宿，即黑田清隆、伊藤博文、山县有朋、松方正义、井上馨、西乡从道、大山岩、桂太郎和西园寺公望等9人。元老辅弼天皇，对重要事务的决策具有强大的影响力。

不采纳元老们的建言，但天皇据说还是非常重视元老们的看法。关于眼下这位天皇个性如何，日本人民莫衷一是。许多人认为他正如东方历史上的一种君主，是一个有名无实的君王，整日耽于享乐，将政府事务抛给他的阁僚们打理。皇太子则大都愚蠢无知，不成气候，没有担当。除此之外，日本天皇的权威性也是一个备受争议的话题。表面上看，天皇受万众敬仰，是日本的精神领袖与首脑，不过我们可以观察到，这可能只是表象，天皇或许只是政治寡头借以统治日本的傀儡，这一观点已经渗透进了日本民众的心中。日本的政界元老并无特定的组织，也不具有正式的资格身份，只是一批声望之士，他们除了在贵族院占有一席，并无政治头衔，靠的都是自身的威信与影响力。大隈伯爵近日公开声明，政界元老已经是过时之物，理当功成身退，让位于现代新式的行政管理方法。众所周知，大隈是一位名副其实的民主人士，我们常常能在在野党的阵营中看见他的身影。

我们对日本这个国家进行剖析时，发现日本政府其实是处于贵族寡头政治的完全统治之下，其主要组织成员包括：皇室家族成员、三到四位皇亲国戚、军人、金融贸易以及小部分杰出商人代表。众议院本该代表群众力量对政府工作进行监督，但按照现在的竞选和组织机制，众议院其实并未践行这一职责。此外，还有一点毫无疑问，即众议院的席位是可以用钱买到的。有消息称，县级选举出现大规模的强压和欺诈现象，促使日本内阁对此事予以重视，一家国内报纸甚至言辞凿凿，断言"日本政界已经全盘腐烂"。甚至有公开言论表示，花两日元就能买下一张选票，县议会席位估值约为 2600 日元。当然，我无法保证此言论是否属实，但有证据显示，日本的政治腐败势力已经在国内泛滥，这一点众人皆知。

尽管如此，如若日本的寡头政治团体不出现内部纠纷，同时不受其他外来势力干扰，只要他们采取一贯的保守路线，保持着不功不过的政绩，可能就会一直在日本当权。不过，过去的几年内，日本民众纷纷有所觉醒，至少一部分具有影响力的人开始意识到问题所在。目前，日本寡头政治面临着一场分权大战，或许他们在短期内不会受到威胁，但是已经风雨飘摇了。几大主要因素导致了这一局面的产生。它们分别是：工业国有化政策；政府各项补贴和优惠政策使得国家扩张而来的利益资本积累涌向了政治寡头；军备开销占据了过多的国家财政收入；上述政策直接导致了税收增加，承担者必然是日本人民；日本因此陷入了财政困境。

日本的经济发展状况正是问题真正的症结所在，不过日本发展到如今这样一种极端的状况，究其原因，只能归咎于他们自身政策引发的效应。日本政治寡头对人民的剥削还体现在一个鲜明的事例上，即皇室对国家工商业的渗透与侵入。日本皇室到底对现代企业的干涉程度有多大，因为各种缘由，我们难以一概说清，不过可以明确一点，那就是日本皇室在以下企业持有大量股份（有一些拥有控股权）：两家大型船运公司、两家大型银行、一家铸钢厂、一家纺织厂、一家造纸厂、一家木材厂、一家造船厂以及其他一些小企业。抛开两三个例外不谈，日本皇室是在战争结束后随即爆发的工业扩张过程中攫取这些利益的。所有涉及日本皇室利益的重要企业全都从政府获得了丰厚的财政补贴。确实，这些企业在成立时，似乎都有一个共识：只要向日本皇室靠拢，就有了政府这个后台，就能确保得到政府的直接支持。

那些与皇室利益攸关的企业并不对外资开放，而且也不上市，不向投资者发行股票。有假设认为，排斥外资入股主要是为了避免出现诉讼，因为一旦进入诉讼程序，企业必须在法庭上针对所有权和运营手段等问题做出阐述。通过进一步研究，我们发现在日本当代，大部分活动实质上都受到寡头统治层核心势力的把持与操控。其他大国不会像日本这样，特权阶级如此根深蒂固，并且如此善于攫取人民创造的绝大部分财富。

上述情况掺杂着多重复杂因素，要不是事态已发展到不可收拾的地步，再加上苛捐杂税的压力，此事恐怕难以引起懵懂无产者的注意。日俄战争期间，日本的人均税收不到 6 日元，而现在已经增长到了人均 15 日元。日本政府为了平息民怨，向人民担保税收增长只是权宜之策，俄国战败后缴纳的赔偿款将会补偿给他们，因此日本人民便没有过多反对，接受了政府的重税负担，甚至将多余的基金购买了日本的国家战争债券。日本人民之后遭遇了首波冲击，他们得知俄国根本没有缴纳任何战争赔偿。随即，日本政府不得不继续实施三十年战时重税政策，甚至无法承诺届时税收力度将有所减轻。

在这样一种关系中，我们不妨探讨下税收分配制度。和大部分国家一样，日本在任何可能的情况下都可以采取间接税手段，同时也可将其作为应对预算不断膨胀的财政制度改革手段。无论是关税法还是国内税收法都有明显的导向性，试图营造一种中产阶级是实际负税人的表象，但经过一番审视，我们发现情况正相反。征收重税过程中，税必须转嫁到那些大众使用的物品和商品上。据相关分析，日本中产阶级似乎承担了更大的税收压力，但最终上缴税款的实际上是夹在政府和消费者之间的中间商。日本政府实施此项政策时，将商业阶层作为税收渠道，主要是因为可以对其进行管控，而并非由基层超额承担了税额。有人说日本那些过着小康生活的中产阶级负担了更多国税，要真这么认为，就好比在说，美国政府同样鉴于管理便利而将烟酒商们作为税收渠道，因此便可断言烟酒商们其实是自己缴纳了商品税。此事难以准确断定，不过我确信，日本那些无投票权民众们负担起了 80% 的国家和地方税收。日本的无产阶级目前已陷入了政治和工业的劳役偿债制度，他们对本国政府的监督权力还不如俄国农民和中国苦力。

对日本政治情况有了进一步了解后，我们或许能更容易理解西园寺内阁的一些政策影响。上一届议会通过了一项预算方案，拨款国民税收 40% 用于军备开销，1908—1909 年度的初步预算提案曾计划拨款 60%。政府为了开展此项计划，进一步提出了详细的方案，议会则通过了一项重税条文，将人均税提至 16 日元，但此计划尚未彻底落实。这第三波冲击，彻底动摇了日本人民对政治寡头的信心，全国掀起权力审查运动，力推国家政策改革。

这是一次自上而下的全阶层运动，成功与否，主要依赖于国家优惠政策没有惠及的部分商业阶层，这个阶层如今已意识到政府的区别对待对他们的发展造成了严重打击。尽管民众对自身日渐糟糕的处境已深有感触，但苦于无直接渠道表达政见，只能通过暴动示威。不过商业阶层拥有大批投票人，而且能够形成政治凝聚力，他们可以向本地商会和国家商会反映意见。1908 年议会前的重税法案遭遇了普遍不满，以商会为代表的组织纷纷出台系列决议，谴责日本政府所采取的财政和经济政策，并且动员一些成员参与针对众议院预算法案的抗议活动。目前来看，抗议活动无疾而终，除此之外，政府甚至公开谴责行会干预政治事务，并对他们做出警告，如果再有此举，不排除撤销其特许资格的可能性。然而，这一隐晦威胁只是火上浇油罢了。许多行会反击称他们在涉及国家利益的情况下有权参与政治，而且暗示无论如何他们都将参与其中，不论是否有此权利。商会已开始着手竞选下一届众议院普选，而且相关工作正如火如荼地进行，给日本政府造成了困扰。在开展此运动的过程中，日本国内第一次有人主张依据党派提名众议院参选人，主张对平台进行改革。倘若真要将此主张付诸实际，全体选民将目睹一场众议院掌控权之争，而且势必会引发一次全民热议。日本政府急欲避免此状况的发生，因为一旦一个民族开始觉醒，有了将民主制度形式转化成现实的诉求，没有人能预期结果会如何。

时至今日，日本报纸纷纷公开指责人民群众间存在的过时观念，这些观念可以冠以一个名字：政府崇拜。有人提出，这一盛行观念不利于现代型国家的发展，那些无政府直接支持的企业将很难成功，这将导致工商集权化，竞争消除了，只有少数几个政府垂青的企业获得利益。日本国内的一些报纸讨论此事时使用了"迷信"一词来描述这一观念，并且断言这种迷信观念在当代日本已无立足之处。上述批判言论明显触碰到皇权的光环，而这个光环恰好是政治寡头借以巩固其统治的媒介，所以我们能想象得到，日本政府对此局面并不乐见，甚至有些人士谴责其为篡权之举。的确，这或许不失为真相，相关迹象显示，社会主义正在日本生根发芽，懵懂但强大的无产阶级开始嚷嚷着自身的政治权利。

诸如此类的政治征兆时有发生，外方观察人士对此也极为重视，至于寡头政治势力对此是否喜闻乐见，就不得而知了。

毫无疑问，日本政府早在垮台前的几个月就已经意识到，西园寺内阁必须解散。西园寺侯爵及其同僚数次递交辞呈，但直到预算和其他行政事务都得到解决以后，他们才被批准离职。

日本政府并不希望举行大选，可是日本在处理日美关系中的移民问题时铩羽而归，日本民众已经有所介怀，此外，民众对持续增加的税费也充满强烈的不满情绪。

起初，大选时间定为 1908 年 4 月，随后便延期至 6 月份。

通过日本政府的系列行径，我们可以看出，就算西园寺内阁自身有意愿解散，政府也不会轻易举行大选，除非它有十足把握可以继续当选。

1908 年 6 月的大选结果最终告诉我们，尽管日本寡头政治受到严重非议，但依旧有着十足的掌控权。日本现政府虽说失去了众议院的几个席位，但依然占据着绝对优势地位。

一些研究日本政治制度和当前局势的外方人士都抱持一种观点，即日本现内阁和下一届内阁所实施的政策将会体现日本各商会的理念与想法，但我尚不能确定此事肯定会发生。

然而，日本试图给世界营造的观感是，日本将军备开销施加到国民身上，导致国民经济发展到现在这个地步，全是因为日本有意打击国内的军方势力。日本当然有必要给全世界营造这样一种观感，因为国外投资者们已经表明了态度，他们不愿意为日本的一次非常规陆海军扩张行动提供资助，日本此次军备扩张是以牺牲国内其他资源开发与发展为代价的。

可是当我们试图在日本国内寻找能体现其政策巨变的实物证据时，我们发现并不容易找到。

美国人或许能够理解日本军方不愿意放弃其今时今日地位的原因，军队派之所以能够上升至今天这个位置，是因为日俄战争后国民对日本陆军和海军抱有高涨的热情。但日本军方的猖狂跋扈到了这种地步，美国人恐怕是难以想象的。

西园寺内阁察觉到暴风雨即将来临，所以希望分崩离析前卸下担子，可是由于一时难以组成接任的新内阁，只得继续维系一段时间。

有一些人被举荐为侯爵西园寺的接班人，但这批人中无一不与军方势力有着千丝万缕的关联。桂太郎曾数次受邀组建新内阁，但他自己并无此意向，有人认为，这是因为桂太郎对日本的政治体制即将瓦解的现状心知肚明。在此期间，不断有人被举荐为下一届首相的候选人，但从这些人的职业履历来看，无一不佐证了先前的假设，即全部人选都倾向于支持日本的现行体制制度。

一个国家的新内阁政策或许会将国家财政商业利益纳入考量，但这并不意味着现行体制就会做出实质性的相应调整，因为大部分商业巨贾都是现行体制的既得利益者。

而这些人中有一部分则很可能认为国家已经在现行轨道上用力过猛，所以有必要开展一系列革新活动，避免未来发生灾难性事件。

然而，我们不必奢望这会正中当道恶势力的心意。或许可以这么说，改良派与日本政府的分歧主要在于"输出"与"输入"的对立上，发展迅猛的原因主要是为了给内阁难堪，而并非秉持诚挚的改良精神。

有一点值得注意，改良派偶尔对日本政府的外交政策发出攻击，并不是因为之前和平的外交政策会给日本带来混乱局面，而是因为日本在与美国和中国的磋商过程中未做出一个更为激进好战的姿态。

综合考量当前局势中的各种因素，我们不禁质疑，日本眼下是否存在足以促成新内阁组建的政治势力，这种势力是否能够在短时间内发挥作用，再者，日本当前能否组建一支有能力革新政务的内阁队伍。的确，日本需要就此做出相关尝试。可以试想，桂太郎内阁成立后，伴随而来的将会是各种允诺公平的政策，或许下届内阁也是如此。寡头政治及其党羽军队势力的根基太过牢固，难以轻易挖除，就算他们为了恢复国家信誉，暂时向当前局势妥协，但谁都知道，他们定不会善罢甘休。日本现在正站在面临选择的交叉路口，这一点是确切无疑的。日本全国自上而下或许都能明显感受到改革的迫切性，而这种千方百计冲破寡头政治桎梏的拼搏必然会引起西方世界的同情心和注意力。

第九章　日本的财政情况

　　如果要对日本在世界各国中所处的地位做出评估，我们得先考量下日本的财政状况。这就使得我们也必须对它当前采取的措施作进一步审视，同时仔细考究导致其财政衰弱的原因，日本的新政算是其中的一个原因。

　　日本的财政新政实施了一段时间后，我们才看到新政给日本的对外策略和内政带来的一些影响。日本的对外策略有了显著调整，或许我们应该从一个不同的角度来看待这些调整。日本的内政变化与日本当下的经济危机有着更为密切的关联，日本在采取进一步激进的对外扩张政策前不得不先解决国内的财政危机。

　　虽然导致日本发生经济危机的原因多种多样，但政府干预国家经济事务是其中的一个主要因素，因此我们有必要就日本的国家所有制政策进行一番简要回溯。有人认为日本采取此项政策毫无新意可言，纯粹是绝境下的不得已之策，这一点千真万确。正如有人指出的那样，我们通过观察日本启动此政策时所面临的国内环境，可以得出一个结论：日本之所以采取这样的政策，完全属于一种权宜之计。日本政府在日俄战争后亟待解决的是财政收入问题，而政府主要通过两种方式获得财政收入：税收和国债。日本政府必须将其大部分可用财产作为对外战争贷款的抵押，此外，要想在短期内增加税收恐怕是不切实际的做法。相反，由于日本未能获得战后赔款，国内民众群情激愤，因此日本政府深切感受到有必要延迟发布税收无限期增长的相关公告。

在这样的绝境中，日本政府开始想办法创造可管控的财产，倘若情势需要，政府将会以这些财产作为抵押品。除此之外，日本政府还极力为国内企业吸引外来资本。此处我们无须过多追究日本政府具体采取了哪些途径，几个相关例子足以透露日本政府政策背后的意图。其中有一个是日本铁路的国有化，日本在这个问题上的应对之策着实有趣。政府在一次资产评估过程中以债券支付的形式专横地接管了国内的各大铁路。这一项目遭到了国内的强烈反对，但议会强行开展此举措，随之而来的便是众议院的混乱、骚动。日本政府用这种方式巩固了其财产所有，保障了可观的财政收入来源。此外，在紧要时刻，还可以将这些财产作为外债抵押物。日本政府多以国债利息为条件，做出各种承诺担保，大批工业项目因此受到鼓舞，纷纷走向资本化，此外，政府还试图引进外国资本。此计划一度颇见成效，但由于政府扶持的企图过于明显，纯粹为了扶持日本企业引进外资，所以计划没多久便失去了效力，之后更是引起了反弹作用。

不过战后至少有一年时间之久，日本国内普遍弥漫着乐观主义氛围，日本工商业经历了大幅度的扩张。近期数据显示，自1905年7月以来，新企业资本总额达到了1,843,224,240日元，其中1,307,758,800日元属于新企业投资额，535,465,440日元是企业资本增加的总额。日本在经历过一次劳民伤财的大战之后，国家债务翻了两番，普通税收增了三倍，可是紧接着却实现了资本的大幅增加，总额占到了战争初期日本预计总财富的六分之一。

或许，我们大可不必多言，与其说日本如此惊人的扩张是动真格的，倒不如说它是煞有介事，很大程度上含有"试水"的意味。他们倾其所有，在日本政府的鼓动和引导下，积极地投身到了经济"景气"的事业中。当我们试图解释日本政府为何这样积极地进行干预时，我们有了如下假设，这是因为日本人缺乏现代工业精神，常常对日本政府亦步亦趋，没了政府的领导，日本国断不可能在这么短时间内就可以调动民众参与其中。这一点所言属实，但日本政府积极扶持的企业对象往往是其他国家政府不常关心的企业。满洲和朝鲜半岛是潜在的财产，因此日本人纷纷移居至这些地区。

然而，战争的主要资源消失后，诸如外国资本撤退，此运动就未能得到进一步发展。在日本经济"景气"期不断发展的过程中，可以观察到许多细微征兆。日本政府直接扶持的业务中首先受到重挫的要属南满铁路贷款项目。但凡熟知满洲情况的人都清楚，日本一开始就推进此项目清楚地揭示了一点：项目资金过剩，大部分名义上的财产价值模糊，且与中国存在权利纠纷。贷款方案在几个西方国家试行后，成效不佳，因此依照最先的条件所属资金撤资，日本政府最终宣布由自己负担该项目的经费。

这一系列的政治和实际问题削弱了日本在海外的信用，日本的国家利益扩张举动因此有所收敛，我们对其中的部分问题进行了回溯，这些问题本质上都属于外部因素。简言之，上述问题主要源自西方国家对于日本在满洲和朝鲜半岛地区政策的疑心和不满，除此之外，有些地区意识到一点，西方资本落在日本人手中会直接损害自身在东亚地区的利益。无论这种态度变化背后的原因是什么，西方投资者已经对日本的信誉有了抵触情绪。或者可以这么说，美国在 1907—1908 年间的经济颓势对欧洲市场造成了影响，在某种程度上加速了日本危机的发生。不过可以肯定的是，在美国陷入所谓的大恐慌之前，这种新的扩张运动便已失势。

经验一再告诉我们，"景气"运动一旦发展超过负荷，这个泡沫即刻便会破灭，其瓦解速度是其他事物难以企及的，日本国内的反应则不出人所料，乐观主义之后便迎来了一段时期的质疑，不久国内就陷入了一片惶恐不安的气氛中。

因此，对政府展开仔细调查势在必行，日本政府目前就正在接受严苛的检查审核，检查结果揭示了一个事实，这个事实很可能会导致那些原本对日本帝国抱有最大期望的信徒们的乐观情绪冷却下来，使他们想要先进行一番盘查，再决定是否按照当前的路子继续前进。

日本财政情况是此关系中至关重要的因素。目前日本国家债务近 26.17 亿日元，每年利息约为 1.66 亿日元，意味着人均负债 45 日元，人均年利息为 3.5 日元，约占人均收入的 8%。尽管日本为偿还公债设立了偿债基金，但经过调查，此基金的存在形式只是一种账簿操控手段，算是一定程度的虚拟金融。

1907—1908 年度已公开的赤字数额不算大，但议会声称赤字将达到 1.2 亿日元，这一负担必须通过新的税收政策减轻。表面上，赤字少于此数额，但日本政府垄断业务所得的税收估值很可能被夸大了，这一估值是在乐观的预期中得出的，但目前形势继续发展，这种乐观预期是不太可能发生的。

或许有人会有下面的想法：这种规模的国债对现代国家来说不算太重的负担，不过事情需要比较分析，我们必须依据日本国内资源状况对其财政情况作出判断，这又反过来取决于它的国民生产力，而国民生产力则体现在那些有缴税义务的日本民众的收入中。

新的重税规定将人均税负增至每年 16 日元（约 8 美元），这对美国人可能不算什么重负，但我们来仔细看看日本纳税人的人均状况。1904 年，一位经济学家对普通日本家庭（父亲、母亲和两个小孩）的每月收支状况做出了估值，结果如下：

开销

房租 …………………………… 0.75 日元

大米 …………………………… 3.25 日元

燃料和灯 …………………………… 0.41 日元

蔬菜 …………………………… 0.60 日元

鱼 …………………………… 0.60 日元

大豆 …………………………………… 0.23 日元

烟 ……………………………………… 0.25 日元

理发等 ………………………………… 0.18 日元

沐浴 …………………………………… 0.20 日元

零花钱 ………………………………… 0.60 日元

各种杂费，包括债务利息 …………… 2.37 日元

开销总计 ……………………………… 9.44 日元

月收入 ………………………………… 8.28 日元

赤字 …………………………………… 1.16 日元

如果上述数据真实反映了日本下层家庭的收入，那么这样的一个家庭如今每年税负将占收入的 65%。此数据统计于 1904 年，众所周知，日本贫苦阶层的收入自 1904 年后有所增长。提供此数据的人曾经深入调查过此事，自 1904 年以来，日本的对外贸易增长了 58%，而且日本的生产力据说也出现同比例提升。尽管如此，日本人均生存成本的确是有所增加，这主要归咎于进口关税提高而导致的物价上涨，换言之，税赋增长是致使日本人均生存成本提高的直接原因。

那些被充分调查的工种的战后工资增长幅度各不相同，下方所列数据摘自一份近期编集的官方文件，我们从中或许可以对事情真相有个大致了解：

日本东京工人的平均工资

瓦砖工……0.60 日元 / 天

泥瓦匠……0.50 日元 / 天

铁匠………0.45 日元 / 天

印刷工……0.53 日元 / 天

木匠………0.70 日元／天

织工………0.33 日元／天

银器匠……0.45 日元／天

鞋匠………0.55 日元／天

上述数据为东京工人的工资情况，较日本平均工资水准要高。东京地区的月工资水准如下表所示：

日本东京地区月平均工资水准

清酒蒸馏师…………7 日元

男仆………………3.32 日元

女仆………………2.92 日元

养蚕师……………… 9 日元

生丝纺纱工人………6.55 日元

农场劳工……………3.33 日元

综合上面的数据来看，战后工资确实略微上涨。我曾咨询过几位人士，他们估算一个日本底层四口之家的年均收入为 160 日元，家中的小孩也需要工作养家。我询问过的日本人中没有谁的年均收入超过 200 日元。我们以年均 160 日元为基准，那么日本人目前的平均税赋则占到了总收入的 40%。再通过其他对比，我们或许可以得到更多的启示。

尽管日本人口增加了 5%，但日本投入到国民生产中的无收益开销五年内从 1.19 亿日元增加到了 3.59 亿日元，其中包括流向海外的利润和陆海军支出。

1898—1908 年间的日本国民经济相关项目的增长情况如下所示：

人口增长 8%

平均收入增长 30%

税收增加 400%

或许有观点认为，杰出的政治才干是有可能让日本摆脱当前困境的，他们可以立即采取政策消除本国债权人的疑虑，有能力使国家摆脱当前的困境，政府可以通过削减开支以及开展自下而上的工业重建恢复国家的收支平衡。话虽如此，但未有迹象显示日本政治寡头们已经意识到改革的必要性。相反，日本政府坚持自己的政策，即通过向民众征税补贴政府有意扶持的产业，希望以此增强国家实力，促进民族繁荣，但往往不多加考量这种做法是否有成效。

其中一个案例是位于若松市的帝国钢铁厂。近期预算小组委员会召开会议前，针对该企业展开了一次调查，调查结果揭示了一点，即企业成立的十年时间内，国家在这个企业投入的成本达到了 56,412,000 日元，但完全看不到有产生任何收益的希望。建造此钢铁厂主要是为了生产日本陆军和海军所需的某种材料。日本皇室有意扶持的航运公司都会享受经费补贴，补贴额度相当于他们每年分配出的红利的三倍，而且有人还提议要加大补贴力度。在日本政府的国有化项目中，最招致民众不满情绪的当属铁路国有化，再找不到其他更突出的例子了。全国各地怨声载道，指责日本政府放任铁路的运营不善，且铁路服务糟糕，不足以满足国家的商业需求。除此之外，人们已经了解到，其他有政府红利支持的工业、企业在业务收益不佳时，可以享受到补贴，所以即使这些企业没有抓住机会进行自身的提升与改善，也能安稳度日。日本国内纷纷爆出此类事件，民众的信心因此渐渐消退，随即引来了一段清算周期。1908 年出现了大批商业失败案例，每隔不到一个月就会浮出一些有损知名银行稳定发展的内幕真相。一些主要证券的价格较

1907 年同期平均降低了近 35%。货币利率三年连续稳定增长，日本目前没有积极推进任何新项目，最重要的一些业务的发展现在都陷入了停滞状态。此情况之所以发生，部分原因要归咎于增税政策。增税导致物价上涨，从而出现消费减少的趋势。

日本政府在面临这样的处境时，似乎认识到了调整财政政策的必要性，至于到底采取怎样的计划，日本国内意见不一。如果剔除巨额的军备开支预算，日本很快便可以缓解当下的压力，可是军方到目前为止拒绝放弃一丝一毫的诉求，而且对议会施压，成功使其预算方案得到了议会的批准。然而，在接下来的几年内，日本一定会面临一系列的国外债券问题，预计还会遭遇再融资的困难。虽然日本人自己公开表示持乐观态度，但考虑到当前的情况，日本经济收益实际上很不稳定，政府担心欧洲投资者将会执意要求日本聘请外国顾问。之前人们都在谈论日本对西方的示范作用，而现在日本却被要求重新当个学生，这将令日本人感到很难堪，所以日本政府为了避免此情况发生，定会作出各种承诺，接受任何条件。

在我看来，东京逐渐意识到，要想使西方投资者继续保持信心，除了发行国债和增加军备，政府还必须采取其他手段。政府管理呈现保守主义，集权趋势遭到强烈抵触，在这样的局面下，日本国内出现需要合法投资的领域，可是许多得到日本政府大力扶持和资助的企业将目光投向了西方工业化，这一点日渐明显。

日本为了避免政策瓦解，必须有所行动，这可能会促使日本进行改革。但在没有外部压力的情况下，日本是否还会进行实质性改革，就不得而知了。

第十章 日本的外国人和外国投资

在过去的两年时间里，日美关系对话的趋势主要在于开始触碰一些围绕东、西方在彼此世界的地位的突出问题。许多报道对所谓的日籍在美人士遭遇不公待遇进行大肆宣传，经过大面积传播，华盛顿政府被塑造成了一个不遵守条约义务的形象，美国人摆出的姿态也是对日本不敬，这让日本正好有了可以挑起外交争端的合理由头。然而，在日本国内以及日本暂时或永久统治区的美国人和其他外籍人士地位如何，却甚少有人提及。要想对国际局势做出正确判断，探讨这件事情的重要性不会小于其他事务，鉴于围绕此事的讨论声音持续性长，而大量错误观念蔓延又广，我们不妨从事情的另一面来做一番研究。

最早的留日外籍人士可以追溯到早期的贸易、传教活动。约半个世纪前，日本在历经国内改革运动后成功在现代国家中找到了一席之地，至于在此之前的留日外籍人士情况和地位如何，我们进行讨论时就不必再多加关注了。西方国家和日本之间的现代国际关系真正建立于日本对外贸易开始发展的时候，日本人民渐渐意识到了外贸的发展前景。一系列商业原因（此处不作回溯）促使大量的外籍人士留在了日本。日本需要对所属殖民地进行管理，对外贸易活动也需要规范运行，这就使日本发布了一系列的条例法规，对西方人士的居住行为和商务活动进行了相应的约束。

　　最早的条例是基于治外法权原则（extra-territoriality）。在治外法权条约的框架下，日本的国内贸易和对外贸易都有了大幅发展，日本在现代发展的道路上迈着稳健的步伐。要说外籍人士在日本转型过程中发挥了主导作用，这有点言过其实，不过这批人士肯定在日本转型期扮演了重要角色，他们亲力亲为、建言献策，积极主动地给予帮助，为日本转型做出了许多实质性贡献。在此期间，新日本的根基得以建立。虽说外籍人士仅凭一己之力是不可能完成这项事业的，但如果没有他们在日本发挥作用，新日本或许永远都无法建立。当日本已经准备好在国际社会谋求平等地位时，它便请求废除之前签署的治外法权条约（并非无顾虑），代之以新条约。日本和其他国家所签署的条约在细节上有些许不同，但通常不会偏离常规模式。西方国家在当时本可以继续要求日本实行治外法权，但日本方面保证说在日外籍人士的人身安全、财产安全和平等权利无须再依靠诸如此类的法定条款予以保障。西方国家接受了日本的保证，因此同意废除治外法权条约。日本国内外籍人士目前的法定权利可以简单分为两大类——人身权和财产权。

　　简而言之，在日外籍人士大致与在西方国家的外籍人士享有同等的人身权，这一点是受到条约保障的。可是条约也只是一种国际合约形式，对一个国家的内政管理不构成直接约束力。实际上，只有当地法律才具有约束力。尽管各国不会有意制定明显有悖于重要条约行文和措辞的法律，但众所周知，任何国家法律的实际效力落实与否不取决于行文措辞，而在于对法律的阐释和执行的方式。

　　总而言之，文明国家公民的人身权利体现在生活的点点滴滴中，比如居住时间和地点的自由选择权，个人生存、工作和社会关系的相关权利。无论在任何地方，这些都不会是一成不变的事物，在日外籍人士的生存状态一直都在不断演变，整个过程中出现的征兆迹象引人深思。起初，日本人将外国人视作高人一等的存在，认为他们能够给予珍贵的指导意见，值得自己效仿追随。当时，外国人不光受到纵容，而且长时间在日本发展过程中扮演着不可或缺的角色。外国人协助政府处理政务，修改法律，监督日本铁路修建以及现代交通设施建设，为工厂建立提供指导，因此为日本的工业建设做出了贡献。他们在现代基准上推动了日本商业活动的发展，形成了利于日本财政稳定的核心架构，商业道德概念因此更加清晰，并且得到了广泛传播。日本开展的一系列项目急需外国资本的支持，而外籍人士恰好是外国资本得以引进日本的媒介。

实际上，外籍人士发挥作用的方式可以有数千种，但日本国内也逐渐有了相应的替代，因此日本人和日本政府对外籍人士的态度也产生了变化。日本在效仿西方做法的过程中，开始对本国现代化方式的效率有了自信心，他们渐渐不再采纳外籍人士的建议，对居住在日本的外国人抱有极大的抵触情绪，程度之深，已经到了要么日本垄断项目，要么外国资本与日本工商业竞争的局面。

我们此处对这种行径正义与否不作讨论，我们只关注一个无可争议的事实，即外籍人士如果与日本人产生冲突，外籍人士在法庭上只会处于劣势地位，尤其是当事件由于过于微不足道而无法成为外交议题的时候，更是如此。这早就变成了日本外国租界地居民人尽皆知的事实，他们除非忍无可忍，否则不愿诉诸法庭。外籍人士开始触碰到日本国内工业发展的底线，而且他们对日本重要企业提供指导的举动已经开始让日益自信的日本人感到难堪。可是直到近些年，日本政府才开始通过间接和直接手段使这些外籍人士的处境不好过，令他们无从获利。想要充分例证上述事实，我们就必须对日本法庭制定的许多法律和数百条法令条规做出阐述，还要援引大量的相关案例，但囿于本书篇幅问题，此处不作讨论。

人们对上述趋势已经有所注意，并且对此事的不满情绪正日益加剧。尽管如此，这种不满情绪直到日俄战争爆发时才达到高潮，日本人原先对于自身是否能与西方人士平等相处隐隐抱有些怀疑，但日俄战争驱散了这种普遍存在于他们心中的疑虑。自日俄战争爆发后，日本便巧立名目，制定了一些法律，实际上是对居住在日本国内的外籍人士施压。依我之见，日本国内现在受欢迎的外籍人士只局限于游客及旅居者，因为这群人为日本带来了财政收入，这对日本各阶层人士而言是一笔可观的财富。

探讨在美日本人士的处境，绕不开被称为劳工的这批人。所以，我们来看日本法庭制定的一项规定，这会是个有意思的话题。此规定出台于在美国和加拿大的日本移民冲突爆发之后，对外籍人士在之前的外国租借范围外的居住权和工作权保障条例进行了限制，主要是不再将工匠和劳工纳入保障人群范围。

毫无疑问，规定是在日本政府的鼓动之下而制定的（依据敕令）。根据此项规定，除非得到日本内政部门的特别许可，外国工匠或者劳工不得在之前双方协商的外国租界地范围外工作，而且授予的特别许可权可随时撤销。

一些大型的日本航运公司和商号早就开始裁掉外籍员工，并且迅速地替换上日本员工，裁掉此类外籍员工姑且可以理解为出于经济因素（比如说日本人力成本更低），但这一点并不适用于经验丰富的外籍工匠和劳工，因为日本目前还没有此类人才可供替补。所以情况现在很明朗，日本通过法院而做出的这种行为是对日本劳动工会的妥协，劳动工会目前正受到强烈的排外情绪的鼓动（他们称其为爱国主义）。

我相信，日本政府之所以制定这项规定，主要是忌惮外国企业的勃勃野心，长久以来的惯例是，外国企业建立工厂，聘用外籍工匠，安装机器和其他配套设施。日本企业曾提出想要接手这个工作，但没有成功，因此便转而援引条约中的条款，条约规定将各条款的解释权归于各个国家，以此保障条款不会与当地的治安权、法律、法令，或者有关贸易及移民劳工的规章制度发生冲突。自从日本政府开始实施重点企业国有化的政策，大量外国商行和外资企业就卷入了一些所谓的诉讼案件，但其中的真实目的可以说是昭然若揭，结果通常是外国企业被迫出售给日本。

在这方面，或许有人指出，这些毕竟都是小事情，一个国家的政府有权进行内政治理，如果外籍人士对这种居住权受到限制的情况有所不适，他们还有别的选择，就算没有根本的解决方法，他们也可以搬到别处。一般而言，这一点倒是完全没错，虽然许多人似乎忽视了这一点与在美日籍人士之间的关系。不过日本当前将国内的外国资产纳入了自己的掌控范围，这一情况从诸多因素考量都是有着重要关联的，所以不能就此省略讨论。文明国家工商业活动和共同繁荣的基础正是财产获得及持有的情况，所以日本政府为了为难外国企业，不让他们在日本站稳脚跟，自然会选择上述手段。

之前，外籍人士无权在租借地之外购买不动产。然而政府很快便意识到，急需的外国资本在这种情况下是无法进入这个国家的，所以就对法律做出调整，创造了一个法律虚拟对应，日本人称其为法人（juridical person）。用外行话来说，法人必须是日本人，外籍人士所有不动产的实质产权将授予法人。当这一法律发布时，日本政府向外国投资者再三保证，表示这只是应对现有帝国法律的一种策略，因为帝国法律为了防止国家财产异国化而专门制定了相关规定。此外，日本政府还做出保证，法人名下的财产是安全的。

日本国内的外籍人士在之前同样不可能拥有不动产的有效租赁权，所以这里又出现了一个模棱两可的概念，或者说实质上可以等同的一个概念，即日本政府创造了一种土地权，称其为地上权（superficies）。

在我看来，地上权作为一种土地权，并不能从英美法律体系中找到一个对应的名词，虽然美国旧体制时期的土地使用权与这个概念有些许重叠。按照日本法律的表述，地上权是租赁权的一种形式，其权利主体通常是模糊不清的某个人，如果对权利主体进行深入分析，其中的错综复杂只会令人愈发云里雾里。地上权的主要缺陷在于它授予日本政府征收权，使得土地所有权变得非常模糊，几乎可以算是让人难以界定。有几个涉及外籍人士的地上权案子在日本法院拖延了数年之久，几乎不可能得到妥善解决（对于外籍人士而言）。

有一位旅居日本多年的外籍人士近期告诉了我他的观点，这位外籍人士是日本法律方面的权威。在他看来，从外国人的立场而言，地上权无论是作为证券还是资产都不具法律可靠性。单从规定的字面意义来看，法人这一概念似乎还更加可靠些，就目前而言，法人为日本的外国投资和资产权提供了更为有效的法律基础。但这对日本国内的外籍人士来说，绝对算不上一个让人满意的结果，因为他们发现自己的利益在一定程度上不得不受到日本人的左右。

约翰·施罗德是一位居住在日本的外籍人士，他与一位日本女子结婚后，在日本过上了快乐的婚姻生活。约翰对日本这个国家的经济状况颇有研究，几年之前，他应一本欧洲经济刊物之邀，对日本国内的外资情况做了一番总结。他概述了情况并总结出了一些问题，详细如下：

日本国内的外资基础薄弱、不稳定，主要因为以下几点：

1. 劳动力状况与常态截然不同，匮乏的人力资源远远不能满足市场对经验丰富的劳工的大量需求。

2. 雇主和雇员关系问题存在法律空白，雇主和雇员间的冲突和分歧无法在法院得到及时和低成本的解决。

3. 经验丰富的日本劳工人手不足，又无法引进有能力的外籍劳力填补，个中缘由，主要在于日本法规对外籍人才引进有所限制，外国人在日本的生存成本高昂，此外，日本商人与日本工人甚至联合起来对外籍人士展开围攻和欺诈。日本新关税政策（写于 1906 年 10 月 1 日前）正式生效时，外籍人士的生存成本将增加 10%，这是因为税率涨幅最大的商品主要消费人群是外国人。无论从哪一方面来看，现在似乎都直指一个事实——日本政策的宗旨即是逐渐关闭面向外籍人士的国门。至少对永久居住在日本的这群外籍人士来说，是这种情况。其采取的手段是创造不利条件，使外国人在日本生活不便、经商无利。我与一些外国商人探讨过此话题，上述便是他们的看法，我的观点亦是如此。依照现在的局面，几乎所有的外籍人士都后悔来日本定居。

4. 外籍人士在日本无权购买和拥有不动产，除非是获得之前外国租界小范围内的土地地契，这样一来，日本国内的外籍人士便无法创立永久企业，因为不动产所有权是其中不可或缺的重要因素。

5. 日本法典存在缺陷，法院在执行法典的过程中存在很大的不足，这样就使得许多业务变成了无保留风险，许多外籍商人因此拒绝开拓新业务线，不愿建立新的业务人脉。

基于个人曾在日本展开的深入调查，我可以断定，虽然大部分外国居民在当前的局势下对于公开表达意见有所犹疑，但这位声名远播之人所言绝对反映了外资商业圈的大体情况。

有一些评论家对日本的国民性态度宽容，他们把日本法院在处理本国人民与外籍人士的冲突诉讼案件时的偏袒本国利益的行径解释为下意识之举，而不认为是一种精心策划的偏袒行为，这些评论家还认为这是东方法律体系的传统，西方国家对此并未充分了解，也不懂得其中的真谛。这种观点倒是仁慈，但改变不了外籍人士受到影响的事实，他们在处理个人或者财产事务时，不得不诉诸日本法院以寻求正义。日本的文明火炬还不足以照亮全世界，它还没有达到那个程度。

了解了日本政府和民众对外籍居民和外国资本的普遍态度之后，要是还对日本政府近来推行的措施持有乐观态度，那可真是让人太惊讶了。尤其是日本为了诱导外国资本加大投入力度，还做了许多工作，政府接触外国投资者主要以银行为中介，其他的新举措同样按照这种模式展开。

一般情况如下：一家股份公司成立后，股份如期发放认购，企业得到部分注资，如果企业得到了日本政府的支持，则会通过日本银行或者其他在全世界拥有分支和代理处的日本银行机构向外国投资者发行债券。日本银行的做法不会这么直截了当,它会依据一个国家的财政和政治情况而将债券按比例分配至各个国家,然后再将债券分配至日本银行在当地的代理机构或分支组织认购。

比方说,一家有权在日本营业的电气照明电力公司和一家在朝鲜或满洲地区拥有矿山开采权的企业,它们的债券可能发行至某家华尔街银行机构的支部,假设它就是日本银行在美国的代理支部。美国银行或者机构分行依照常规程序,通过正常渠道向客户发行这些债券,并且向客户声明日本政府对债券利息作了担保。选择此类证券的普通投资者或许对此已经很满足了,所以当时如果没有其他更好的投资产品,他们可能就会用多余的资金购买债券。这些钱流向日本国内,降低了美国企业的佣金(数目通常都非常可观,有一些日本对外债券净收益甚至达到了3%),并且为日本建立新体制提供了资本支持。

选择此类证券产品的外国投资人的想法则可能是这样,他们或许对发放债券的企业一无所知,甚至这个企业收益不佳,即使如此,他们的利息同样可以得到保障,普遍情况下这是没错的,因为当今各国政府通常都会履行他们的义务。

但是,此处情况明显是不同的。日本政府此次大规模推行这种形式,这意味着就企业成功或者失败而论,它和外国投资者一样,同样承担着企业成功或失败的风险。如果日本政府拥有无限的财政资源,那么即使它的计划失策,日本也不会受到太大影响。

可是在目前的财政状况下,新体制一旦失败,日本政府的收入将随之下降。在这一点上,日本国内的外国资本状况就变得与此密切关联了,因为一旦外资企业无法盈利,继而难以维系运营,那么可以为资本作担保的就只能是这个企业旗下的所有财产了。假设一家企业破产了,问题自然会随之而来,日本政府先前作保的债券利息怎么算:企业停业破产之后,日本政府会继续履行义务,偿还一家已经不复存在的企业债券利息吗?

我向一位日本的外籍律师咨询了这个问题，这位律师从业多年，经验丰富，他不愿意就牵涉的法律问题给出正面回答，但他这么说道："长远来看，这将取决于投资者能够与日本政府达成怎样的协商结果。"用直白些的话说，日本政府为了自身新经济体制的建立需要招商引资，面对那些它有意向引进的投资者，它的态度是："我们想要你的资金，可是你必须将资金全权托付于我们。"

从日本政府当前对待外籍人士的态度来看，就以这些外国人在日本的法律地位为例，我们很难说外国投资者会有任何理由去接受目前这种状况。

经过一番深入研究，我们就能知道，日本工业其实完全是基于西方模式，它的繁荣很大程度依然要取决于西方理念。这一点尤其体现在日本的出口贸易方面，美国作为日本最大的消费国，日本对美出口占到其出口总额的30%。美国市场可以看见大量的日本古董，所以给人造成了一个印象：日本古董是重要的对美出口贸易品，但实际上与那些为日本新一轮贸易扩张打下基础的大宗出口货物相比，这类物品无足轻重。在日本制造品中，那些在海外有稳定高销售额的主要是一些生活实用品，日本在制造过程中必须考虑到西方人的使用习惯和喜好。日本国内的大量工厂完全要依靠外国消费者来维系。

本人最近与一位有着20年经验的日本产品美国进口商交谈，他每年都会去一次日本，交谈过程中他对我说起了日本的发展现状：

我发现日本商业阶层的人越来越有这么一种倾向，即他们设想自己现在就可以完全抛弃西方的意见和理念了，这真是目光短浅，就拿我进口到美国的日本产品来说，无论从哪方面来看，这些产品对于我的客户而言都不会是必需品，我们就对这些客户循循善诱，培养他们对这些日本产品的喜好，引导日本制造商效仿我们的理念和设计，最终使得客户购买他们的产品。

确实，我或许会这么说，日本出口美国的产品完全借鉴的是外国人的智慧。

没了外国人的智慧，日本人自己是不可能实现他们现在所建立的现代工业体系的，甚至连一半都不可能，但是他们现在却错误地认为将来可以对西方智慧置之不理。

此次，我带来了 50 多种新的设计和理念，它们在美国广受欢迎，推动了日本贸易的发展。

大部分我们销售的日本产品的概念都是由我们发起，然后指导他们进行制作。要不是我们大力推广这些产品，我们的客户肯定会选用其他替代产品。

在这二十五年时间里，西方工商业理念源源不绝地流入日本，刺激了日本的工业发展。

日本如今的问题在于他们认为这全是他们自己的功劳，似乎没有意识到，一旦停止吸纳西方理念，日本的贸易和工业就将面临衰退的风险。

从工业层面看，日本实际上没有对西方做出任何贡献，但西方却无私地传授给日本最好的知识和理念，而且除非日本抵制这种输入，否则西方国家还将继续传授下去。

我深信一点：如果西方国家再次孤立日本，完全隔绝其与西方世界和西方理念的联系，五十年之后，日本这个国家将会倒退到五十年前的局面。

或许有人说美国人夸大了西方在塑造出今天这样一个日本中的作用，而且低估了日本人的主动性，但是许多在日本居住多年的西方人也持有类似的观点，尤其是那些投入时间研究日本人工业能力和方法的人。

或许在一个恰当的时机，日本国内将重新对自己与西方世界的关系有一个真正的认识，届时外籍人士在日本的处境可能因此会有所改善。在对一些事情做出评估时，日本略微带有一些不客观的态度。

第十一章　征服朝鲜

从政治意义上来看，准确地说，朝鲜已经称不上是一个国家了。朝鲜在政治上是日本的一个附属国，被剥夺了所剩无几的行政自主权，甚至对一些微不足道的国内事务都没有发言权。这样一个有着数百万国民和数千年文明的国家，这个在五年前建立了拥有政府的独立帝国，这个与所有大国都建立了外交关系的国家，它的国民生活在怎样的一个环境中，这是一个值得探究的问题。要想通过一个国家的政体对其行政管理作出判断，通常是不可能的事情，可是政体可以提供比较的依据。

1904 年和 1905 年，朝鲜皇帝在日本高压手段下与日本签署了一系列所谓的"条约"，依靠这些条约，日本的大宗主地位在国际范围内得以建立（实际上之前已经通过军事占领手段建立），此处便无须对这些条约再作回顾。这些条约为处于日本领导下的朝鲜管理体系的重建提供了基础。朝鲜君主依旧保有着有名无实的国家元首身份，内阁辅佐政务，内阁班子构成都是朝鲜人。日本统监府管理日本相关利益事务，其中包括一些常规的行政部门，比如外事部、财政部、税务局、司法部和通信部等。

内阁成员必须每人聘请一位日本"顾问"，行政事务需向顾问咨询。

直到 1907 年夏天，朝鲜依旧被允许保留一些外在残余势力，尽管这些势力并没有主动权，其中包含 6000 至 8000 人的朝鲜军队和护卫军。1907 年 7 月朝鲜彻底丧失行政自主权，可是在此之前，朝鲜君主依旧被禁闭在皇宫之中，他的内阁大臣们一直处于日本的军事监控下。

经过这些工作部署，日本于 1905—1908 年间接管了朝鲜中央政府的所有分支部门工作。由于担心全世界都把注意力集中在其把持朝鲜政务，日本便派遣伊藤博文侯爵①入主汉城的统监府。或许日本感觉当时伊藤博文在西方国家的名声比其他日本人都好，是一位德高望重之人。

伊藤博文被分派至朝鲜，这在许多地区受到了热烈的欢迎，被视作对明智和人性化管理的一种保障，但局面很快就演变成了日本政党的分崩离析。伊藤博文来到汉城时，军方已经全面掌权，这种情况下毫无例外，军方是不愿意将权力交与一个民主政府的。

但凡一位比伊藤博文弱势些的人或许早就向军事压力屈服了，但伊藤博文立即采取了措施，并告知东京政府，他待在朝鲜的前提条件是要全面掌权。尽管对外看来，军方派系在政府中的地位属于从属位置，但军队派并未被击退，伊藤博文虽说成功约束了军方势力，但并不能对其进行彻底压制。

大韩帝国②的日本人分为两个派系——民主派和军队派，虽然民主派名义上领导行政事务管理，但目前为止军队派在数量和影响力上都更为突出。

伊藤博文公爵③大部分时间都不在日本，可是就算他身处朝鲜，也无法全盘掌

---

① 伊藤博文（1841—1909），日本首相（1885—1888，1892—1896，1898，1900—1901），长州藩士出身。参加尊王攘夷运动和明治维新运动。1885 年起四任首相。1888 年起三任枢密院议长。执政期间发动中日甲午战争，强迫清政府接受《马关条约》，并将朝鲜置于日本统治之下。1905 年起任"韩国统监"。1909 年在中国哈尔滨为朝鲜爱国志士安盘根击毙。

② 大韩帝国（1897—1910），1897 年 10 月 12 日，朝鲜李朝国王高宗李熙改国名为"大韩帝国"，称皇帝，建元光武。1910 年被日本吞并。

③ 伊藤博文 1884—1895 年授伯爵，1895—1907 年授侯爵，1907—1909 年授公爵，统监朝鲜时由侯爵升公爵，译文沿用原文中不同处 marquis（侯爵）、prince（公爵）的不同表述。

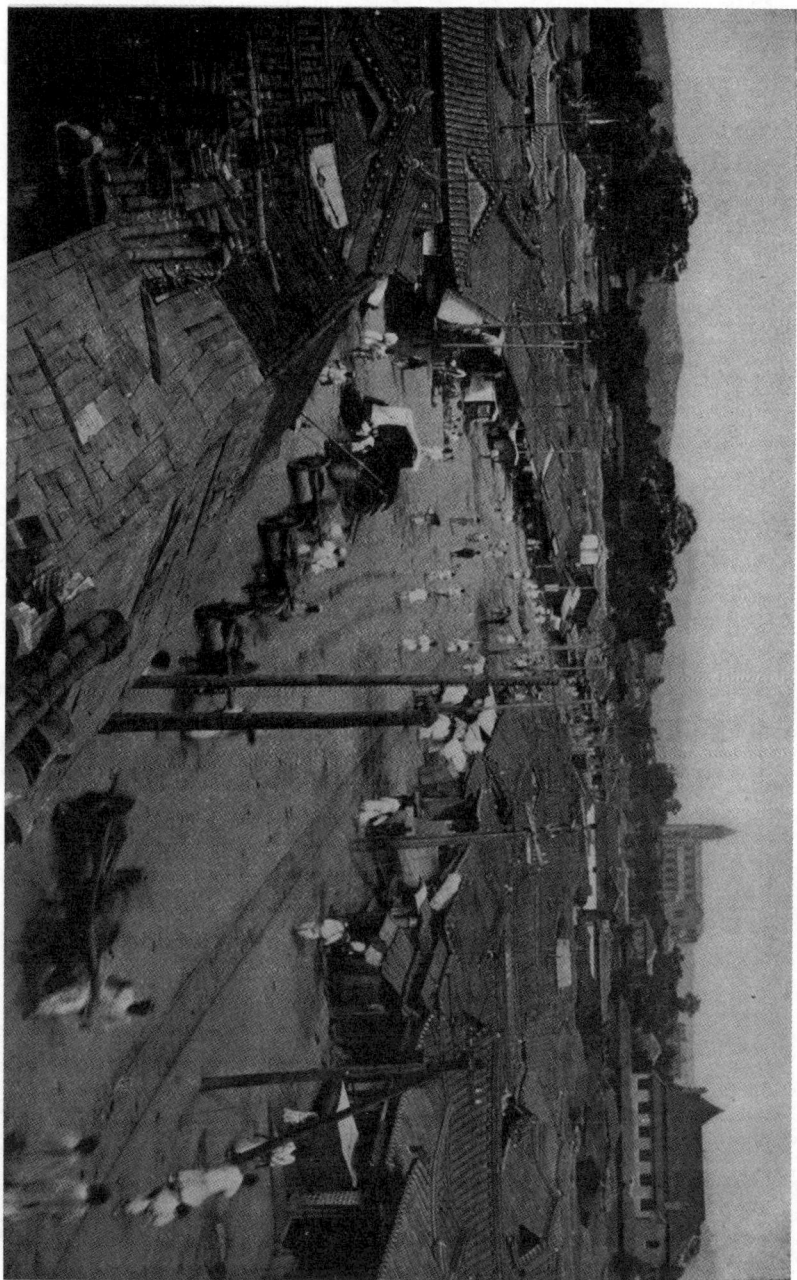

汉城街景

握大韩帝国整个国家的情况，一些行政事务的细枝末节他也无法尽知。毫无疑问，关于他所不知道或者不尽知的事情，人们都议论纷纷。

在这样一个大局面下，大韩帝国代表团出席了 1907 年的海牙会议，日本抓住此次机会，迈出了思量已久的一步——罢黜君主。

大韩帝国皇帝（即李熙）对日本占领朝鲜的行径深恶痛绝，一直都在想方设法重新夺回帝国。

日本或许认为朝鲜目前还是需要一位傀儡皇帝，但是足够幸运的是，日本有机会觅得一位更易操控的替代品。

这个替代品要有随时向伊藤递交皇权的准备，而且最好是个一无所知的蠢物，软弱无能，对日本的统治构不成任何威胁。

1907 年 7 月 16 日，大韩帝国内阁遵照统监府指令，在服侍皇帝的时候向他提出退位之请求，并建议他要么让位以示支持公爵，要么同意下列条款：

在 1905 年 11 月 17 日拟定的日本宗主权协议上盖章签字；

同意任命一位摄政王；

亲自前往东京，向日本天皇致以歉意。

最后的两项条款已经表述得非常清晰，但是第一项条款需要作进一步解释。

日本之前曾向世界公示了一份所谓的 1905 年 11 月 17 日签署的协议，此协议表述大韩帝国承认日本的宗主地位，可是协议公示之后，大韩帝国君主得以避开日本侍卫的严防把守，公开发表声明否认自己曾签署过此协议，并且呼吁大家注意一件事情，即文件并未加盖他本人的印章。

因此，第一项条款便是规定大韩帝国君主正式在这份他曾经矢口否认的协议上盖章，并予以批准。当然，无论他同意与否，局势也不会扭转，因为日本目前已经在行使主权。第三项条款着实令大韩帝国君王深感畏惧，因为他深信自己到达日本后将会被拘禁为囚犯，至于他的想法正确与否，这就难以判断了。虽然他在大韩帝国也不过是一个囚徒，可是一想到未来要被驱逐出境，二话不说便拒绝了，大臣们没有得到期望的答案只能离开。

那天夜里，君王向《朝鲜日报》主编 E. H. 贝瑟尔送去消息，将当前的情况告知于他，并且让他发布新闻，将他所处的困境公之于众，第二天的报纸便刊登了此消息的英韩双语版。消息在民众中一经传播，人群便依照大韩帝国传统聚集在宫殿周围，民众向皇帝请愿，希望他不要接受上述条款。人群秩序井然，没有引起丝毫骚动，日本士兵便驱散了人群。与此同时，皇帝承受着更大的压力，7 月18 日，他宣布军国大事由皇太子代理。此消息一出，民众再次聚集在宫殿外面，日本军队试图驱散人群，但引发了骚乱，导致大批人员伤亡，其中包括日本人和朝鲜人。人群最终被驱散，街道归于寂静。

朝鲜人的不满情绪在数天内不断滋长，可是并未出现进一步的民众示威游行。人们的想法是，由皇太子代理国事只是暂时之计，君主未来将会重回王座。

7 月23 日，伊藤博文公爵与朝鲜总理李完用签署新协议。鉴于此协议为我们弄清楚日本行政管理方法提供了些线索，现将协议全文列出：

条款 1：大韩帝国政府应当依照统监府的指示，开展相应的行政管理改革。

条款 2：大韩帝国政府不可擅自立法或者颁布法令，或者推行任何重大行政措施，除非事先得到统监府的批准。

条款 3：大韩帝国的司法事务应当与普通行政事务有所区分。

条款 4：大韩帝国政府在未经统监府许可时不得擅自任命或者辞退高级政府官员。

条款 5：大韩帝国政府应当依照统监府推荐的人选安排日本官员就职。

条款 6：大韩帝国政府不可在未经统监府许可的情况下擅自聘用外籍人员。

条款 7：明治 37 年 8 月 22 日签署的日韩条约中第一项条款自此废除。

此协议对大韩帝国政府的地位有严重损害，它无权设立任何法律，无权任命或解聘官员，无权实施或者暂缓实施任何行政措施，而且必须遵照日本统监府的指令任命日本官员，换句话说，一个政府应当有的职能，它已经都无权践行了。

此协议公之于众的同时，统监府还对皇帝施压，迫使其签署一份修订后的退位声明，使之产生最终效力，皇太子因此登上了王位。皇帝退位的消息传遍了全国上下，民众群情激愤，诸多省份随之发起了起义运动，而日本解散大韩帝国军队的举动更是火上浇油。

日本人声称自己掌握了大韩帝国军队密谋造反的信息，称他们企图令退位皇帝重返王位。目前似乎没有确凿证据证实这一密谋计划，但大韩帝国军队毫无疑问和大部分民众一样，对日本统治怀有不满，统监府决定采取举动。1907 年 8 月的一个清晨 6 点钟，统监府在得到新任皇帝批准后下达了一项指令，指令传到汉城四个军营的指挥官处，要求所有官员在军队卸除武器装备的状态下举行阅兵仪式，并且向军队宣读解散军队的指令。此前除了传出一些谣言，并未有任何征兆，所以这一指令对于大韩帝国的官员和军人来说都是出乎意料的事情。

实际上，日本人的这一举动残忍而又无策略可言。毋庸置疑，大韩帝国的军队包含许多品行不端之人，但也有众多诚挚之人，这些人在军队解散前，至少也会如往常一样选择配备武器列队行进。除了一个军营，其他军营都悄无声息地遵守了此指令。大韩帝国的军队解散之后，驻守在外的日本军队分遣队立刻进入占领了军营，接管了所有的武器装备。

而西门军营则上演了惊人的一幕。陆军上校按照指令进行阅兵，并宣读了解散军队的命令，随即他向军队提出解散的建议，表示他们别无他法只能从命，然后上校返回营房，挥剑自刎。上校自刎的消息很快便在军营传开，一些士兵随即拿起武器，与正准备占领军营的日军分遣队厮杀起来，其他士兵随后加入作战，军营顿时一片刀光剑影。

更多日本军队立即被派到现场，军营里随即枪声四起。由于日本在一段时期内一直对大韩帝国军队实施军备控制，所以他们的弹药很快消耗殆尽，反叛的士兵只能束手就擒。他们其中大部分都放弃抵抗，试图逃跑，许多人也成功逃出了营地。而有一些士兵则继续作战，直至被冲入军营包围他们的日本军队击毙。最终数百位退伍军人进入城内，加入了"志愿军"（所谓的叛乱分子）的行列，为运动注入了新的活力。

在亲日派针对大韩帝国形势所书写的报告中，不出意料的表述是，所有对日本统治的敌意都源自那些大韩帝国的贪官污吏，这些人知道"贪污渎职"将在新体制下荡然无存，因此有意煽动这种敌对情绪。但事实真相却与这种观点大相径庭。朝鲜的绝大部分贪污官员历来都听命于日本人，他们许多人身居高位却不尽其职，而且还领着酬劳。朝鲜官员中有一部分未向日本统治妥协便遭到了驱逐、囚禁或者处死。如果选择不屈从于日本势力，就会面临被放逐或者穷困的命运，或者二者兼有，既然如此，大量朝鲜腐败贪官便只能接受来自新统治者的指令。

1907 年兴起的起义运动完全是民众自发的，这个阶层的利益预计将受到所谓的日本改革政策的冲击。大韩帝国的民众自古以来就未曾对本国政府和官员的苛捐杂税有任何私下的怨言，那么为何这些人会选择不断抵抗，拿起武器与日本人战斗？这一点值得我们展开深入的研究。

大体而言，可以说日本人逐步改善了大韩帝国政府的组织结构，并且为当地引入了现代化的行政管理方式。统监府近日发布了一份《大韩帝国行政改革》宣传册，旨在"概述日本政府为推动大韩帝国行政改革所做的辅助工作"。报告将日本在大韩帝国实行的改革总结为以下几项：

朝鲜银行汉城分部

汉城日本殖民区街景

道路重建

水利工程项目

教育体制完善

医院

警察制度重建

王室净化

内政改革

司法改革

财政改革

法律编纂

矿业管理改革

移出境者保护政策

鼓励工业发展

这是一份令人尤为印象深刻的清单。总而言之，清单中所列事项若依照计划进行将会有所收益。然而，这并不是靠表面功夫就可以作出判断的，还取决于这些改革的实质成果。

上述改革涉及领域大都局限于商业和企业，比如水利及其他设施工程项目，虽说在项目进展顺利的情况下，大众或许能够从中受益，但其所获利益终是要分配给企业的日本股东的。这些所谓的改革绝大部分都是在日本体制下展开，属于日本的剥削制度在大韩帝国的实际应用。上述改革在其他国家大都不会被归属为行政事务。

诸如教育、财政、警察和司法此类的事务属于政府管辖范围，日本已经介入其中并试图在这些领域进行一番大改革。目前为止，教育改革主要聚焦在以日本教师取代朝鲜和欧洲教师，同时取消部分韩语和中文教学，代之以日语教学。

此改革假以时日或许能够有所裨益，但是它的现时效应只是降低了教学的平均效率，这激怒了大韩帝国的人民，导致众人纷纷选择让自己的小孩退学。

警察体制则经过重组，由一支全部是日本人的宪兵队组成，这支队伍被派遣至全国各地驻扎，取代之前的大韩帝国警察治安队伍。日本人引以为豪的则属对司法体制的改革，日本方面公开表示大韩帝国军队解散而节约下来的收入将会用于改善司法管理体系。

上诉法院建立，法院设有一名日本法官，有朝一日，日本法官将会出现在大韩帝国的初级法院。法典经过修改，融入了现代标准，这一点值得嘉奖，可是日本在寻求许可废除治外法权方面操之过急。与此同时，司法管理体系没有得到明显的改善，实际上，相比之前他们本国腐败低效的政府管理体制，大韩帝国此刻的处境恐怕更为糟糕。

大韩帝国被日本人划分为不同的区域，各区域由副区统负责管理，就像统监府取代皇帝一样，这些副区统取代了之前朝鲜本土的地方长官。每个区域的长官都会得到日本军队和宪兵队伍的辅助支持。各区域的初级法院依旧是由朝鲜的地方法官负责，但通常会有一位拥有否决权的日本人列席旁听。

实际上，当前的体系将大韩帝国的人民和财产悉数置于日本人的掌控之下，许多分支行政部门都实行了双重权力机制。民众原先不得不贿赂一个小官员，但现在不得不贿赂两个官员，以此类推，由于日本官员腐败正延伸至统监府的门口，所以有人甚至认为统监府的核心圈子也将很快被这种腐败势力所渗透。

依我之见，伊藤博文公爵毫无疑问有着正直廉洁的品性，但我们也知道他的首席幕僚肯定会将他蒙在鼓里，使他对许多事情产生错误的认知。整体而言，大韩帝国的那些日本初级官员的品性甚至比日本国内的那些官员还要卑劣，这批人在日本国内没有机会贪赃枉法，在朝鲜却找到了合适的机会。

日本打算清除大韩帝国政府内朝鲜官员的意图昭然若揭，现在的大韩帝国政府中已经有近 5000 名日本雇员。日本人正在大韩帝国各层级机构实行大清扫，甚至那些政府办公楼里生火和打扫卫生的朝鲜苦工都正被日本苦工取代。即使职位卑贱，不得不顺从日本人无尽的欲望，一些朝鲜人也只能默默忍受。在汉城地区，有一些朝鲜人依旧属于警察队伍，但是只有日本警察有权携带武器，而朝鲜警察的数量正与日俱减。

按照目前的增长比例，到 1909 年底，朝鲜政府内的日本官员将会比朝鲜官员多得多，两者的差额会比日本占领这个国家初期时更大，因为日本不光推行日本人取代朝鲜人的政策，而且在预算可承担范围内尽可能地新设了许多职位。

日本处心积虑想要营造一种形象，即日本正在"辅佐"大韩帝国政府推行改革，而且日本承担着改革的开支。这绝非事实真相。大韩帝国政府的所有开支，包括日本推行的"改革"支出，都是由本国的财政收入承担，当然，具体的支出分配则由日本人来操作。

大韩帝国已经实行了增税政策，正在考虑再加大增税力度。统监府声称，预算显示财政收入有所提高，其中绝大部分是因为采用经济手段降低了"佣金"比例，这部分佣金之前是进入到朝鲜官员口袋里的。

我认为政府预算中的"佣金"开支的确有所降低，可是这并不意味着朝鲜民众的负担就有所减轻了，虽然这是日本人明显想要传递的一种信息。相反，大量证据显示民众的负担大幅加重。新入职的日本官员和朝鲜官员一样工资很低，而现在还不得不把税收上交给上级，不能够像之前一样自留一部分了，这就迫使这些官员寻找其他途径对纳税人进行压榨。

金融方面，日本以日元取代了朝鲜旧时所使用的美元，这项改变倒是可喜，朝鲜因此有了稳定的流通货币。1 日元及更大面额的纸币是由第一银行发行（现在的朝鲜银行），由日本所持的货币储备作支撑。辅币同样在日本铸造，铸造利润大致为 40%。至于此利润是归于大韩帝国政府金库还是朝鲜银行就不得而知了。

朝鲜政府（即日本）为了推行改革需要筹集更多的资本，所以便通过朝鲜银行（从日本）借款。通过此手段筹集的费用绝不会被统监府核心集团外围的人追踪到，可是似乎这笔钱大部分都投放在了那些日本人要求推行的项目中，然而朝鲜和其他承包商则被排除在外，以此减少竞争，好让日本承包商从中获利。

日本占领大韩帝国时，这个国家并无负债，时任朝鲜海关检察长麦克利维·布朗先生 1905 年向我表明了他的看法，他认为朝鲜不需要采取增税的手段便可轻松维系一个有效政府的运转。日本已经开始把朝鲜拖入债务深潭，如果当前政策在朝鲜继续实行，朝鲜民众 10 年内肯定会和现在的日本人民一样，承担着极重的税负压力。

本书将不会详述朝鲜各阶层人民在日本统治下所遭受的损失。我上次到访朝鲜时，曾注意到许多可以佐证的真实例子，但光是列举这些例子恐怕此书篇幅有限。朝鲜民众所遭受的损失可以归结为下列几点：日本在未给予相应赔偿也未做出任何法律保证的情况下攫取朝鲜的土地和财产；不允许朝鲜人参与其本国的工商业发展事业；朝鲜民众受到日本移民、军队和政府官员的压榨和欺辱。

除非在公然情况下，否则朝鲜人根本不可能在与日本人发生冲突时得到公正对待；日本政府给予日本商人的特惠政策，使得朝鲜商人毫无优势可言；日本向朝鲜输出移民、成千的妓女和一些诸如鸦片、彩票等有害的舶来品，使得朝鲜国内道德风气败坏。上述总结的不利影响不只是体现在几个孤证上，而是大范围、大规模地存在着，这可以完全说明这就是日本经过深谋远虑而制定出的总方针所带来的后果，同样也是日本行政人员的放纵与冷漠所导致的后果。

远东殖民公司可以说是日本方针在大韩帝国的一个标杆性例证，日本政府近期授予了此公司特许经营证。远东殖民公司拥有资本 1000 万日元，被日本政府授权发行公司债券最高可达 1 亿日元。

为了帮助企业融资，日本政府打算实行 8 年期的补助项目，每年给予远东殖民公司 30 万日元补贴费用，用以保障其投资收益。有了政府的积极扶持，这家企业就拥有了全方位的业务经营权，它可以涉足朝鲜国内的几乎所有的业务领域：商业、银行、农业、海洋产业、矿业、制造业、采购及土地租赁等。此公司宗旨主要在于实现日本殖民朝鲜。

特许证中的某些核心条款足以说明日本在朝鲜活动的目的。企业人员将全部是日本人和朝鲜人，董事长必须是日本人，副董事长其中一位可以是朝鲜人，经理和职员中日本人必须占总人数的三分之二。董事长和其中一位副董事长必须由日本政府任命，另外一位副董事长可以由大韩帝国政府（即日本）任命。

如此看来，即使是在日本剥削朝鲜的整个过程中，日本还是坚持对外虚构一种朝鲜人自治的假象，而且日本为使朝鲜愿意屈从其统治，采用了一种怀柔政策安抚朝鲜人，日本人视此为一种明智的策略，这种手段通常会带来一些有利可图的职位。

日本为大规模殖民化朝鲜而采取的方案后面会提及。推行此方案的过程中，日本启用它全部的政府部门渗透进朝鲜，包括它的航线及铁路。日本的策略表面来看是重启长森土地项目（朝鲜民众的不满情绪迫使日本在 1905 年中止的一个项目）的举动。

日本提议要开发大韩帝国的无人区，主要是通过引进日本农户，购买农业良田作为日本移民的居住地。

从表面上看，远东殖民公司或许可以大力促进朝鲜农业的发展，可是朝鲜的朋友们则忧虑企业一旦正常运作后，可能最终会使朝鲜底层人民失去他们的土地，而且他们还得不到适当的补偿，这样就会让这个阶层的民众苦不堪言。而这份忧虑绝不是杞人忧天。

自日本在大韩帝国实行殖民策略以来，许多日本小型私立银行已经开始在大韩帝国营业，主要业务是以每月高达 3% 的高利息以及用不动产为抵押物的方式发放贷款。

极少数朝鲜人有商业头脑，因此普通民众为解一时之需通常都会向银行贷款，结果便是数以千计的朝鲜人民落入日本放债人的掌控之中。

朝鲜民众已经习惯了宽松的商业手段，通常都打算一直续借，直到自己有能力偿清贷款；可是日本政策在大多数情况下都会实行取消抵押品赎回权的措施，特别是在涉及高价值财产时尤为如此。这样一来，数以千计的朝鲜民众，尤其是那些远离城市和大城镇的人们，往往会失去自己的土地以及个人财产。

这是缺乏远见和无知而导致的后果，朝鲜民众普遍没有这种认知和远见，他们往往轻易便落入那些无耻放债人的圈套，更不用说后者还得到日本政府的暗中支持。

因此朝鲜的老朋友们都忧心忡忡地观望着远东殖民公司的运营情况。日本如今已甚少费心去掩盖其殖民朝鲜的意图了，实际上，近日有一位日本达官贵人将朝鲜人与日本的土著阿伊努人作比较，言语间透出的信息是朝鲜当地人要为优越的日本人让道。

如果依照朝鲜的常态条件来看，这个国家对日本移民根本没有任何吸引力，倘若日本移民看不到来朝鲜之后能带来什么更好的发展，他们是不可能大规模地移居朝鲜的。鉴于这种情况，远东殖民公司必须为促进日本殖民者发展创造有利条件，基于朝鲜目前的条件，除了挤压朝鲜本地人的发展空间，我们看不到日本还有任何别的选择。

今时今日，朝鲜本地人的地位要低于日本人，但凡不受统监府牵制的调查员，只要他能仔细从另一侧来观察整个事态，他都不会对上面的表述有所质疑。

倘若要清楚地展现这种普遍现状，我所能想到的最佳例证是汉城火车站的一个日常场景。火车站外围是人力车的聚集点。上次到访汉城时，我注意到了一个细节，这样一个便捷据点全都被日本的人力车劳工占据了。此据点不远处还有一个脏乱泥泞的据点，那边全都是朝鲜人力车劳工。朝鲜人力车劳工不被允许在更近的地方拉客，他们要想挣一笔钱，必须等到日本劳工全都接上了客，要么只能指望着客户费力走到他们这片区域来。

实际情况是这种细小的差别待遇并未妨碍朝鲜劳工的谋生，因为那些了解情况的朝鲜人和欧洲人通常都会优先选择他们而非日本人力车，哪怕这会为自己带来些许不便。我曾亲眼看到过一位美国传教士拒绝搭乘日本人力车，宁愿走上一段路去那个脏乱据点搭车。这是西方人对那些受到不公正待遇之人表达同情的方式。朝鲜民众之所以完全没有察觉到这种差别待遇，也只是因为朝鲜的日籍人士数量还相对较少，使得这种竞争变得微乎其微。

朝鲜国内的起义运动已经持续了近两年之久，有关这次起义的情况，朝鲜外部的人无法获取很多信息，即使是在汉城地区的人也听不到太多风声。

唯一的信号是城市夜间偶尔会发布一些"志愿兵"诉求告示，第二天白天官方公报上就会刊登有关日本宪兵队和军队与起义兵发生冲突的简报。然而，我们现在可以肯定一点，即朝鲜国内部分地区已经是满目疮痍，大批村庄遭遇大扫荡，平民伤亡人数达到了好几百人。

可是绝大部分朝鲜人都采取较为平和的方式对抗日本殖民势力，结果这些人总是处于被两股势力夹击的状态：他们无法拒绝为起义兵输送供给，否则自身难保，可是如果为起义兵输送供给，立刻便会遭到日本方面的惩处。

有些村庄受到了双重打击，首先是起义兵，然后再是日本人。研究人员根据统监府发布的报告汇编了一份非官方总集，其中数据显示自起义运动爆发以来，朝鲜死亡人数超过了美西战争中双方伤亡人数的总和。

显而易见，起义运动目前的态势和起初起义爆发时一样强劲，所谓的"志愿兵"在缺乏武器和供给的情况下继续奋勇作战着。依我在朝鲜时所观察到的局势变化来看，起义运动可以说态势渐增。从某些方面来说，朝鲜明显不可能重获独立，但这种明知不可为而为之的反抗确实让人肃然起敬。

D. W. 斯蒂文斯（Durham White Stevens）在旧金山遭刺杀一事说明了朝鲜国内也并非没有爱国人士，虽然他们有可能被错认了。斯蒂文斯生前担任朝鲜政府外籍顾问一职，这只是他的名义职位，他的真实身份是日本政府多年的法律顾问。

日本在朝鲜把持政权时，斯蒂文斯被派到朝鲜担任外籍顾问，他的职责直白点说就是向朝鲜内阁和皇帝传达日本统监府的指示。斯蒂文斯的"提案"草拟后都被签署批准，而朝鲜独立协议则纷纷被废除。姑且不论其是对是错，朝鲜人都视斯蒂文斯为破坏朝鲜自主权的罪魁祸首，所以我们完全可以说，他的死给朝鲜普通大众带去了抚慰。

斯蒂文斯最后一次携带武器是他离开朝鲜前的几个月，当时通常都会有一位日本护卫伴其左右，而1907年汉城爆发动乱期间，斯蒂文斯向日本会社寻求庇护。这件事情也向我们展示了日本在朝鲜的地位以及所实施政策的效果。

斯蒂文斯被刺杀时，我恰好在汉城。汉城这个城市，数以百万的朝鲜民众被日本政府剥夺了与生俱来的权利，每天都有大量生命在这样一场毫无胜算的民族解放战争中丧失，而斯蒂文斯当时在为日本政府提供帮助，出谋划策。在这样的一个地方，斯蒂文斯的死讯似乎没有那么可怕，不像在美国引起了那么激烈的反响。

公告随后声称有证据显示一些朝鲜官员参与了此次斯蒂文斯遇刺事件，并且有关部门已经掌握了相关证据，一位外籍长者对此做出评论："我预计不久之后将会有许多'自杀'的消息传来。"他还着重强调了"自杀"两字。朝鲜人民或许还记得1905年颁布宗主权协议时的情景，一些支持皇帝不在协议书上签字的朝鲜官员随后爆出自杀身亡的消息。

时至今日，朝鲜法院的处境就算谈不上可悲也可以说是可笑的。退位皇帝实际上是被软禁的一介囚徒，时刻处于日本宪兵队的监控之下。而他的子嗣，即现任皇帝，每隔一月或者两月只有一次探望父亲的机会，而且每次相聚时间只有一个小时，还必须是在日本官员在场的情况下。现任皇帝未经统监府批准不得擅自离开行宫，也不得接见任何访客。即使是在公众场合，他也不能在没有日本官员在场的情况下与任何人交流。

朝鲜内阁成员的处境大体类似。他们完全没有任何行政权力，除非得到了日本副部长们的"建议"，而且他们很少有机会出行，即使出行也要有四名日本宪兵看护，他们的举动时时刻刻都受到监视。我上次在汉城参加过一个朝鲜的基督教堂婚礼，在场有几位朝鲜官员，因此教堂大厅俨然变成了日本军营的出入区。

大韩帝国皇室举办花园派对时，日本士兵扛着来复枪驻守在庭院的周围。依统监府之言，这是为了保护皇帝和大臣们的人身安全而采取的必要之举，以免他们遭到朝鲜人民的暗杀。真是一派胡言！朝鲜高官和君王在旧体制时期可是毫无危险可言。

有些人执意要为日本在朝鲜的统治行为辩解，不断地将日本的行为与美国在菲律宾所实行的政策相提并论，这实在是一番太过漫无边际的言论。无论从任何一方面来深究，两者都是截然不同的。的确，我们很难就此问题做到完全公正，但美国方面甚至对这种言论没有丝毫驳斥之意，这就说明美国对朝鲜的真实处境还知之甚少。

本人近期对菲律宾的情况做了一番研究，我可以毫不犹豫地说，依照一个民主政府所应具备的条件和核心要素来衡量，今天的菲律宾政府可以被认为是走在日本政府前面的，而朝鲜领土上的日本统治制度则要比日本本国体制还要落后50年。

我们谈论朝鲜问题时，基督教传教是一个不可回避的话题。朝鲜是所有远东国家中受传教活动影响最大的一个国家，现在朝鲜已经有 30 万到 40 万朝鲜人自称皈依基督教。

日本政府和西方传教士之间有着许多摩擦，后者起初对日本抱持好感，但逐渐对日本产生了些不易察觉的敌意，主要原因是许多传教士认为朝鲜人受到了日本的不公正对待，他们对朝鲜人深表同情。

另一方面，统监府控诉一些传教士在开展一些精心策划的政治活动，意图使日本难堪。许多朝鲜人近日已经成了基督徒，有人认为有些朝鲜人走这一步是为了寻求外国的公正庇护。然而目前统监府和传教士之间还尚未爆发直接冲突，不过这种冲突指日可待。伊藤博文公爵私下曾表示，自己欢迎基督传教士来朝鲜传教，因为朝鲜人民之所以能够接受现代教育，这些传教士功不可没，可是一旦他们干预政治或者妨碍了日本政策的实施，就必须离开朝鲜。

总而言之，朝鲜的处境只能用凄惨来形容。从实质成果和主张两个层面来分析日本实施的所谓改革时，我们发现日本的政策，受益人毫无例外都是朝鲜国内的日本人。日本老板们一开始就从一些项目中获利了。事务缠身的西方国家或许不太在意朝鲜的政治局面，也甚少关心朝鲜民众的生活处境。要想通过起义运动扭转当前的朝日关系恐怕不太可能，不过倘若文明国家能够给予朝鲜一些同情，能够为朝鲜打抱不平，向日本方面施加外部压力，或许可以防止朝鲜彻底沦为日本的殖民地。

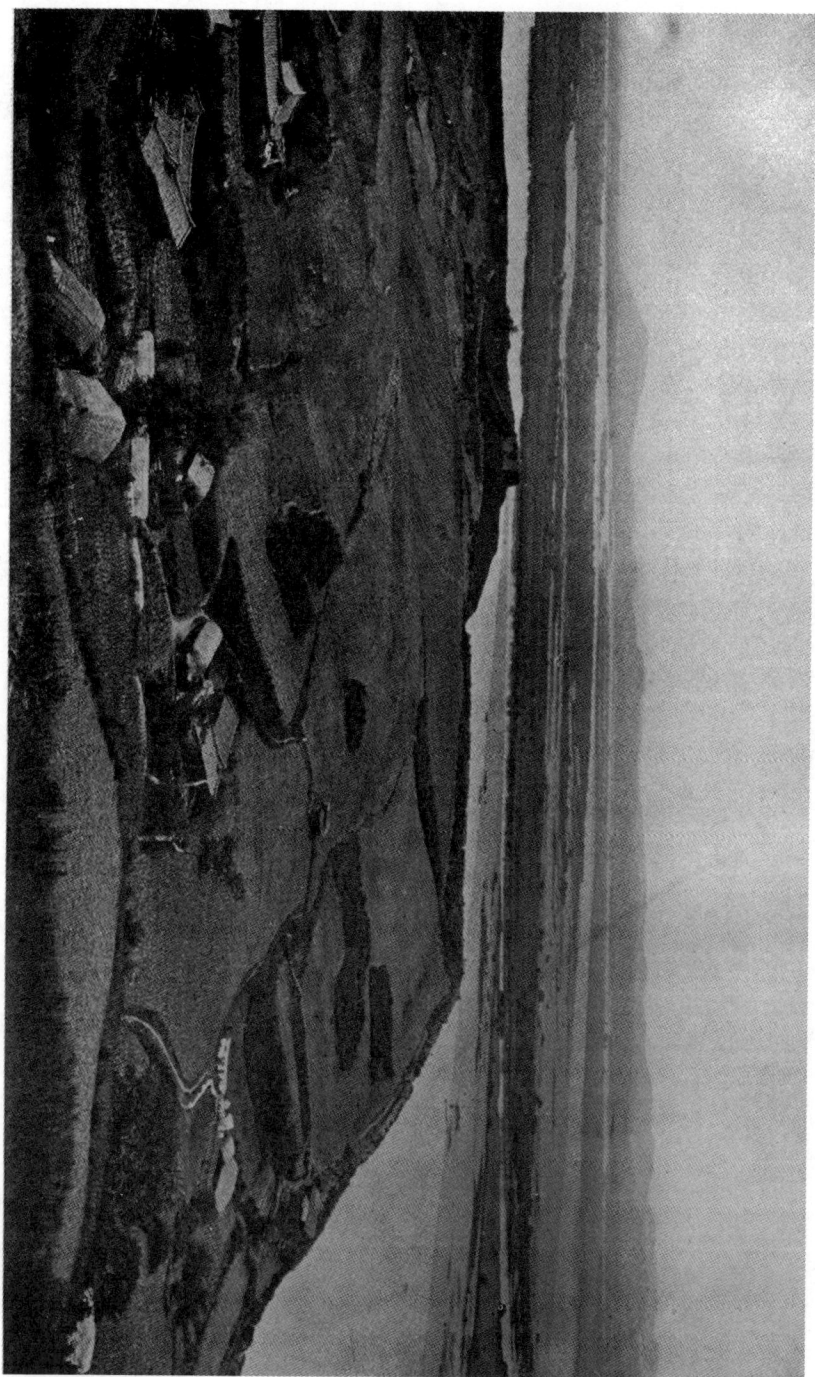

朝鲜典型景观

第十二章 朝鲜打开的门户

在大韩帝国，我们可以发现有一个例子恰好可以印证日本"门户开放"主张背后的真实目的。1904年早期，日本以暂时的军事策略所需为由占领了大韩帝国，此时的朝鲜还是一个独立的国家。

日本方面一再保证它会维护其他国家的利益，相关利益国相信了日本的承诺，因此在日本逐步提出其绝对主权主张的过程中，相关利益国纷纷心甘情愿地接纳了它的主张。

如此一来，日本便有恃无恐、为所欲为。要想探究日本政治和商业政策背后更大的意图，我们恐怕还要从政策实施后产生的效果来判断。朝鲜国内的外国势力发展路径和其他东方国家相同，工商企业常常被当作掩藏政治企图的外壳。尽管如此，我们还是有必要谈一谈其中一个出人意料的例外——一家合法企业大获成功的例子。

在某些方面，大韩帝国有其独特性。朝鲜国内的美国企业在当地外资企业中占据着主导地位，据我所知，东方国家中只有朝鲜是这种情况。而且我们可以很自豪地说，美国企业过去在朝鲜未享受过任何特殊待遇，但依旧取得了可观的收益。H.N. 艾伦博士曾长期担任美国驻韩公使一职，一直致力于推动美国企业在韩发展，得益于前君主的信赖，艾伦博士的努力收获了累累硕果。大韩帝国的第一条铁路、主要矿产企业、电气铁路、电灯照明制造厂、自来水厂和通信系统等都是美国企业里程碑式的业绩，美国企业接下上述项目时还有人对是否能够获利抱着存疑的态度。众多的美国企业为朝鲜的现代化进程做出了贡献，但其中最有魄力的商业巨擘当属科尔布伦与博斯蒂克企业（Collbran & Bostick，后文简称科博企业），其涉足的业务领域包括汉城市内的电车轨道、自来水厂、通信，并持有大量矿产股份。

日本占领大韩帝国后，接着便把这些外资企业或者明显因为政治目的而设立的特许企业清除干净，因为日本认为这些企业很可能会对其政权造成阻碍，日本此举自然并不让人感觉太过意外。由于朝鲜的这类美国企业不止一家，因此他们没有预料到任务的困难性。本人于1905年去过朝鲜，日本打算永久占领朝鲜，它的这种企图甚至都已经快实现了，虽然朝鲜名义上依然是一个独立国家。美国人当时对于日本这种企图并不在意。日本一再对美国人以及美国政府做出保证，它会公正地对待美国相关利益问题，并且表示会实施鼓励扶持政策，大力引进其他合法外国资本。

诚然，这份承诺似乎这么合情合理，又似乎如此皆大欢喜，再狡猾的人也难免对它深信不疑。艾伦博士回忆道，当时的华盛顿政府相信了日本的良善之意，这从美国已经打算让日本得偿所愿就可清楚知晓了，不久之后，华盛顿政府就撤离了美国驻韩的所有公使馆，同意从此以后通过东京外务省与朝鲜方面建立外交联系。

然而，日本随后采取实际行动孤立了朝鲜国内的其他国家势力，它采用的手段是割裂其他国家与朝鲜政府的直接外交联系，自己取而代之，这样一来，日本驻韩政府开始掠夺包括美国在内的其他国家的利益。

科博企业是朝鲜规模最大、最具影响力的外资企业，自然首当其冲。它为捍卫自己的利益所作的一番抗争，个中细节在我这个美国人看来，着实很有意思。

此外，我们可以从中看清日本在处理其他国家利益时所贯彻实施的总体政策。像大多数东方国家一样，日本很少采取直接手段，为了将科博企业赶出大韩帝国，它首先摆出的姿态是购买企业股份。

科博企业成立耗时多年，而且正在筹划创立几家发展前景不错的企业，可是科博企业还是开出了一个不被日本人接受的价格。

当时参与此事件的一些人认为，这家美国企业是狮子大开口，可是汉城的一位日本官员近日对一美国官员表示了他对日本拒绝此报价的遗憾之情。当时日本很自信自己有朝一日可以说服科博企业提出更为合理的价格，随后日本便推行了限制科博企业发展的不利政策。限制政策通常都是暗中以间接的方式实施，不过有些时候会摆到明面上来。日本军队占领朝鲜之前，大韩帝国政府最后推行了一系列措施，其中一项是在管理受限制的情况下批准了企业的矿产开采权。

和其他类似的特许权一样，矿产开采权同样有附带条件，科博企业可以选择开采任何一座未经开发的矿产，但是需要上交政府 25% 的专利税。此特许协议经过大韩帝国皇帝批准，此外双方还有关于其他事务的相关协议，协议如期在美国公使馆签署、盖章，并记录在案。协议中一项条款规定科博企业需在特定期限内选定矿址，在此之前不得再次发放科博企业采矿权。

此特许协议签署几天后，日本军队在毫无预警的情况下占领汉城地区，自此开启了日本在大韩帝国的统治。

虽然头几个星期里，朝鲜国内并未出现严重的敌对情绪，但受限于日本军事管制，科博企业无法立刻展开矿产勘探，自然无法在规定时间内选定矿址。当局势平定下来，科博企业也准备好去甄选矿址时，日本当局却拒绝向企业发放通行证。外籍人士无权在朝鲜国内通行，日本的工程师们则早就对朝鲜所有未开发矿产进行了一番深入调研，只要有开发前景的矿产他们都据为己有了。科博企业最终采取的办法是让勘探师们穿上朝鲜人的服装，到达选中的矿产地后立下公司的标牌。1905 年 10 月，汉城的美国公使馆如期发布采矿特许权通知。

科博企业需要前往朝鲜政府申请最后批准函，此时的朝鲜已经完全处于日本的把控之下了，大韩君王本质上就是一个被软禁在行宫的囚犯。D. W. 斯蒂文斯是一位多年效力日本政府的法律顾问，他是一个美国人，当时被派遣至朝鲜，担任朝鲜政府的外事顾问，美国国籍为他提供了便利的隐藏身份，他得以顺利地帮助日本政府损害其他国家的利益。

我们完全可以说，虽然朝鲜到现在还维持着一个独立自治的假象，但实际上自日本占领朝鲜后，日本政府和朝鲜政府在外事方面其实就是一个体制。本书之后如若提到朝鲜政府这个名词，背后的意思是其真正的统治者是日本。

在斯蒂文斯先生的提议下（显然受到东京方面的指示），朝鲜政府拒绝批准授予科博企业矿产开采权，其理由如下：

此矿区已经归日本所有。

许可协议加盖的朝鲜王室印章不具备充分的法律效力。

国务院未正式批准此协议。

科博企业因此不得不派出一位企业代表前往东京（汉城的美国公使馆已经撤离），敦促美国大使向日本方面施压，这样一来事情正如日本人所预见，此事转交给了那些不熟悉朝鲜情况或者此特许权特定历史的人员处理。

为了维护自身利益，科博企业直至现在还在抗争。我曾在日本与企业董事长亨利·科尔布伦先生碰过面，当时他正在日本为公司利益进行斗争，我从那时起便持续追踪此事的后续进展。

日本政府为了捍卫自身的立场，耍了许多小手段，其中有一些可称得上卑鄙低劣。双方的博弈随后转战到华盛顿。日本派至美国和英国的特工接到指令对科博企业内部各人员进行背景调查，希望可以挖掘到一些能够用来攻击对方的历史污点。

日本驻华盛顿使馆的职员们费尽心思地告知众人，并且确保消息会传到美国国务院，他们声称科博企业内的人都是些投机商人，通过欺诈手段在朝鲜获得了一些有价值的矿权，现在又以高价出售给日本人，他们认为这是对日本的勒索。日本官员甚至向朝鲜国内的美国官员暗示，特许协议上加盖的皇室印章是被非法盗用的。日本就是采取上述手段抹黑科博企业在华盛顿政府及西方媒体眼中的形象，置其于不利之地的。

朝鲜的日本政权以及东京外务省官方则名正言顺地驳回了美国企业的诉求。他们声称之前已有一位日本人选定了此矿区。可是事实证明他直到 1905 年 11 月份（或者说在美国企业正式获得采矿权之后）才登记注册采矿权，这一托词因此就不成立了。日本方面的说辞经过仔细调研后一一被戳破，所以日本政府又重新抱定另一冲突点，即科博企业通过不法途径取得了朝鲜君主的印章。他们指出特许协议发布的时间恰好在日俄战争前夕，这时候的朝鲜君王胆小怕事，在政治交涉过程中被诱导才同意了此协议。

特许协议得到批准的确发生在日俄战争爆发前几日，利益相关方在预计将要发生动乱的情况下，确实在暴风雨来临前果断采取了某些手段息事宁人，但经证明都是商业手段。没有任何证据可以证明美国曾运用了任何政治手段诱使朝鲜君主签下协议书，事实是我们也想不到美国企业能动用何种政治手段。

皇帝曾与科博企业有过多年往来，他个人对集团旗下的一些业务比较感兴趣，而双方也曾多次讨论过这份特许协议。日本辩称文件加盖的印章是通过非法欺诈的手段获取的，这一指控毫无根据可言，完全是日本的捕风捉影策略。日本拒绝批准此特许协议的理由如此牵强附会，要不是日本采取拖延战术企图消耗美国企业的精力，科博企业早就如愿以偿获批特许权了。日本在此事件中的阴谋之所以能够得逞与当时的外部环境有关，其中美国驻汉城公使频繁更替这一状况对日本尤为有利。

新一任公使就职后必须从头开始了解事件情况，因为到现在为止已经积压了大量官方文件、报告和通信文档，浏览完这些档案可不是件容易的事情。

科博企业这三年内付出的成本已经达到了近 3 万美元，除此之外，企业在其他方面还有所耗损。特许协议正式获批后，科博企业没过多久就感觉单靠自己已无法负担项目资本，因此便与一家英国财团签署了注资协议，后者拥有财产的一半股份，所以同意提供 50 万美元用于矿产开发和矿厂建设。

日本指控此协议意图将矿产转移给英国人，华盛顿国务院当时倾向于接受这一观点。科博企业因此不得不取消合同（合同必须等到特许权正式获批后才会生效，在特定的紧急情况下除外），他们为此遭受了巨大的损失。

现在看来这种不达目的誓不罢休的付出最后有了收获，因为日本政府已经宣布将批准此特许协议。即使科博企业迎来了这份迟来的正义，但依旧还是被要求结束附带条件，即必须依照日本发布的采矿新规开展项目。企业眼下拒绝接受此条件，可是之后还是会妥协的。

日本人不满自己未能阻止采矿特许协议的最后获批，因此通过其他途径蚕食科博企业集团的利益。科博企业有着七年的汉城通信业务运营历史，日本驻汉城使馆几年前曾搭建了一条私用通信线路，方便各部门之间联系。

科博企业对此提出抗议，日本驻韩公使则回复称此通信线路仅供公使馆私用，不会对外开放使用权。日本占领朝鲜后在汉城的统监府周边设立了据点，并在近期对公众开放了这条通信线路，目前已经有 1000 多位使用者订购。

为了避免自身的通信业务利益受到此线路损害，科博企业向日本公使馆提出一个合理的报价，希望买下这个系统，并且愿意化干戈为玉帛，只为改善当前局面，可是直到目前也没有得到一个满意的结果，日本人的通信系统依然对公众开放。

日本方面近期给一位官方代表作了回应，统监府对此事的观点是，所涉及的区域（汉城地区日本所属区域）算不上汉城的一部分，这一托词完全是无稽之谈，因为它就位于城墙之内，并且靠近汉城市中心地带。

"卡皮萨项目"（科博企业的矿产名称）引起了朝鲜众多外籍人士以及投资者的强烈兴趣，因为项目在许多方面都被当作是一次试验。科博企业是朝鲜国内资本最为雄厚、影响力最大的外国企业，其地位之显赫，无人能出其右；相较于其他大国，美国对日本施加的压力力度最大，而日本也最容易向美国妥协。

朝鲜国内的外籍人士认为，一旦科博企业在此次较量中败北，就意味着朝鲜国内其他外国企业的末日也不远了，而且不需要多久，所有的外国企业就会被迫低价出售给日本人，或者在不公正的环境下眼睁睁地看着本公司的财产贬值。

这并非杞人忧天，而是因为他们很清楚日本政权之下曾发生过的那些不计其数的活生生的例子。

众所周知，很少会有公司能够展现出科博企业所拥有的精神品质，换句话说，很少有公司能够在这样一种不公平的环境中存活这么长时间。

朝鲜国内的外籍人士认为，要不是在华盛顿总部的声誉受到抨击，科博企业早就放弃抗争选择卖给日本人了。科博企业的所有举动都昭示了一点：除非所有权利都得到了彻底践行和明确认可，否则科博企业绝不会对日本人的指控坐视不管，放任日本政府指控自己、敲诈自己，买进大量无价值矿权。

我们应该牢记一个事实——"卡皮萨项目"目前还仅仅是一个有着开发潜力的项目，目前还不是一个矿产，它的所有人也并未确保这一点。我们可以算笔账，科博企业此次为了捍卫公司基本立场而做出的抗争，承担了很大的成本，他们自己很清楚这笔钱很可能永远也无法收回。

　　然而，朝鲜国内众多外籍人士认为，科博企业现在站在了日本统监府的对立面，它所经营的业务肯定不可能再像之前一样能在朝鲜获利。科博企业的存在将不断提醒着朝鲜人，日本也并非无所不能，而且人们预计只要日本占领朝鲜一天，日本人就绝不会安分守己。

　　人们设想着日本到底会采取些什么手段为难骚扰外国企业，它之前采取过哪些类似的手段，从内政干涉到对外企内部朝鲜员工的欺压，似乎这些人们所忧虑之事都将会变成事实。日本金融界企图通过阻碍科博企业的汉城业务资本化达到打击其业务的目的，但所有手段最终都徒劳无功。

　　日本为了防止外国人参与朝鲜的发展实施了许多政策，其中最典型的是矿务和林业新规。规定明面上没有引起异议之处，但每项都含有"伏笔"，真实目的是为了将获得特许权的外国企业置于统监府的掌控之下。新矿务章程大幅降低了要上交政府的专利税率，从原先的净利润 25% 下降至总产值 1%，不过其中有一项土地税征收条款，日本借此可以从中大肆"榨取"利益。林业章程中有一项条款规定，农业部出于公众利益考虑取消所授特许权，并且有权没收财产，而企业不得对农业部所作决定进行上诉。

　　此外，朝鲜政府不对农业部行为负法律责任，因此企业在被剥夺特许权后无法获得合法补偿。

　　日本政权所影响到的企业包括著名的苏安辛迪加集团和朝鲜其他一些外企，其中的过程尤为引人遐思，但是上文提及的一些例子肯定可以给我们提供一些角度。

　　倘若我们进一步研究日本和外企的博弈，必须谈到大韩帝国的铁路问题。朝鲜铁路现在归日本政府管辖，因此隶属于政府业务体系。外企纷纷抗议称日本企业享受了与进口税减免同额度的运输补贴待遇，虽然我们不能提供确凿证据证明他们所说属实，但还是有一些间接证据可以佐证他们的说法。这种策略倒是体现了日本政策的一以贯之。新修订的铁路运价体系 1908 年 4 月正式生效，目的是以仁川为代价加强釜山港建设，这意味着日本运输企业将实际把控朝鲜各大港口。

此外，朝鲜国内的外籍人士还落入了日本精心策划的间谍计划圈套，此计划波及范围广泛，私人通信连同电报系统都受到了影响，甚至连公使的收件箱都曾被不明人士打开过。我上次在汉城的时候寄住在道格拉斯·斯托里的家中，他是英国记者，日本特工们曾趁他不在时潜入房间，企图找到退位君王曾寄送给他的重要信函，但最终徒劳而返。因此，我害怕用邮箱收发信函，而选择通过国外的一位朋友替我收发。这就是日本统治下朝鲜国内外籍人士的境遇。

尽管如此，西方国家对此状况的态度至少从表面上看是不闻不问，更有甚者，西方国家还对日本所谓的开化政策报以掌声。

有人常会听到日本人将朝鲜其他外籍人士叫作"外国投机者"。我常寻思，想一想日本人剥削朝鲜的手段，他们该怎样称呼自己呢？

政治意义上的朝鲜已经灭亡，的确，它已经消失了，可是朝鲜现在依然存留一些小壁垒，那些"门户开放"政策的倡导者还可以站在这些壁垒之后捍卫其立场。其中一个是治外法权，另一个是朝鲜与其他国家签署的最惠国待遇协议。除非这些协议被废除，否则关税调整就必须经过相关利益国的许可。上述两项协议对日本在朝鲜的政权产生了约束力，所以日本方面曾打算与大国们协商，要求其同意废除上述协议。

目前，其他外籍人士并不受日本法制管控，可是他们的地位和中国的外籍人士一样，现在协定关税已经是唯一可以防止日本对朝鲜实行新保护关税政策的手段了。朝鲜国内有一种观点：D. W. 斯蒂文斯去美国的真正目的是游说美方同意废除治外法权以及将朝鲜纳入日本的财政体制，结局是斯蒂文斯命丧美国。一旦协约利益相关国同意了上述要求，朝鲜就彻底沦为日本的附属国了。

在这一点上，日美近期签署的一份仲裁条约同样适用于在韩的美国企业，仲裁条约中还包含了朝鲜商标权保护条款。此条约签署的消息一经发布，人们就明白美国已经同意废除朝鲜治外法权，甚至允许牵涉美国企业的商标纠纷案悉数在朝鲜（日本）法院受理。

治外法权制度下，美国人若是纠纷案件中的被告，其可以选择在美国领事法庭为自己辩护。在朝鲜开展业务的美国企业担心一点，即条约中所表述的条款在践行过程中会对自身不利。

日本政府频繁受到商标盗版侵害，可是朝鲜仅有的一次商标盗版的罪魁祸首却正是日本人。在治外法权制度下，如果美国企业遭遇日本人盗用其商标，他们便不太可能在日本法庭得到满意的结果（他们也不可能在日本得到更好的结果），可是如果在自己国家的领事法庭，他们便很有安全感。

如果日本法庭在未来接管了此类纠纷案件，美国人可能会因为使用了自己企业的商标而遭起诉，要是朝鲜到时追随日本实施注册在先政策，而不是现在朝鲜实施的使用在先原则，情况就更是如此了。

协议还需经过两国正式批准，等到全文发表后，此协议对于那些在韩美国企业是一件值得关注的事情。朝鲜目前还不可能像日本国内一样，那里的日本人还没法在盗用了外企商标后还能成功禁止商标拥有者使用它。

事实很简单，只要环境容许，日本会像对待中国台湾一样，在最短的时间内把朝鲜变成日本专属工商业区。的确，现在的情况就是如此简单。

如果还认为朝鲜现在是"门户开放"的状态，那可就是自欺欺人了。至于朝鲜国内的那些外国投资者们，他们应该了解清楚自己在朝鲜的投资前景如何。但凡精明之人，都不会想要花钱买官司。新的投资者们不久就会发现自己处于日本政权的管辖领域，他们必须向本国驻东京使馆寻求帮助。

面对如此境况，外国资本未来可能会对进入朝鲜有所迟疑，那时候朝鲜这个日本专属领地就完全任日本宰割了，这似乎也是日本政客们所设想的，尽管有很多人将此想法视为短视之见。

至于那些已经在朝鲜的外企，他们所能奢求的公正待遇就是，如果自己的利益与立场不能得到永久捍卫，他们的本国政府可以帮助他们以最少的代价撤离朝鲜。

第十三章　东方的巴尔干

满洲如今之于远东地区恰如巴尔干地区长久以来之于欧洲。

这片气候宜人、物产丰饶之地，面积相当于法国和德国两国的总和，历来都是其他国家政治企图和政治版图的焦点。此地区矛盾再次升级，很可能会触发新一波国际大冲突。

1905 年 8 月，日俄双方修订签署和约，两国达成一致意见，同意"除了辽东半岛租约所涉及的领土，从满洲地区同时彻底撤离"，并且将"所有俄国或者日本军队管辖的满洲区域专属政权毫无保留地交还给中国"。国际社会普遍认为上述承诺为此地区棘手问题提供了完满的解决方案。

两国需在和约签署后 18 个月内将满洲有些地区交还给中国，此事引起了一些误解，但这些误解都湮没在了普遍的欢欣鼓舞气氛之中，人们对于敌对局面终于落下帷幕感到高兴，特别是两国政府承诺如果情况允许，他们会尽量缩短交接周期。

其他关注远东地区未来发展的国家此时的姿态一目了然。至少是在外交态度方面，它们更倾向于在过渡期对上述地区的发展局势保持观望，等待局势落定后，再以本国或者中国的立场采取果断措施。

然而，满洲地区和大韩帝国事态的进一步发展，使这种和约签署后在西方世界蔓延的安全感渐渐有所消退，现在则涌起了一股焦虑不安的情绪。

在那些密切关注着满洲地区事态发展和政策近况的国家中，人们已经渐渐有了一种意识，即日俄双方虽然签署了和约，但这并不是说远东地区的格局重整就能满足大部分西方国家的利益诉求。

战争之后的外交圈笼罩着一层莫名的沉寂，此乃不祥之兆。此外，公众曾被局势蒙蔽，但一度从中觉醒。

自战争结束以来，有三个国家在满洲地区采取了直接行动，这三个国家背后的目的大不相同，然而迫于目前环境，它们必须将彼此的冲突搁置一边。虽然它们特意营造出一种和谐的氛围，但实际上却是貌合神离。

三个国家分别是中国、俄国和日本。中国是公认的主权国，为了收回满洲管辖权做出了一些努力，但收效甚微。俄国和日本则由于军事占领了满洲，因此实质上它们是此地区真正意义上的统治国。

这样的环境只可能酝酿出一种混沌的局面，中俄日三国为了捍卫本国利益和探索本国道路做出了大量努力，他们所做工作也已经呈现出意义，而其他利益相关国则一边警惕自己的举动不要触犯近期的交战国，同时也对当前的事态发展保持高度警惕。这份警惕必不可少，因为只有准确掌握了实际情况，针对此地区进行战略部署，才能把握好时机，采取明智的行动。倘若事态发展有损大局利益，成为可能引发国际冲突的导火索，现代文明国家断不会毫无底线地坐视不管。

此地区局势动荡，要想维护这样一个地区的秩序和稳定，必定会牵涉诸多繁杂因素，因此只有全面掌握当前局势以及各冲突势力，我们才能对此有所了解。

俄国占据了满洲地区近三分之二的面积，囊括了松花江、阿穆尔河①流域以及两河支流流域。尽管上述区域人口较稀疏，不如辽河流域开发情况那么好，但是

---

① 阿穆尔河，即黑龙江。

它的发展前景更大。要是有人认为日俄各据一地的现状将成为永久对峙局面，那么俄国毫无疑问占据上风，单从俄国丰富的自然资源优势来说，便能得出此结论。除满洲地区，几乎整片蒙古东部地区实际上也是俄国的领地，当然名义上还不是如此。俄国较他的对手具备一项优势，也就是因为日本的势力范围仅延伸至毗邻南满地区的蒙古一角，而俄国则控制了中国北部广袤领土的近一半区域。

与俄国在中国的势力范围相比，日本在中国控制的区域地理面积绝对处于劣势，但是日本有些方面同样具有国际优势：首先，日本在上述地区的陆军、海军力量更为强势；其次，日本的近期政策在很大程度上会左右其他国家的行为。很明显，如果俄国在撤军风潮彻底平息后，想继续驻守在目前控制的中国领土上，便会发现事情没有那么简单，因为如果日本完全照章办事，俄国就难以在其他国家和日本面前做出上述举动。相反，如果日本想继续占据所控制的中国领土，俄国若采取类似举动就变得合情合理了，它的立场就无可挑剔。就这方面而言，两国在此地区的处境关键点落在了日本方面，它的政策和举动很可能随时会改变满洲地区的命运，甚至不可避免地涉及远东事务的未来发展态势。

目前来看，与俄国相比，日本在满洲地区和远东地区的动作更具重要性，更与该地区的利益密切相关。此外，西方社会普遍对俄国在此地区的战略部署以及外交承诺保持着高度怀疑，其他国家甚至都不愿费心掩饰自己的这种怀疑，因此俄国的一切举动都被西方国家密切关注着。

美国不能完全理解的一点是，大量嫁接了东方主义的西方外交理论和手段，以及近期因其便利性和必要性而借用了西方模式的东方外交政策，两者之间的差别其实并不大。

本人认为，所有大国中，俄国和日本，无论是外交手段还是外交总方针，相似性最大。所以两国互退一步，在远东利益上，搁置彼此的冲突，并非人们设想的那么不可实现。如果两国为了守住自己在满洲以及蒙古地区的现有利益，采取协议的方式达成一致意见，其他国家不太可能被允许参与其中，它们只能依靠类似历史事件了解情况。

因此，本人力求刻画出远东地区从对峙结束到发展成目前局势的整个过程。描述这一过程时，我意识到，阐明日本的政策和举动，对其他主要利益相关国也会有所涉及与启发，所以我认为日本在此事上发挥着最关键的作用。

日本在满洲地区的处境不仅受日俄和约的影响，还受另外一个协议的制约，即中日两国签署的某项特定协议①，此协议 1905 年 12 月 22 日签署于北京，随后便得到了正式批准。

鉴于此协议为处理当前中日复杂关系提供了外交基准，现将其内容援引如下，此处删去序言，保留补充协议。

条款 1：中国政府应当对《朴茨茅斯和约》中俄国交接给日本的一切财产的条款予以同意。

条款 2：日本政府同意在租借领土问题以及铁路建设、利用问题上，只要条件允许，日本将依照中俄现有协议条款行事。若将来上述问题产生争议，日本政府将与中国政府协商后再作决策。

条款 3：本协议自签署之日起正式生效。协议需经过日本天皇和中国皇帝正式批准，得到正式批准的协议需尽快于本日起 2 个月内在北京交换。

以兹证明等。

（签字）

补充协议

---

① 即《中日会议东三省事宜正约及附约》，亦称《满洲善后协约》。1905 年（光绪三十一年）12 月 22 日，日本小村寿太郎和驻华公使内田康哉，与庆亲王奕劻、外务部尚书瞿鸿机、直隶总督袁世凯经过 22 次会议近 35 天的谈判，在北京签订了中日有关中国东三省的不平等条约。

条款1：中国政府同意在日本和俄国撤军满洲地区后，将尽可能在最短时间内主动开放下列城市，作为国际贸易和居住区：奉天的凤凰城、辽阳、新民屯、铁岭、通江子、法库门，吉林的长春、吉林省城、哈尔滨、宁古塔、珲春、三姓，黑龙江的齐齐哈尔、海拉尔、瑷珲、满洲里；

条款2：鉴于中国政府希望日本和俄国尽快撤离其军队和铁路卫兵的迫切需求，日本政府承诺，若俄国同意撤离铁路士兵，或者中俄两国协商出其他方案，日本愿采取相应的类似措施。满洲地区恢复稳定后，若中国政府届时能独立承担保护此地区外籍人士生命及财产安全的责任，日本将与俄国同时撤军。

条款3：日本政府需在撤军满洲地区后即刻告知中国政府，即使是在日俄和约所规定的撤军过渡期内亦应同理行事，中国政府当随即派军驻守上述撤军地区，以便维护当地的秩序和稳定。日军未撤离地区，如果当地村庄遭遇土匪侵扰或者破坏，中国当地政府可以派遣相应规模的军队前往抓捕或者驱逐土匪。然而，所派遣军队不得靠近日军驻地20华里范围内。

条款4：日本政府承诺将在撤军满洲地区时，归还中国政府其出于军事需要而占领征收的一切中国公有及私人财产，并且在撤军之前将一切非军事占有财产归还中国政府。

条款5：中国政府承诺将采取一切必要措施负责满洲地区内日本军官士兵烈士墓碑和纪念碑的维护工作。

条款6：中国政府承诺日本有权参与安奉铁路①的建设和维护工作，日本可以对上述铁路进行修缮升级，以便利各国商品货物的运输。此特权一经批准，有效期为自修缮工程结束起15年时间，修缮工程必须在2年时间内完成，不包括日本

---

① 安奉铁路，日本在日俄战争期间，借口战时军运的需要，强筑的轻便铁路。安奉铁路从安东到苏家屯，长261公里，1904年动工。1905年9月，日本战胜沙俄，于是继续强行修筑安东至奉天间的军用轻便铁道。11月26日，清政府与日本签订《满洲善后协约及附属条约》，清政府同意日方所修筑的安奉线轻便窄轨临时军用铁道改建为标准轨距永久性的商业铁路。

奉天火车站

满洲辽阳火车站

因使用此铁路运输撤军物资而导致项目延迟结项的 12 个月时间。因此，此特权的有效期至光绪四十九年（1923 年）。届时，此铁路将出售给中国政府，价格将由中日政府协商选择的一名外籍专家对铁路做出估值后再作决策。此交易达成前，若中国政府需使用此铁路运输军队人力、武器，则应依照中东铁路[①]相关规定行使此铁路使用权。鉴于此铁路修缮工程所牵涉的事务，双方一致同意日方人员应与一名中方委员协商共同开展项目。中国政府此外将任命一位特派专员，负责协议中所涉及的中东铁路相关事宜。中日双方进一步达成一致意见，就使用此铁路运输中国公有及私有财产所需费用，出台相关细节规定。

条款 7：为了促进中国国内各区域间互通有无，中国政府和日本政府将尽快就南满地区铁路与中国其余铁路对接一事制定相关规定。

条款 8：中国政府承诺南满铁路修建所需材料运费均免除进口关税、税费及厘金。

条款 9：辽宁省营口（牛庄，目前已经开放贸易）和安东[②]、奉天（尚未依照协议规定开放）地区的日本财产结算具体方案应由中国和日本政府人员分别安排决定。

条款 10：中国政府同意与日本创立"中日木植公司"，共同开发鸭绿江右岸地区林业资源，并且将制定相关细节协议，内容将涵盖开发区域、特许权有效期、企业制度及共同开发相关工作规章。日本和中国股东享受平等的项目收益权。

条款 11：中国政府和日本政府一致同意在满洲与朝鲜边境贸易问题上互相延长对方的最惠国待遇。

---

① 中东铁路，亦称"东清铁路""东省铁路"。中国东北地区自哈尔滨西至满洲里、东至绥芬河、南至大连的铁路线旧称。原为帝俄于 1898—1903 年间强行修筑的铁路。日俄战争后，长春以南段为日本占据，称南满铁路。十月革命后，长春以北段由中苏合办，仍称中东铁路，九·一八事变后为日本所占。抗日战争胜利后，南满铁路与中东铁路合并，改称中国长春铁路。
② 安东，今辽宁省丹东市。

条款 12：日本政府和中国政府达成一致意见，围绕今日签署协议（即本协议）中所涉事务，两国均延长对方的最惠国待遇。

（签字）

此协议仅正式记录了中国对日俄和约的认可，依照日俄和约，俄国同意将旅顺港、大连港、辽东半岛的租借权以及中东铁路南线转让给日本。此外，此协议还记录了中国对日俄两国从满洲地区撤军期限规定的认可。

尽管协议签署仪式上并没有公然产生摩擦，但大家都心知肚明，中国政府并不情愿签署这份协议，特别是对俄国将辽东半岛租借权转让给日本尤为不满。中国本来计划废除这一耻辱的租借权，对满洲地区一些省份的撤军情况也大为不满。然而，中国无力反抗，只能接受日本的要求。

协议中有一项条款的表述或许要特别提及一下。第二项条款规定，若将来上述问题产生争议，日本政府将与中国政府协商后再作决策。此处不难辨认，这番表述同样出自那个拟订了日本对朝鲜实行宗主权协议的人，这种所谓的宗主权实际上就是一种兼并。如此非常规的表述绝非无心之举，它把此协议的解释权完全授予给日本单方面。

可是就此协议的具体实施方法而言，其相关细节则包含在补充协议中。此协议出台时还伴有一份声明，声明表述了本协议的宗旨，即针对日本在满洲地区地位问题提供一个确切基准，并且为军事占领过渡期内所产生的问题提供解决方案。针对协议和补充协议均未涉及的其他重要问题，双方一致同意将在未来展开后续调整，或者采取签署新协议的形式，或者通过两国外交公使定期磋商的形式。至于补充协议实际的实施情况如何，我们可以通过满洲地区战后局面有个清楚的了解，这是一种可行的方法，可以使所有的相关主张浮出水面。

对峙局面结束后的短暂时期内，两个交战国继续保持原状，同时派出委员咨询撤军相关细节。小山元帅于 1905 年 11 月离开沈阳返回日本，元帅归国被视为拉开了撤军的序幕以及撤军过渡期的起始点。大岛将军随后接任小山元帅，以总督的身份全权接管满洲地区的日本事务。大岛将军将总督府设在辽阳市，然后将此地划分为不同区域，每个区域任命一位军事长官。大岛将军抵达中国后不久，日本的撤军行动便开始了，其撤军在合理速度范围内快速展开，1906 年夏初便已经撤离了大部分军队。余下的军队人数还无从得知。1906 年夏天本人身在满洲，就日本在满洲的军队规模一事咨询过一位日本官员，他的答复是："我们在满洲并未驻扎军队，只有铁路卫兵和警察。"

这真是一件引人发笑的事情，日本官员就算是在私人谈话中也要坚守他们那一套模棱两可的外交措辞。警察和守卫就是"当时的日本常备军"。若是严格依照协议的表述，日本和俄国目前不得在满洲地区继续保留军队，因此他们便给本国士兵安上了不一样的称呼。

日俄两国必须在 1907 年 3 月前彻底结束撤军行动，可是 1907 年 3 月快到来的前期，日本方面表示它已经完成了所有撤军工作，而至今仍留在满洲的日军并不执行军事功能。

和约规定铁路每公里驻守卫兵不得超过 15 人，因此，日本最多可留守 1.5 万名守卫。然而，上述估算仅包含了之前的俄国铁路线以及未来的安奉铁路线，其余铁轨支线还有容纳空间。可是日本当局早期为了冲破这一人数限制，曾试图采取出人意料的复杂手段。

战争期间为了运输军队物资，日军曾建设了大量的临时铁路。这些铁路的规格通常都不正式，难以负荷蒸汽火车的运输压力，车辆常常需要依靠人力或者畜力拉动。整个满洲都被这些临时铁路轨道分割得支离破碎，而其中许多铁路军队撤离后依然投入使用。日本方面意图将上述铁路轨道算入里程数，这样就能增加其可驻守的守卫人数。

的确，撤军过渡期结束前，区区几千日本士兵不足为道，可是我们会留意到，日本为了在最后调整期临时狡辩，费尽心思设计了那些判例条款。或许，近期中日协议最具意义的内容，要属那些涉及归还中国满洲管辖权的补充条款。

基于条款3，日本姑且同意，不会拖至撤军最后期限才将管辖权一并归还中国政府，而是会采取循序渐进的方式，这是因为日本的撤军行动会在许多地方展开。日本新设立的代理机构费尽心思向外界展示，它履行了承诺，而且即使是在1907年3月份前，满洲地区绝大部分也是由中国政府管理。确实，此观点有一定依据，但是那些广泛传播的信息未能尽然呈现当时的真实情况与环境。

第十四章　撤军周期

我们若要弄清楚日本战争结束后对满洲政策的变化，就必须大致了解日本国内的一些政治事变。由于有关日本的信息比较匮乏，而且那些在海外传播的日本国内的新闻报道，大部分是由日本政府资助的报纸发表的，因此西方世界常常不清楚日本国内派系斗争背后的推动因素，也无从了解日本国内冲突的严重程度。战争后不久，日本内阁发生剧变，但此剧变却并未引发国际社会的舆论讨论。上述所说恰好解释了原因，很可能正是因为许多消息灵通之人根本不知道发生了此事。

然而，日本之所以发生政治事变，是因为日本国内军队派系和其他派系之间的冲突差异。在之前对峙局面没有结束的情况下，各方达成一致意见，搁置争议，但战争胜利在望，这些冲突差异便再次涌入视野，各方都深感未雨绸缪的必要性。

战争结束后随之而来了一系列问题，其中日本国内针对一个事关国家政策的问题产生了巨大分化，这种分化甚至可以说是致命性的。这个问题就是日本在满洲地区的处境。

政要们的观点莫衷一是，但很快事态发展便直击核心，争议的焦点聚集在是否应该将满洲地区日本占据的区域归还中国。有人或许会认为此事肯定不会有分歧，所有日本人心底都希望本国政府继续占领现在已占据的区域，可能还会期望假以时日以某种手段达到这个目的。

可是实际上日本国内就当前应采取什么手段产生了巨大分歧。军方认为应该果断地在南满地区树立日本的至高权威，依靠日本的强大军事力量，在那些可能会为了避免形成彻底对峙局面而阻碍日本行动的国家尚未准备好的时候出击，就像之前采取的对朝鲜政策一样。

毫无疑问，日本若突然出击，再怎么说也会取得暂时性的成功。这恰恰是朝鲜当时的遭遇，国际社会其他大国当时欣然忘却了日本战前那番维护朝鲜独立主权的承诺。可是有些日本政客更为睿智，更富有远见，他们看到了此计划的不可行性。战争使日本的国民经济疲软不堪，而日本政府为了解决严重的财政问题，以及恢复本国耗尽的物质资源，必须引入更多的西方资本。倘若日本随即便把对国际社会许下的承诺抛诸脑后，其他国家出于人道主义同情，肯定会孤立日本，而且将殃及日本的财政信用。保守党领导人指出，一个国家不能单靠战争发家，而日本如今的行为，就是在这条路上愈走愈远。这便是日本议会在战争结束后第二年的分化情况，而国际社会由于对此事知之甚少，因此并未引发热烈讨论。

一旦此局势变得众人皆知，国际社会知道了日本政府对本国是否应履行自己对满洲地区许下的承诺持犹疑态度，那么国际社会随即便会对日本产生疑心，就算日本之后做出和平承诺，采取温和的手段，恐怕也难挽回在国际社会中的信用了。

虽然当时日本政府执行审查制度封锁消息，但还是可以找到许多其国内报纸关于此纠纷的报道，侧面佐证这一事实。

1906年早期，此意见纠纷致使日本进行内阁重组，西园寺侯爵随即成为首相。西园寺侯爵的当选似乎是一种平衡极端军队派和反军队派的手段。极端军队派势力暂时得到了遏制，转而采取较为温和的策略。西园寺侯爵就职后不久便造访了满洲地区。尽管日本政府未采取实质措施隐瞒他的此次行程（实际上也不可能成功），但西园寺此次造访满洲按照日本人的说法属于"非正式"行程，外交新闻也并未对此作过多报道。

毫无疑问，西园寺此次行程的目的之一便是想要掌握满洲地区的第一手情况，可是我们也有理由认为，他的主要目的是与满洲地区的一些日本军官进行私人面谈——其中大岛总督为重点对象，向他们强制下达日本政府的政治和财政决策。到这时，内阁和军方关于满洲地区的冲突几乎已经进入公开阶段。内阁要求军方尽快从满洲地区撤离，并且要摆出归还中国管辖权的姿态。

而实际上，通过东京的外国通讯社对此事的报道，有关日本意图"开放"满洲地区的消息已经在国际社会上传播开来。伴随着西方国家对日本现状的不满，一股批评怀疑浪潮随即在这些国家涌起。而满洲地区的军官们则一如往常，不愿意放弃对满洲地区的全权控制，正如其他地区曾发生过的类似事件一样，他们执意反对对现状做出调整。

虽然大岛将军未曾公开表达个人立场，可是但凡消息灵通之人，他们都清楚得很，大岛将军甚至对做出放弃满洲地区的姿态都非常反感。正如我所指出的一样，大岛将军在东京有着强有力的后盾支撑。军方所持观点是，他们一旦从满洲地区撤离，这就成为定局了，之前的牺牲与奉献彻底白费，这在他们看来是不公平的事情。本人姑且当作不知道西园寺和大岛会面时达成了什么样的共谋，似乎两人险些闹翻。据说西园寺随后返回日本时一并带回了大岛的辞呈，但大岛卸任的前提条件是自己的观点至少要得到一定程度的贯彻。

显然双方都有所妥协，因为大岛之后依然驻守满洲地区。不过，双方会谈后不久，大岛将他的大本营从辽阳移至日本租借地旅顺港，随后大岛的头衔也从"总督"替换为"都督"，此外，日本方面发布声明，大岛从今以后将在外务省的领导下行使其都督职能。

尽管大岛的举动看起来是军方的一次失利，可是这只是似是而非的假象而已。

大岛将军虽然转移了他的都督府，但这并未改变任何实际局面，南满地区依旧处于他的掌控之中。

尽管大部队已经撤回日本，可是满洲地区主要的城镇依然有日军分遣队驻守，依旧还是彻底的军事统治。随着满洲地区的日军规模逐渐减小，当地中国政府在一定程度上重新开始履行其常规职能，不过依旧受到日本人的监控。

虽然中国恢复其全部主权的意愿非常强烈，但其处境不利，必须智取。在此期间，中国政府接受了现状，虽然中国方面的态度当然是要恢复本国主权，但中国并无意采取任何举动激怒日本或者对日本施压。

通过揭示当时盛京的日本长官与满洲的盛京将军（其政府所在地位于旧时满洲区的中心）间的关系，我们可以对实际情况有一个清楚的了解。

日本人占领盛京后不久，他们便通过中国政府将俄国占据时期担任此职位的鞑靼①将军革职，中国政府在一段时期内并未任命继任者。一段时期之后，此地区上任了一位新盛京将军，就算日本没有直接安排此盛京将军人选，但只要日本投了否决票，人选就必须替换。新一任鞑靼盛京将军入驻盛京时举办了盛大的庆典，日本军方也派人出席了庆典。可是在府邸内，他只不过是一个傀儡。确实，说他是一位囚徒也并不夸张，从发生的一系列事件便可知一二，而其他国家人士也见证了这些事件的发展。

在当前和平局势下，那些想要进入满洲地区的外国人士，将会遇到各种各样的阻碍，后文将有所描述，可是各国毫无例外都将面临同样的困难，即满洲地区针对外国势力展开的约束与刁难。

---

① 鞑靼，古族名，亦称"达怛""达旦""达靼""塔塔儿"等。为突厥统治下的一个部落。突厥亡后，逐渐成为强大的部落。蒙古兴起后，鞑靼部为蒙古所灭，西方仍将蒙古泛称为鞑靼。广义应用，鞑靼为中国北方诸民族的总称。

1906年春天，一位驻牛庄①的某国总领事依照本国政府指示，抱着探测局势和维护本国财产的目的，提出与盛京将军府内部人士会面的请求。他的这一请求一再遭到推延，最终日本方面批准了他的此次行程。总领事抵达盛京后，即刻准备拜访鞑靼将军，此举完全合情合理，他若没有此举动，倒不识礼节了。

他向看管的日本官员表达了自己的想法，但被告知盛京将军身体抱恙，无法接见访客。总领事并不满意这一结果，因此向中方人士打探消息，结果得到的答复是鞑靼将军身体无碍，并且急于与他见面。

他随即强烈要求日军长官批准他拜访鞑靼将军，后者虽然同意了他的要求，但勉强之意溢于言表，而且还附带条件，会面必须在一位日本官员在场的情况下进行。

经过此番周折，总领事终于见到了盛京将军阁下。盛京将军热情地接见了他，并且邀请他私下会谈。由于日本官员在场，双方会谈难以私下进行，不过盛京将军言辞间还是透露出了他与日本人的关系现状。

当天晚些时候，鞑靼将军正准备回访总领事，竟遭日本士兵抓捕，被强制关押在衙门。此事发生后不久，另一国的领事抵达盛京，同样要见盛京将军大人，但再次被日本长官告知盛京将军因身体不适无法见客，行程无果而终。

领事离开盛京后，曾私下表达了自己的看法，他认为日本官员故意阻止鞑靼将军与他见面。要记住，上述事件发生于战争结束18个月后，而且此前，东京方面已经发表声明，声称已正式归还中国的管辖权。

和这样一位中国最高层官员来往，还是在满洲地区的权力中心，此地区的一举一动都难逃外籍人士的法眼，这种情况下，日本政府尚且摆出这种态度，我们不妨

① 牛庄，中国东北地区最早开放的商埠。现为辽宁省海城市属镇。位于市境西部海城河下游西岸。辽金时辽河于附近入海，商船（被称为牛子）云集于此，故名。清初建城。咸丰八年（1858年），按《中英天津条约》被迫开为商埠（后改营口）。

设想一下，在边缘城镇，在外籍人士自日本占领之后便无法渗透其势力的地区，日本人与满洲基层官员打交道时会采取怎样的态度啊。

中国地方官对日本军方的一些做法大都抱怨连连，可是直到最近，中央政府才开始对此事予以关注。

在当前局面不会有突变的情况下，日本政府、中国政府以及两国驻满洲地区代表都将继续对彼此采取搪塞回避手段，为己方争取利益各显神通。中国政府的主要目的是，尽快让日本势力退出中国，并且尽可能为本国创造有利条件，而日本则想方设法拖延时间，不愿舍弃现在的有利条件，借此攫取一切利益，如果可以实现的话，日本甚至意图永久霸占这些利益。

根据补充协议条款 3 的规定，中国虽然急于接到日方的正式撤军通知，但它也只能被动等待。尽管如此，东京方面还是感受到了外界压力正不断敦促日方尽快将这个地区"门户开放"。

本书不会对此压力的原因和特征进行探讨，因为有其他相关资料可供查阅，可是这种外界压力的确是事态发展的一个明显转折点。

1906 年 6 月 1 日，日本军方在盛京设宴款待宾客，盛京将军及其部下也出席了宴会。在餐后演说时，日方正式宣布，日本已经完成了所有撤军活动，并将尽快采取相应措施将相关地区的管辖控制权交还中国政府。此外，日本宣布将撤销此前针对其他国家人员进入满洲地区而设的限制。

全世界各大通讯社纷纷报道了这一大喜讯。可是数月过去，日本根本没有任何动作，从满洲地区可观测到的事态发展到日本声明内容的具体实践，日本依然没有实质举动。

实际上，人们一度认为日本将无限期推迟其撤军计划，因为日本军方很快就被牵扯进另一波国内冲突，并在其中苦苦挣扎。日本只要一面掌控着满洲地区，一面假装推行"门户开放"政策，它便可将当前局面继续维持下去，日本军方的不满情绪也能得到一定程度安抚，而军方高层也被成功说服，同意至少摆出一副妥协的姿态，作为应对国际社会压力而采取的权宜之策。

不过真要把任何一块所占区域归还给中国人，日本军方都会认为是一种无可挽回的失利。因此，日本军方在东京召开了一次党派大会，随即掀起了新一轮对峙博弈。关于此次纠纷，会议并未透露相关信息，然而我们还是能找到一些明显迹象。日本宣布时任外相林铣十郎子爵将会告假一段时期时，本地报纸就报道了此事，其中一家主要报纸做出了如下评论："关于林铣十郎子爵暂时离职的真实原因，国内议论纷纷，普遍观点认为子爵迫于内阁势力斗争而不得不选择休职一段时间。"有报纸评论，林铣十郎子爵身体虽有微恙，但不至于到休职的地步。林铣十郎子爵表示按照健康顾问的意见，自己应该暂停一切工作，好好休养，让身体状况得到恢复，否则他将面临严重的健康问题。

而目前日本在谈判过程中需要处理大量重要的外交事务，这份责任便落到了西园寺侯爵身上，但从许多事态来看，林铣十郎的离职可能只是一个序幕，或许紧接着便会传来他辞职的消息。

内阁的民主派和军队派之间的关系历来处于剑拔弩张的状态，曾致使加藤先生（林铣十郎的前任）递交辞呈，而如今继续催发摩擦冲突，尤其是在开放满洲一事上双方更是互不相让。

结果便是，无论解决什么问题，即使事关大英帝国和美国也不例外，这两个对立的党派总是会产生意见分歧。林铣十郎作为外相对此局面深感无奈。此外，日中两国间的协商进展缓慢，成果不尽如人意，林铣十郎对前景感到无望，据说已经下定决心以健康问题为由递交辞呈。

此前有人认为日本政坛一片和谐，大家都同心协力为国民谋福祉，而此次日本国内冲突大白天下，他们可能也大感意外，而这种国内冲突其实是各国政府都会面临的问题。

奉天新建的日本行政大楼

奉天日本控制区游园会

就我对日本国内外局势的了解，我很肯定，西方人对俄国黑暗面的了解好比当午的太阳般透亮，而对日本国内各种政治势力的认知却像月亮般朦胧。俄国政府与他的东部邻居、昔日敌人相比，简直过于多嘴多舌，太不善于隐藏国内局势了。有些国家非常善于在国际社会制造假象，可是没有一个国家像日本这样深谙此道，能够如此成功地控制舆论报道，令国际社会无从获取其有关本国事务的信息。无论此次纠纷的真实情况如何，目前是保守派当权，所以日本继续采取了温和的权宜之策。

1906 年 8 月 1 日，大岛再次于盛京举办宴会，中国高层官员受邀出席。宴会上大岛宣布即日起将终止日本在盛京的军事管制。宴会上的演讲以中文进行，字里行间都在向在场人员暗示，日本已经履行了其承诺，彻底从满洲地区撤军，目前正将管辖权交还给中国政府，而北方的俄国虽然与日本有着同样的承诺，却仅仅撤退了其部分军队势力。在场的盛京将军和他的部下们是怎样看待这一宣言的，我们无从得知，但中日双方和平地完成了职权交接。数日之后，大岛同部下一道离开盛京，抵达旅顺港。离开前，大岛将日本在满洲地区的有关事务及相关利益交付于日本总领事。当地政府以及城门的日军撤下，中国军队和警察上岗。这算是日本为归还中国主权而采取的实质行动，中国稍感一丝振奋。

可是他们很快便发现情况其实并未发生实质改变，日本军方治理和领事治理其实并无二致，因为后者背后的势力同样是那一批军方人士。事态渐渐演变成如下局面：中国官员做重大决策时必须向日本总领事“咨询意见”，后者变成了真正的权威。除此之外，所谓的归还管辖权也是名不副实，盛京将军甚至都不能在盛京自由活动，日本归还盛京管辖权的同时，其他小城市也有同样的措施，比如辽阳、铁岭等，给外界营造了一种满洲所有地区管辖权都归还给了中国的表象。可是 1906 年，盛京将军本来有一次行程计划，准备通过此次行程对中国目前的局势有个深入了解，可是盛京将军接到来自日本总领事的诚挚“建议”，因此不得不留在盛京。

实际情况是，盛京将军的这一举动事后被刻画成中国政府自己做的决定，而且北京方面还发表声明说盛京将军因事搁置了行程。毫无疑问，中国政府之所以发布此通告，肯定是因为日本的外交压力，不得已而为之。盛京将军继续被日本人软禁在盛京。尽管日本人对盛京将军的监视不似之前那么严密，但盛京将军大人其实就是日本人手中一个无奈的傀儡。

1905 年协议签署后，中日双方曾进行过数次协商会谈。众所周知，会谈是断断续续的。会谈在北京进行，双方会谈代表分别是日本的外相林铣十郎和中国的外务部官员，会谈宗旨在于就现有协议未阐明清楚或者完全未提及的诸多事宜展开讨论，制定相关调整对策。

显然协商会谈最终并没有什么进展，虽然日俄两国先前承诺的撤军最后期限日益逼近，形势紧迫，但磋商还是无果而终。双方都指责对方需要为僵局负责，控诉对方耍拖延战术。不过说实话，两国都要对此事负一定责任。两国都不敢轻举妄动，都意识到无论是凭一己之力还是两国协力，都不可能将所有问题一次性解决。可是两国确实面临着诸多问题，这些问题可能会影响其他利益，而中日两国要想在满洲局势稳定前达成一致意见，必须基于上述利益问题的解决。这些问题大部分都与当地局势、战争遗留问题以及军事占领有关。针对上述部分因素进行研究或许是使两国权益得到保障的最佳途径。

第十五章 满洲的财产权

日俄占领满洲地区后，出现了许多复杂的问题，这些问题让人十分困扰，其中一个就是新局势下的财产权问题。这些所谓的"权利"性质各不相同，可是大都涉及不动产权以及其他既得利益。为了方便讨论，我们将这些权利分为两类：日本从俄国承接的权利和利益，以及他们在占领满洲地区后所获得的权利和利益。

当我们提及日本从俄国承接的权利和利益时，人们自然会联想到南满铁路（中东铁路）[①]，日俄和约中将此铁路转让给了日本。可是铁路权以及辽东租借权完全满足不了日本的需求。除去铁路权，日本要求俄国应将其所有的特许权都转让给他，而且已经有所行动了。

日本索取的特许权包括矿产权以及木材权，虽然其确切价值无从得知，但应该是非常可观的。早在两国未达成和约之前，日本政府就聘用了一批矿产专家在南满地区以及鸭绿江上游进行实地勘探，考察该区域内的矿产资源情况。日俄对峙局面结束后，日本继续进行更大规模的勘测行动。现在落入日本人手中的不只是那些俄国之前开采或探测到的矿产，还包括许多之前俄国并未宣称占有的矿产。

俄据时期，除了那些从中国当地居民买下的土地和房屋，俄国还占领了大量的

[①] 原为帝俄所筑中东铁路的一部分（长春至大连段，1898年动工，1903年筑成）。日俄战争后为日本所占，改此名。抗日战争胜利后，和旧中东铁路合并为中国长春铁路。

不动产，但都是通过不正义的手段获得的。俄国此举遭到了日本媒体和政府的强烈谴责，有人呼吁应有另一股势力代表中国对俄国的所作所为进行干涉。中国政府和人民同样对此提出抗议，并且成功收回了部分不动产权，有的则是争取到了赔偿。

当日本把俄国驱逐出境时，上述的不动产权大都落到了日本人手中，而这些产权的原始所有人一度欢呼雀跃，奢望自己可以重新收回这些财产。在清算俄国所持有的财产时，其中有些财产权的有效性备受争议，因为俄国有时候采取的诱导手段失败，所有人不愿出售其财产，这时俄国就会转而施加高压手段。战争前夕，俄国因此受到了大量的指控，虽然指控通常言过其实，可也不乏真实成分。现在角色调换，日本政府先前对俄国的行为表示谴责，现如今却声称自己从俄国承接的财产是合法的。强盗的财产属于那些驱逐强盗的人。至于那些曾属于俄国的特许权，日本试图进一步扩大这些权利，这是俄国都未曾设想过的做法。

那些不幸的满洲居民，在此之前，他们的财产要么被俄国人非法占用，要么中了各种诡计被夺了去，而现在他们发现自己要面对的还是一个掠夺者，日本人甚至更加肆无忌惮地夺去他们的公有以及私有财产。因此，他们彻底不再奢望能够在日本占领后恢复自己的财产所有权了。

幸运的是，当地居民的普遍处境在战争结束后有所改善，那些更为苦痛的经历几乎已经过去了。不过那段灰暗时期依然留有它的影子，日本人攫取财产的手段就与它一脉相承。本书囿于篇幅无法列出大量的实例来说明日本人的具体手段，我将选取其中几个直接涉及日本政府和官员的例子，这些行径或许有朝一日将受到国际仲裁法庭的审理，使日本的所作所为大白于天下。

其中一个事例发生在驻有日本军队的安东地区。安东是一个城镇，坐落于鸭绿江口，算是日军在满洲占领的第一个地方。战争结束前长达 15 个月之久，安东都处于日本控制之下。人们早就认识到了此地区的商业重要性，早在战争爆发前，海约翰（John Hay）^①就成功促使中国开放安东为通商口岸，美国随后在安东任命了一位领事代表。然而，由于战争的缘故，此岗位在1908年前一直处于空缺状态，因此有数年时间，日本是此地区的唯一外国势力。1904年初期，日本军队占据安东后不久，就开始着手在此地设立日军统治区。

日军在紧邻着中国城市的地方圈占了一大片土地，建设了一个小镇，外围一圈砌起了墙。战争结束时，此处已经建起了一个繁荣热闹的统治区，里面有日式的商铺和活动区。

不仅如此，所有可以建设仓库和商铺的滨江地带都被日本人占据着。日本的这种行为招致了其他外国企业的不满，因为他们曾经也计划在那片区域设立控制区。日本对于这些指责其利用军事管控榨取当地利益的声音持接纳态度，但是却制定各种规定将对手们排除在外。

几乎整个安东地区都备受争议。日本政府迫切地希望中国政府能即刻将此地区正式划归给他，而中国的中央政府则不敢妄下决策，因为日本人肯定是在未与当地中国官员协商的情况下，采取高压或欺诈的手段获取了大部分土地。面对这一争议，日方回应称土地是通过常规渠道从财产所有者手中购买而来，他们支付了费用。这种说法乍看可信，可是许多财产所有者声称自己是被迫放弃财产的，并未收到日本支付的赔款。尽管对于那些高度文明国家的民众，或者是那些幸运地没有经历过战争苦难的人们来说，上述言论着实匪夷所思，可是当时满洲地区所发生的大量事情证实了那些财产所有者并未说谎。一位美国政府官员曾在战后不久在安东地区展开调研，日本政府告诉他，日本政府或者民众所收购的土地都支付了合理的费用，而且按照他们所说的报价，价格虽然够不上平均水平，但是

① 海约翰（1838—1905），也译为约翰·海伊，美国国务卿（1898—1905），在美国作为大国而崛起的关键时期出色地领导了该国的外交活动，尤其赞成对中国实行门户开放政策。他力主对中国实行门户开放政策，反对分割势力范围。1899年照会有关六国政府，提出各国在中国享有平等贸易权利。1900年，义和团运动期间再度照会这六国政府，建议各国合作维持中国在领土和行政上的完整。

在当时也算是公平的补偿。或许有些中国人是心甘情愿地将土地卖给日本人，可是也有大量证据显示许多中国人是被迫出卖土地。

在对付不愿售卖土地的顽固分子时，日本通常采取的手段就是聘用与日本军方没有直接关联的中间人，让他们去和那些人谈判。中间人多为隶属于日本政府的间谍和线人，有中国人也有日本人，这些人擅长耍些阴谋诡计。财产原所有人得知了日本官方公布的价码后，他们就可以肯定那些中间人只赔给他们官方报价的很少一部分，而将其余的钱收入自己囊中，或者与日本基层官员们分赃。被欺诈的中国百姓就算怀疑自己被盘剥，也不敢有所抱怨。在安东，这种有争议的土地有5平方英里，包括铁路站台、庭院、日本统治区以及滨江黄金地带。

还有一个类似例子就是牛庄。牛庄是战争开始时满洲地区唯一一个完全开放的通商口岸，结果竟变成了一个专属区。尽管牛庄曾先后被日俄军队占领，可是其他国家的时任领事代表们都居住在此地，而且当时为数不多的外国人也大都聚集于此。这样一来，无论是俄国政府还是日本政府都要比在其他地区更为谨言慎行，原因就是他们的一举一动都在其他政府代表的注视之下，都会被报告给其他政府，在这里，不可能完全封锁得了消息。因此，两国在其军事管制的牛庄内采取的是温和的治理手段。

俄国政府负责的是中东铁路大石桥—牛庄这一段的建设工作，牛庄的终点车站选址于离城市近3英里处的河岸处，车站附近渐渐形成了一个小村庄。当日本人占领牛庄时，他们在牛庄铁路站设立了一个大型军事基地。由于俄国先前占据的区域不足以满足日本对土地的需求，因此日方再次征收了大量的土地，然后在上面建棚屋和仓库。

随着时间的流逝，俄国已经不再可能重新夺回这片区域了，因此日本当局对牛庄开始了大规模的升级改造。日本铺设了一条绵延数英里的碎石路，以牛庄为起点，终点是铁路车站的另一边，附带砖造的下水道以及排水设施。铺路工程启

安东日本占领区街景

动之际，日本人的说法是建设此路仅为军事所需，牛庄的外籍人士也如此认为，可是情况很明显，此铁路的性质是永久性的，这一事实招致了许多批评。

日俄和约达成之后，日本方面继续开展其修路工程，并且扩大了项目规模，市区至铁路车站间的沿线区域渐渐形成了一个日本统治区，这样一来，日本修路的真实目的也就不言自明了。随着战争期间该工程的展开，日本已经占据了车站周边以及车站到市区间的所有土地。日本官员声称这些土地都是通过正常的收购手段获取。可是之前安东地区情况一样，许多土地原所有人现在都表示日本向他们施加了高压手段，迫使他们卖出土地。

我们很难掌握此事的全部真相。针对牛庄地区的土地转让，有人进行了一番调研，调研结果明确显示，正如安东及其他地区一样，部分土地是日本未经原所有人的许可强制征收而来。战争结束后，那些原土地所有人实际上是被迫接受日本方面提供的补偿，否则他们便会落得两手空空。

另一方面，有些情况似乎是中国的土地所有人自愿卖出土地，对于价格也很满意。大部分土地在战争之前的预期价值都不高，通常都是低价持有。如果从日本收购时期的土地价值来看，日方的报价似乎较为合理，前提是真正的土地所有人得到了补偿，而且数目无误。可是自从日本当局开始实施牛庄改造项目（除公路以及街道外，还包括街灯、滨江地带等基础设施）以来，当地土地大幅升值，其中一些区域的土地较之前甚至增长了 10 ~ 20 倍。有些地带日本人曾声称以 25 两（约合 17 美元）每亩（约合 1/15 公顷）的价格收购，而现在这些土地的报价已经达到了 1000 两 / 亩，尽管土地价值是被抬高了，但据说还是有大批的土地以 25 两的价格成功交易。

整个过程就像是美国的一种很普遍的房地产投机项目，开始先在城市周边建设大量的房屋、街道以及其他的公共设施，这一片地区马上就有人购买住进来了。目前的情况似乎已经很明确了，就算日本人并不是从一开始时就怀揣这一目的，但日本人在逐渐显露出其短期驻留南满地区意图的时候就有了这种想法。

有些外籍人士持有的土地被日方占为军事用地，日本方面并未显露出拒绝补偿这批人的意图，这批外籍人士全部都得到了损失赔偿，尽管有些人对数额并不是非常满意。

此外，有的中国土地持有人可能在之前是自愿售出自己土地的，但他们现在意识到自己遭遇了投机行为，被剥夺了利益，便向日本当局投诉，宣泄他们的不满，可是这种控诉也只是情绪上的发泄，并无实质作用。

整个过程中，日本当局表面上表现出照章办事的做派，可是细细审视具体情况，人们不禁要对日方的手段投以质疑的眼光。冲突的焦点其实就是中国的业主是否是在日本高压手段下卖出了他们的财产。目前看来，多数情况是，当有中国业主不接受日方的赔偿数额，不愿意卖出他们的土地，这时就会有日本当局及当地行业协会之外的第三方介入，通过与业主再三协商找到折中方案。而其他势力介入也不能保障收购方案的公正。要知道，有些知名的行业协会负责人当时也是处于日本军方控制和胁迫之下，他们在与日本官员就诸多事情进行谈论的过程中已经丧失了保持公正的能力。不仅如此，这些中国人之中有些是日本改造项目工程的公开合伙人，有些是不为人知的合伙人，都不同程度与日本当局有业务关系。

我们可以肯定，有一些日本高级官员的个人利益也与此次日本投机项目有着紧密联系。这些项目所带来的可见成果会给任何一位到访牛庄的游客留下深刻印象，国际各大报社接到了东京通讯社的及时通知，纷纷对日本政府的项目成果进行报道，通篇都是赞誉之词。如果仅从项目完成度来看，日本此次确实创造了丰厚的成果，带来了可观的利益。中国政府则提出了在与日本交涉过程中出现的财产权争议问题，这使人们开始关注与此事有紧密关联的其他周边问题。

牛庄以及其他地区改造项目的资金大部分都来自本地海关税收，为了说清楚这一问题，我们需要知道，日本在俄国撤军后，不仅占领了港口，而且全面接管了海关。当时海关税务司①为美国人爱德华·克立基（Edward Gilchrist）先生，在他任职期间以及他卸任之后的很长一段时间内，海关人员都未曾有过大规模调整，爱德华的继任者是克拉克先生，同样是一位美国人。

众所周知，中国海关的任务就是为外国势力攫取中国资本提供便利，海关由外国人占主导的海关税务管理委员会负责管理，罗伯特·赫德（Robert Hart）②先生是委员会的名义主席。所以，如果公然干涉牛庄海关的行政事务，国际社会将对此有强烈反应。牛庄海关在日本当局的控制下继续履行着关税征收职能，可是这些税收的支出流向与之前有着明显的不同。中国政府笃定，日本在牛庄开展的改造项目，其资金来源于关税和当地税收。日本人用这笔钱收购土地，那些新的统治区土地也是这样收购而来的。

在双方协商周旋的过程中，为了就满洲争议问题做出调整，日本方面发表声明称，希望能够保留日本管理期间所征收的关税和税收，这部分资金已经用于公共事业项目，例如道路建设以及卫生设施建设。就我可观察的范围来看，上述开销绝大部分是用于日本军方所需的道路建设项目（尽管部分开销转拨给了公共项目），以及日本已建成和正在规划的统治区的改造项目。日本坚称上述统治区已经作为日本永久专属区和治外法权区得到了中国政府的认可。从这些我们便能知道，日本在支出中国国民税收的过程中绝非纯粹的大公无私。

中国向日本抗议，回应称中方将不会同意日本扣留税收的要求，他们不愿本国税收被日本人用于向其他外国势力支付土地赔偿款。此外，中国不承认日本在

---

① 税务司，中国旧时各口岸主管海关税务官员的职称。税务司制度是中国近代海关以外籍总税务司和税务司为主体建立的海关行政管理体系。起源于 1854 年的江海关税务管理委员会，1858 年中英《天津条约》及其附约《通商章程善后条约》签订后逐步形成。
② 罗伯特·赫德（1835—1911），英国人。1854 年到香港，次年任驻宁波领事馆翻译，后调任广州海关副税务司。1861 年任中国海关代理总税务司。1863 年继李泰国为总税务司。制定并推行由外人管理的海关制度，控制中国的财政收入，干涉中国的内政、外交。担任晚清海关总税务司达半个世纪之久（1861—1911），1908 年请假回国，至死始卸职。

牛庄日本控制区的医院

奉天日本控制区街景

收购土地过程中的支付手段具有有效性。整个收购过程中，日本出于自身使用和统治的需要，以单方面的报价收购土地。

上述安东及牛庄地区的不动产权问题普遍存在，从某种程度上说，几乎所有的日本军事管制区都出现了这一具有争议的冲突。

日本政府通过普通官员从中运作推动，在一片混沌的局面之下，攫取了大量曾属于中国的公有和私有财产。此外，数以百计的事例证明，日本公民在收购土地过程中若遇到中国人不愿屈从，日本政府会给予他们支持。的确，本人从可靠来源获取了大量的此类案例，它们都揭示了日本非法行事的不公正，那些纵容此类事件发展的官员们应当受到谴责。

接下来是另一争议事件，即日本声称它是合法承接俄国的所有特权待遇、特许权，以及财产所有权，中国对此再次提出异议。中方针对俄国的许多所谓特权待遇，以及财产所有权从未承认其有效性，其中很多权利甚至存在巨大争议。中国对这些权利进行了归类，中国将俄国先前占有或者声称拥有的煤矿产权、铁路沿线的俄国统治区，以及周边地区的土地所有权归到了一类中。

可笑的是，日本曾对俄国的上述侵占行径大为不满，甚至以此为主要缘由挑起战争。而如今，日本换了个立场，自己采取的态度却是鼓吹支持这种行为。这个问题对于中国来说是个重要的大事，虽然此事牵涉到的只是日俄在满洲地区割据线南部的财产利益纠纷，可是其重要意义绝非这种利益纠纷所能概述。

我们需记住，虽然此处仅以中日冲突为例，可是鉴于面积更大的那部分满洲地区，中俄之间同样会有类似的冲突。如果中国与日本达成协议，承认了日本从俄国所承接特权的有效性，那么北方的俄国若提出类似要求，中国将很难拒绝，这种情况并非不可能发生。西方媒体纷纷站在日本这一边，认为日本在战争中所作出的牺牲应该得到丰厚补偿，可是我从中注意到，这些媒体几乎都遗漏了一个事实，即俄国目前依旧占据着三分之二的地区，而且它与中国签署的条件和中日间的约定并无二致，他们的这些言论实际上为俄国维护本国既得利益创造了更为有利的舆论氛围。

这种日本人和中国满洲居民间的财产权争端数不胜数，算不上国际摩擦，反倒更像是常见的政府冲突，这些财产权争端还充分体现了可能出现的人道主义问题。而西方社会在讨论近期战争以及遗留问题时，大都没有考虑到战争给该地区中国居民带来的影响。它们最为充分地折射出冲突所暴露的人性问题，可是人们大都没有给予足够的重视，只有当那些在他们眼中更为重要的事情得到解决后，才会将注意力转向这边。

中国多次指控日本通过非法的强制手段剥夺了居民财产，其中一个重要案例就是鸭绿江沿岸的木材资源冲突。如果有人曾密切关注过上一次战争前夕出现的外交争端，他或许能够想起一些事情，当时俄国被日本控诉非法入侵鸭绿江林区，日本借此对俄国进行了一番谴责。它的主张是，俄国占有鸭绿江两岸林区是一种不正当的行为，会对中国和大韩帝国领土造成直接或长远的威胁，对于这种行为，日本断不能容忍。

或许在有些人看来，我们举例子时没必要如此频繁地追溯它们的历史渊源。可实际情况是，两国战争前后的态度和对所作承诺的履行意愿简直是朝夕间的转变，为了适应瞬息万变的当下环境，两国也变得难以捉摸，其中日本尤为明显，就冲这一点，我们在讨论相关问题时先回溯历史也就是理所当然的事情。

日本这次并未像他之前在其他地区那样，公然地索要俄国先前持有的满洲林业开发特许权。不过，日本在近期与中国签署的补充协议中特别加入了一项条款，条款规定日本有权组织一家公司前往鸭绿江右岸开发林木资源，而这片林区目前处于日本的彻底掌控之中。早在此协议签署之前，日本就已经把上述地区占为己有，而且不顾中国人民意愿，独占这片地区的使用权。而条款 10 似乎又为日本的过往及当前行为赋予了合法性。

日军占领鸭绿江地带后，军队即刻便拿下了此片林区。当时河流中漂浮着大量的砍伐后的木材，日本人随即将它们打捞起来。从那时起，日本人就开始了他们的林木砍伐活动，这里便成为了日本战时和战后军事铁路轨道、防御工事，以及其他项目的主要木材原料供给地。

那些最先拥有林业开采权的中国人就这么被日本人夺去了工作，没能捍卫自己的林区的自治权利。他们要求日本人支付木材费用，并且要求日本人归还林区的独立自治权。自日本人占有林区后的四年半时间内，因为此事曾爆发过数次大骚乱。曾经有一次，中国人拒绝上交一批木材，一支日军小分队便向他们开火，许多中国人因此丧生，木材也被抢走。还发生过一次类似事件，日本派军队驱散反抗的中国民众，但此次未发生流血事件。

日方声称中国人狮子大开口，木材使用费报价太高，而中国人则表示日本人给的钱太少。事态一度陷入僵持局面，双方政府必须介入调和。同期，日本人完全掌控着林区的监管治理权，为了满足中国人在鸭绿江林区的开采需求，曾经也一度试行过一些措施，比如依照相关协议允许中国人与日本人合伙创办木材公司（即中日木植公司）。可中国人显然不愿加入这种所谓的木材公司，他们担心这种公司的设立纯粹就是为日本人攫取利益提供有利条件。日本商人在远东地区早已经声名狼藉，除了日本人自己，绝大多数人都不愿轻易与他们有业务上的瓜葛，除非是在公平公开的管理环境下。战争结束后，日本迫于压力必须归还鸭绿江林业区的开采权。可日本的说法是，要等到中方正式成立了木材企业后，才会依照协议将开采权归还给他们，但是中国单方面不合作，权利交接就难以顺利进行。

第十六章　满洲打开的门户——首篇

日本和俄国占据满洲地区，伴随着一系列的政治变数，对国际社会影响重大，肯定会决定未来该地区的发展趋势和事态走向。除此之外，军事统治带来的商业影响对于那些有意进入远东地区发展贸易的国家来说同样至关重要。

俄国目前还不是一个商业大国，它对满洲地区的占领并未给其带来实质性改变，与战争前数十年的情况并无二致，所以此处主要利益还是和日本的一举一动有着密切关系。日本在国内和远东地区开展了一些新的商业活动，这些活动非同寻常，但其中有一些是日本在彻底占领满洲期间所推行的商业措施，这些措施最具现实意义，对美国而言尤其如此。

日本在满洲地区开展商业活动时战争还未结束。就在对峙局面结束前夕，有人曾指出，数以千计的移民和商业机构乘着日本军队前进的车轮大步踏进了满洲地区，而有些人则言辞凿凿，认为这些人只是暂居满洲，是日本军事行动的相关人员，绝对和日本政府的商业谋略无关。若要说上述言论有一定道理，那也早已不是现在的真实情况了。和约签署那年，日本行动背后的真实目的昭然若揭，毫无保留地大白于天下。日本政府也不再尝试掩盖这些移民入境的真正原因。

日本企图将日俄战争胜利的果实转化为实际资本，希望借此推动本国走上一条工商业繁荣之路，在它的这个规划版图中，满洲地区被放在了一个重要的位置。

日本国内和国际社会此时刮起了一阵风潮，满是鼓吹日本帝国光明前景的溢美之词，其中满洲地区就是着墨最多的日本新资产之一。虽然大部分报道还是小心掌握分寸，避免公然宣示日本的主权国地位，但是大量的日本报纸和半官方新闻机构在展望帝国未来前景时，已然将中国的主权国土视为日本的附属财产。

可是这些评论文章都忽视了一点：日本政府才是左右南满地区未来局势的决定性力量，任何干预其决策的势力都是不可容忍的。就在去年，西方国家已经开始密切关注起满洲地区的局势，日本官方媒体在提到满洲地区时也舍弃了先前的日本主权国论调。可是我在讨论此事时总会习惯性地带着这种论调。

日本对满洲地区的剥削是将其视为商业版图的一部分，这个版图还包括大韩帝国、日本本土和远东其他地区。此处仅探讨日本在满洲地区的手段便已足够说明问题。

任何国家的对外贸易发展都受到许多因素的影响，除开纯粹的国际环境因素，还有将商品运送到目标市场的方式，以及商品进入目标市场时所面临的条件环境，换句话说，即运输方式和贸易关税规定等条例。研究日本经济以及工商业的学生常指出，相比西方国家，与中国和大韩帝国进行对外贸易活动时，日本因其地理位置更具运输优势；可是也有观点认为，日本的这一优势与其他的不利条件相抵消了，除非日本获得大量的陆地领土以及人力资源。基于上述情况，许多人认为日本在进入其目标市场时，有能力置一些对其有利的优惠政策于不顾，想一想日本在亚洲地区的临时及永久统治区的数量，如果上述所说属实，那么便可以大大缓解西方国家的不安。

无论是在战争前还是在战争后，考察日本在满企业都为我们弄清楚上述问题提供了视角，如果将日本政策背后的意图纳入考量，我们甚至能说这些企业为找到上述问题的答案提供了基础。我们在研究这些企业所涉及的相关事务时，要从分析企业在满洲地区的具体运行情况开始，或许首先从交通运输这一项谈起比较

鸭绿江上的木筏

间岛 ①（Chien-Tao）——被日本侵占的满洲与朝鲜接壤处的一个小镇

---

① 间岛，指中国图们江北岸一带领土，包括吉林省延吉、汪清、和龙、珲春四县地区。朝鲜人称间岛，早年曾越界前来垦殖。日俄战争后，日本吞并朝鲜，派兵侵占间岛，清政府屡经交涉，日本不得不撤兵。1909 年（宣统元年）9 月中日订立《图们江中韩界务条款》，规定以图们江为中朝两国国界，日本承认间岛为中国领土，中国允许日本在该地设立领事馆，享有领事裁判权和吉会铁路的修筑权。

明智，因为满洲地区的运输线路全部归日本政府控制，在战后很长一段时期内，日本的铁路管控权未曾受到外部势力的撼动。

日俄战争期间，日本的大型航运公司主要负责向前线输送军队人员以及作战武器。当对峙局面结束时，日本撤军行动在一段时期内为企业提供了大量的运输业务。可是在战后的日子里，运输行业不景气，日本运输公司18个月内首次出现运载量极少，甚至空船回满洲的情况。针对那些有意移民满洲地区的日本人，日本政府给予了专项补贴、直接福利，并且长期为他们提供移民帮助。日本国内报道全是对满洲地区美好未来的展望，再加上移民费用低，一股移民浪潮随即在日本涌起。

日本移民中有许多特殊阶层的人士，尤其是商人们，这些人以及它们的财产享受免费的航运服务；有人因此推测，既然这些人不用付交通费，那么日本政府肯定给了航运公司一定程度的补偿。日本还组织了几次特别的远渡行程，上千位的学生得到一次免费前往满洲的机会，而且如果这些学生愿意的话，还可以留下来。

为了引导高层次移民能够抓住这些机会，日本做了许多工作。可是从满洲地区的日本移民素质来看，大都家境贫苦，属于日本的社会底层民众。这给人落了把柄，有人因此指控日本将满洲和大韩帝国当作垃圾场，专门收容自己国内不愿容留的东西。当时这种谴责的声音太过强大，日本方面不得不引渡许多日本人归国，不过这已经给当地的商业生活留下足够深刻的烙印。

日本航运企业的主要业务就是将日本货物运输至满洲地区，随着当地战争局势的结束，各种货物运输业务涌现。起初，日本贸易商或者是其中一部分人，只承担着非常低的运费。可是即使是有此优惠政策，他们也未能如日本政府所期待的那样得到繁荣发展，之后更是开始有泄气的迹象出现，此时日本政府便加大扶持力度，力求夯实日本商业发展的坚实基础。日本政府还召集了一批知名的金融专家以及商人担当智囊团，随后便推行了一些令人匪夷所思的项目。日本媒体对这些项目进行了一番彻底的报道，其中有些细节表述刊载于官方公报上。为了便于政府领导工作，日本还积极推动成立垄断协会，其主要任务是垄断满洲地区的贸易活动（此项计划的宗旨并不是秘密），也就是后来于 1906 年成立的南满洲铁道株式会社（即满铁）①。满铁涵盖了日本当时大部分的大会社。日本方面宣布由三井会社担任满洲地区的协会以及日本政府总代理企业，相关工作由其满洲分公司具体执行。而日本在满洲地区的财政代理机构日本横滨正金银行则将为一些公司提供支持工作。这些细节都非常重要，因为日本皇室在日本邮船会社持有股份，这是日本最大的航运企业；此外日本皇室在三井会社同样持有股份，这可以算是日本皇室众多商业分支中规模最大的一部分；而日本横滨正金银行与满洲地区货币间的关系将在后文提及，从中我们可以对当前日本皇室的势力范围有个大体认知。正如报纸上刊登的文章所述，日本政府之所以如此关注满洲地区的贸易，其企图大致可以归结在以下四项条款中：

条款 1：日本政府为扶持日本商人在满洲地区开展业务，帮助他们打开日本商品在满洲地区的市场，并将提供利息为 4% 的贷款 600 万日元；

条款 2：满洲地区赊购、预订日本货物需在一定范围之内；

条款 3：南满铁路（中东铁路）运输货物费用全免，或者以半价支付，为期 1 年；

条款 4：日本载运日本商品至满洲地区的费用全免，或者以半价支付，为期 1 年。

日本为了确保其整体计划得到落实，出台了许多涉及具体细节的补充条款。

---

① 南满洲铁道株式会社，简称"满铁"。旧时日本对中国进行侵略的机构。1905 年，日本取得俄国控制的东清铁路南段（长春到大连）权益和财产后设立。1907 年开业。大连设总社，日本东京设分社。经营长春到大连、安东到沈阳等各线铁路及抚顺煤矿，兼营航运、码头、仓库、炼铁、电力、煤气、农场等；所辖单位约 80 个。在东京设东亚经济调查局，大连设调查部，沈阳、吉林、哈尔滨、北京、上海等地设事务所，搜集军事、政治、经济情报。

企业充分利用日本政府的贷款优惠政策，据说每年业务量都有一定增长，除此之外，企业还可以抽取还款利息的 0.5%，作为额外补贴。

就我来看，一个政府直接给予私人商业贷款，并且利息率低于平均水平，同时还给予一定程度的信贷额度，运输至目标市场的费用全免或者半价优惠。我们得承认，上述优惠激励政策确实力度不小，他们的竞争对手们是时候对此有所留意了。至于外部竞争，尽管它们非同寻常且影响深远，但是其相关事务并未体现在此计划上。日本为推动本国在满洲地区的贸易发展，做了许多工作，而这些工作整体效果如何、力度如何，要想了解清楚这些问题，就必须对所有要素进行分析，要研究军事占领期间的真实情况。

一个政府可能会采取一些合法手段推动其本国商业发展，比如通过上面所概述的那些方法，这仅是一个粗略的看法，但没人会否认这一点。因为商人们享受了低于市场水平的利息优惠政策，那么其中的差额肯定会分摊至其他人身上。而且我们在谈到运费全免时，并不是说货物运输就分毫不花，只是说这种交易过程中的常规费用将暂时由某个阶层转移至另一个阶层承担。此处的假设是这些成本将纳入一般税务中去。如果不是上述情况，那么这个国家可能就在暗暗谋划着将这些成本以某种方式转移至本土之外。

条款 3 提及的南满铁路是中东铁路的一部分，属于由俄国转让给日本的铁路段，铁路从满洲中心地带开始，终点站为旅顺港，分轨抵达大连及牛庄。日本将继续运营的这段安奉铁路是否属于计划的一部分，官方尚未给出正式声明。可是据说日方有计划在重新修缮此铁路时更换其名字，那其意图已经毋庸置疑了。此段铁路，以及日本和大韩帝国的铁路线，都将在必要的时候派上用场。因此连接日本和满洲地区的所有运输路线，以及一切便于深入满洲地区的渠道，全部处于日本政府的掌控之中。

基于这些路线，日本货物通过四条运输线被运至满洲地区内部：先航运至牛庄，然后通过两条铁路中任一条线路运输至旅顺港或者大连港，之后继续用铁路运输；航运至安东，然后铁路运输；航运至釜山，然后用铁路运输至安东。

或许大韩帝国地区铁路使用频率不高，因为当地的水路运输费用更低。假设日本可以继续全权掌控大韩帝国（实际情况其实正是如此），那么面对日本所设立的铁路管控条例，其他外国势力若想要反抗，就不太可行了。

如果日本抱持着促进本国工商业发展的目的，希望在其统治的国家实现日本货物运输免费，而向其他国家商品征收重税，这可能在他人看来会有些不同寻常。可是国际社会也很难对此提出名正言顺的抗议，因为许多政府在涉及本国利益时也曾采用过类似的不公正手段，一个国家在行使其内政管理权时是毫无争议的。日本政府掌控着日本和大韩帝国的所有铁路线路，从中所得收益成了国民收入的一部分，政府可以依据情况自行调高或者降低这一部分的比例。如果日本采取亏本运营铁路的政策，用其他国民收入填补赤字，那也纯粹是日本自己的事情。

然而，日本在满洲地区的角色不被视为主权国，它只是一个暂时代理国，只是处于将主权归还给中国之前的过渡期，所以日本在此地区的铁路利益与日本、朝鲜地区的根基不同。

在军事占领期结束之后，日本并未在满洲地区行使政府职能，也不应该这么做。所有国家都在此地区有铁路运营的收益，所有大国均与中国有"最惠国待遇"的商业协定，即与中国有此协定的国家在中国所有地区享受与其他国家同等的商业机遇以及优惠待遇，不得因其他国家利益而遭到排斥歧视。根据所有的外国政府或者外国企业与中国签署的铁路修建及运营协定，所有国家均享受同等的基础设施使用权。的确，中国当时出于无助和对此类事务的无知，被迫与其他国家签署了一些铁路协定。这些协定在诸多细节方面语焉不详，或者这就是有意而为之的结果。可是国际社会早在很久之前就认可了这一事态发展，并且在互相交换意见之后，采取了保障各国平等利益的实质举措。这会让大部分对中国过去十年局势有所关注的人联想起海约翰，他成功让德国方面做出了承诺，胶济铁路^①运营将不会对其他国家的货物运输有差别对待，之后国际社会便因此就"门户开放"问题达成共识。

倘若中国和在中国有贸易活动的外国势力不认可这一原则（其实这是有可能发生的），那么我们将看到如下场面：中国地区内的德国运营铁路将在关税上大做文章，偏袒德国商品；法国铁路运输的法国商品价格比英、德、美商品低；英国铁路给予英国商品运输折扣，但给予竞争对手原价运输，诸如此类。

假设在美国国内，宾夕法尼亚铁路网运输德国货物的价格要比运输英、法、奥地利货物价格更低；古尔德^②铁路系统给予英国货物更低的价格；法国政府所有的希尔铁路线给予法国货物运输低价，低于那些英国和德国货物，甚至是美国货物。这种情况难道不会导致商业的混乱局面吗？有可能还会引发国际争端。

铁路价格战对美国的商业造成了不利影响，这让人们对于这种手段有了些看法，人们从中可以预想到，这种手段将会激化远东地区的国际贸易冲突。海约翰知道上述局面将带来严重后果，因此试图将这种发展态势扼杀在摇篮之中。

局面已经再明朗不过了，日本在满洲地区是以一个企业身份来运营铁路，而非以一个政府的身份。既然是以企业身份，它就应该遵守中国的法律和条约。任何对此地区的国外铁路专营权做其他解释的行为，都等同于干涉中国正常行使其管理国内商业活动的权力。日本在本国可以政府身份介入铁路运营，若是日朝两国依旧维持目前的主从关系，日本也可在朝鲜以政府身份介入，可是中国情况不同，它必须是以企业身份负责铁路运营。

如此一来，当日本宣布打算在满洲地区给予日本商品运输免运费的优惠政策，

---

① 胶济铁路，20世纪初也被称为"山东铁路"，从山东省青岛经潍坊、张店（属淄博市）到济南。1899—1904年为德国侵华时所筑，第一次世界大战期间又为日本所占，1922年赎回。
② 古尔德，即杰伊·古尔德（Jay Gould）；希尔，即詹姆斯·杰罗姆·希尔（James Jerome Hill）。二者均为美国19世纪的铁路巨头。

而其他国家必须支付运输费用时，这一举动看起来像是有意置海约翰照会共识于不顾。的确，根据日本的官方解释，上述特权的有效期限仅为一年时间。相关政策于 1906 年春出台，日本方面当时的想法或许是这样：日军在满洲地区的军事占领期最长将延至 1907 年春，换句话说，距离上述特权政策正式生效的日子也不到一年时间。根据这种情况来看，日本或许意识到一旦军事占领期结束，自己将很难再继续推行此项政策，否则很可能招致国际谴责。这为我们把握日本背后的意图提供了一个切入口，我们因此了解到，日本企图利用自己对满洲地区的暂时控制权，充分为本国谋利。

日本政客和媒体巧舌如簧，不断否认日本有以损害竞争国的利益为代价为本国攫取利益的企图心，并且不承认日本在满洲地区的行为已经损害了其他国家的利益，既然如此，我们就有必要针对日本在对峙局面结束后的行政管理举措进行深入探讨。

第十七章　满洲打开的门户——续篇

　　日本人太擅长掩饰他在满洲地区的行动了，除非是日本人选择将这些事公之于众，否则旁人难以窥测，这一点在国际社会已经是普遍共识。对此也有各种评论声音，导致现在只要稍微提及日本，大多数人都会联想到他的这份能耐。

　　在和约达成之后，日俄两个交战国本应开始撤离军队，但实际情况与期望大相径庭，日本军队还盘踞在满洲地区。数月之后，满洲地区已经明显变成了一个与战时情况类似的封锁区域，日本占领区的封闭程度更甚。

　　进入满洲地区的主要通商入口往往是在南边，因此虽然俄国占领区情况大体一致，但封闭程度没有被人们普遍地感受到，人们也没有太过切身的封闭感受。交战国间的和约一经达成，那些满洲地区业务受到战争影响的中国和外国商号立刻便准备重操旧业，这些企业有大量的库存积压，自然会满怀期待满洲地区可能喷涌出的巨大的消费需求。其他的外国势力在满洲地区要么是有公有财产，要么就是有私有财产。这些人准备前往满洲观察上述商号的动静，看看他们是怎么在战争期间做买卖的。可是当他们抵达满洲地区时，却诧异地发现南边的入口已经被封锁了。外国人想要在满洲地区分销商品可谓是困难重重，而且除非拥有日本军方发放的护照，外籍人士是不得在此地区活动的。

　　打持久战伴随着一个不可避免的后果，即交战地区的资源和物品会被耗竭，变得极为短缺，在这种情况下，通常就会大量进口各种物资。此外，一切有碍于交战地区平民提高生活质量的行为或者利用平民的生活需求来进行投机的行为，都有悖于人道主义精神，都是会遭到批驳的。既然是这样，那么我们就没有理由再继续为日本的这种行为找借口了，日本在战争结束后并没有必要采取封锁政策。那么日本此次严格执行军事封锁政策，其背后的原因到底是什么？

在中国的那些贸易公司，它们的在满业务已经由于战争蒙受了巨大损失，如今面对日本的无限期强制的贸易禁令，断不会坐以待毙。西方各国公使们或许曾一度被日本的模糊说辞说服，相信日本是出于需要而以此作为短暂过渡期的短期政策，可是那些真正在做买卖的商人们则认为自身的利益肯定面临永久性的损害。上海和天津的商户们满心期望着战争的结束，并且已经采购了大批的货物，这些货物之前常在满洲地区销售，而当最后终于宣告和平时，仓库已经满是货物，运船满载货物随时准备驶向北方。

日本的封锁政策导致满洲地区的商业发展陷入停滞，随即引发经济萧条，中国中部及北部地区局面普遍如此，而且封锁政策至今还没有结束。有些企业面临破产的危险，几家业绩不好的企业甚至已经倒闭了。

上海商会此前曾向日本军方反应这些问题，可是迟迟未得到满意回应，随着事态日渐恶化，商会决意采取更为果断的行动。商会向日本驻上海总领事馆提出申请，希望对方批准设立一个上海企业代表委员会，前往满洲地区调研当地情况。此请求被驳回，日方的回应就是些惯用的托词，并表示了遗憾之情。于是商会将申请递交至北京，递交到了英国和美国公使们手中。此举令日本很快有了反应，因为东京内阁当时显然不想事情升级为国际外交问题。日本总领事随即便转换立场，通知商会批准了他们设立委员会的请求，允许他们前往满洲地区。

1906 年春天，上海的商户们抵达了满洲地区。委员会由两个英国商人和两个美国商人组成，在抵达牛庄时受到了日本军方的热情接待，并且在军官的监视下

南满铁路

日本在满洲的商业入侵

两个竖立的广告牌宣传日本政府垄断的产品

对沈阳和其他地区进行了短暂的访问。

我可以负责地说，日本官员们暗中使尽了一切手段，阻止委员会代表与那些可能说出不利于日方言论的人士碰面，特别注意不让中国的达官显要们有机会与委员们接触。可是委员会代表们都是一些精明的商人，哪怕是在机会有限和条件不利的情况下，这些人也能完成托付给他们的调研任务。委员们在回到上海之后，向其委托方以报告形式呈述了情况，报告的部分内容进行公开。人们在日本和中国报纸上看到有关此报告的相关内容时，有人所看到的内容可能是对日本在满洲地区的举措极尽褒奖之能事；而有些人看到的则是，日本在对满洲地区实施统治，并且有意排斥其他外国商人。报纸对此报告做怎样的诠释，完全取决于报社背后的势力。新的驻外媒体同样对此事进行了大篇幅报道。所以，尽管远东地区媒体大都受到英国人和日本人控制，但似乎西方人士认为这份报告还是值得赞赏的。

尽管委员会成员对于他们的返程保持缄默，但真实情况似乎是介于两个极端之间。现在广为流传的一种看法是，此报告内容机密，虽然存在些不尽如人意之处，但日方已经承诺将尽快采取调整措施改变当前的不和谐局面。绝大部分远东报纸的主张是粉饰太平，手段就是向人们暗示满洲当前的局势只是暂时性的，日本将会尽快采取措施改善现状，还是值得依赖的。这份报告极具生命力，时常以各种形式出现在人们眼前。就在报告发表的数月之后，英中协会（**British China Association**）驻上海分会向北京的英国公使递交了建言书，建言书是基于上述报告拟定而成。鉴于建言书涉及诸多重要事务，特此援引其中与所谈问题有密切关联的部分：

1. 外交使团应该采取措施在大连建立中国海关口岸，目的是防止日本商品在不用缴纳进口关税和厘金的情况下从各地流入满洲地区；

2. 采取必要措施终止满洲地区内的商人在朝鲜边境进行的非法贸易活动；

3. 由于日方在辽河上建造了一座铁路桥，因此建议中国政府采取行动拆除障碍物，便于辽河上的舢板贸易的发展。

鉴于上述建言，我们必须对外国商户进入满洲地区所面临的处境进行一番审视。满洲地区属于中国领土，因此中国海关的规定在此地同样适用。日俄战争之前，满洲地区仅有一个海关，牛庄是当时唯一开放的通商口岸。

所以除非货物从西伯利亚边境进入中国或者通过走私渠道，否则征税货物均需通过牛庄的海关口岸进入中国。俄国当时享受特许权，可以建设一条贯通满洲地区的铁路线，有人提出中俄边境应该设立关口，可是紧接着便是一段动乱期，此提议方案便被搁置了，留待之后再作调整。然而，在当时的情况下，这实际上算不上多大的事情，因为西伯利亚边境的贸易发展形势还不足以对南边那条贸易通道构成威胁。虽然每隔一段时期就冒出一些问题，但外界各方也并未施加太大压力，或者需要采取强制措施。

日本人来了之后，南满地区的局势就彻底发生了改变。整个大韩帝国以及满洲部分地区被日本人占领了近四年之久，时间如此之长，足以让我们从日本在此地区执行的商业政策中得出一些合理的论断。

基于一份涉及当地情况的研究报告，以及本人投入心血所做的调研，我可以笃定，从当地被日本军队占领的那一刻起，日本人就处心积虑想要利用自己对中国领土的占领推动日本商业的发展。为了达到这一目的，日本尽可能地将它的现有以及潜在竞争对手拒之于满洲门外，只对本国国民开放。它总是使用些小伎俩来给其他国家造成阻碍。时常以军事需要为借口，以那些曾经销量较大且是中国人民生活必需品的外国商品在进入满洲地区的交通条件困难为托词，拒绝放行。即使上述的外国商品能够被海关放行，同类的日本商品也能免关税进入大连和安东。

由于满洲地区的日本当局和东京的中央政府对于日本商人免关税进入满洲一事一再否认，所以自然不可能获取有关其逃税情况的确切资料，不过可以肯定的是，数目不小。有些外籍人士认为这是一种非法的不公平竞争，所以就此提出抗议。日本当局起初的回应是从旅顺港、大连，以及安东地区进口满洲的物资仅是出于局势的需要，它们不具备商品属性。当日本大部分军队已经撤离满洲地区时，这一借口就失去了其效力，而日方的回应常常就是千篇一律的否认。

1906 年初，牛庄外国商会向日牛庄领事机构提出抗议，它们声称日本当局给满洲地区的内部贸易活动发展制造了许多不利因素。同时，他们还抗议日本货物通过大连和朝鲜进入满洲地区时得到了免税待遇。这些外国商户曾经大都对日本抱有同情心，并且在满洲地区经营多年，信息渠道丰富，但我们很难就目前情况作出判断，它们是否是在无中生有。

外国商人们和中国官员的不满通常是针对厘金征税标准不一，以及逃避厘金的行为，认为这些现象有碍满洲地区的贸易发展。自日本占领满洲地区那日起，无论是公开还是私下，它就从未遵守过当地的税收条例规定。日本的这种举动带来了什么影响，特别是对中国商人阶层带来了何种影响，是个值得深入讨论的问题。

厘金，这是个在中国国内通用的概念，类似于美国的城市、郡、镇税收，或者是一些欧洲国家的货物入市税，主要是用以征收地方税收（除去国家和省行政机构征收税），尽管其中通常有部分税收会流向更高层。这个税收体系复杂烦琐，而且充满着职权滥用的现象，但此处不尽述这些问题。这个税收体系的具体执行方式与欧洲和美国普遍推行的特许制度大体一致，一些大城市尤其如此。

紧随日本军队的步伐，一大批日本商人蜂拥进入满洲，战争结束后人数更是大幅增加，这些商人打从一开始就不愿向中国支付厘金。战争席卷了满洲地区，之后当地恢复了正常秩序。在这样的局面下，当地的中国官员起初曾试图向日本商人征收关税，在遭到拒绝后他们便向日本军方表达了这种诉求，日本军方的回应则是千篇一律，要么是对他们的诉求置若罔闻，要么是声援其日本国民。既然局势既定，自此中国官员便只是偶尔象征性提下诉求。而中国商人却依旧需要缴纳税费，所以在与日本对手的竞争中处于不利地位。满洲地区内的每一个城镇里，都能看到日本商铺倚着中国商铺在做买卖，而且常常卖的是一样的商品。在这些商品都是外国制造的情况下，日本商人们的优势就是拥有由日本制造的类似物品，这些商品往往享受免关税待遇，有些可能也不用承担运输成本。此外他们不用缴纳地方税，在大多数的国家，地方税都会是一个商业重担，满洲地区也不例外。难怪中国人会对这位新的竞争对手的到来感到忧心忡忡，此外还有一个情况，就是日本人有时还会强占中国人的商铺，然后不缴纳租金，因此中国人的焦虑便加剧了。

我了解到一个发生在奉天的事例，一位中国商人的商铺被那些卖类似货物的日本商人们霸占。当时的情况是这样的：就在沈阳战役①爆发前，商铺主人急于带着他的家人躲到一个安全的地方，所以就举家前往新民屯，远离硝烟之地。当他返回奉天时，整个城市已经被日本军队占领，随后他便发现自己的部分财产被日本商人们据为己有了。他试着将日本人赶出去，可是无果而终，之后又向日本当局抗议，也是徒劳无功。所以那位中国商人与日本商人各退一步，达成了约定，允许日本人在他的商铺前方区域做生意，我上次到访奉天时他们依然在那儿。这种例子我还可以举出很多，上述事例中的中国人姑且能够守住他的大部分商铺，但还有很多更糟糕的情况。在类似情景之下，有些中国商铺主人彻底失去了他们的经营场所，甚至为了夺回铺子而丧命。

无论是在战争期间，还是在战争结束后，大量的日本移民涌入满洲地区。

---

① 应为日俄战争的奉天会战。

鉴于这些移民所带来的政治和社会效应，我们同样需要对他们予以关注。

就在不久之前，我们还不可能获取到有关日本平民阶层移民人数的确切数据，不过据 1906 年公布的可靠数据，日本统治区的移民人数估计在 4 万到 6 万人之间。大部分移民都定居于铁路沿线的大城市，但也有上千移民深入至满洲地区内部，在一些相对偏远村落定居落脚。这些男性定居者几乎都是商铺主或手工匠，他们都有固定的居所，但是大部分是投机商，在本国没有很好的发展，指望着在这个被日本国内描绘为富庶之地的满洲一夜暴富。

我曾与一位享誉世界的英国传教士就日本占领满洲的道德性展开了讨论。这位传教士已经在满洲定居多年，见证了此地区的发展历程，包括俄国占据时期的状况。谈话过程中我发现他的态度非常消极，传教士谈到了许多方面，其中他说了一点：

　　我对日本政府的治理工作感到非常失望，它使得中国人生活的道德标准普遍下降。人们被迫生活在这样一个环境之中，必须要不断地通过逃税和欺骗来维持自己的生活及守住自己的财产；日本商人得到军方的暗中支持，给当地的商业环境带来了不利影响，而且这种不利影响日益发酵演化；中国人民不知道是否能从日本军事法庭获得正义；还有成千上万低素质日本男人以及道德败坏的日本女人涌入了此地区，这些女人在日本国内曾公然地在大街上拉客，这都是些腐蚀人心的事物。这些对于满洲地区全然是新事物，之前即使有，也受到很大的限制。

西方社会曾经针对此事做过讨论。当时的主流观点是，只要日本在亚洲地区的影响力及势力范围得到扩张，那么满洲地区的风气就将随之有所改善。在这一片声音之中，这位不带偏见的观察人士所表达的观点发人深省，值得我们反思。虽然满洲地区的日本女人是一个敏感话题，但若是想要对满洲局势进行全面透彻的分析，这却是个不可回避的话题。无论是在车站周围还是街道小巷，这是各个地方都会面临的问题。除了日本在满洲地区张贴的军事告示以及商业宣传广告，这可以算作是最能体现日军占领满洲的一个标志事件。

根据我在能力范围内所能获取到的信息以及自身的观察，这个问题的泛滥程度从以下事实可窥一斑，即满洲地区的日本平民人口的四分之一属于此阶层人士。上述论断不缺乏依据，我是援引一家日本国内的外刊报道，此报社社长与一名日本女性结婚多年，两人过着幸福美满的婚姻生活，他说："我们自始至终都认为有责任为日本女性发声，替她们反击那些所谓的道德败坏的指控。这些指控往往来源于那些周游列国的浪人以及其他那些想要在日本做不道德之事的人，当然，他们的确找到了证据。可是女性们在西方社会的地位到底沦丧至何等地步，很不幸，这还不得而知。"

虽然如此，可是我们本身当然不能对一个事实置若罔闻，即整个远东地区各处都充斥着日本妓女，因此，下面摘自《上海捷报》（*China Gazette*）的选段只是远东地区类似报道的其中一篇而已：

牛庄周围和城内有五千多日本妓女，大部分都生活在中国和日本军营附近。而满洲其他地方同样有大量从事同一职业的日本妓女，她们扛着一面大日本帝国的光辉旗帜在这片最黑暗却有着良好风气历史的满洲地带行走。面对日本人带来这种文化，满洲人民一定满心困惑，他们到底该如何应对，才能迎来所谓的西方文明启迪。

日本政府必须对这种可耻的社会风气负责。我们已经听到了太多声音都在谈日本"武士道"精神（姑且不深究其内涵）、日本人的忠诚、骑士精神以及知错就改的特性。可是我们现在看到了什么？一个毗邻日本帝国的日本统治区，他们的全部省份如今充斥着日本妓女。这些日本女性被日本男人们诱骗、强迫、贩卖成奴隶，干着可耻的勾当，在整个过程中，日本政府哪怕并未实质参与其中，却也对此现象抱持着默许态度。我们可以有底气地说，这些女性中没有一个会是出于自愿而去到异国他乡，没有一个女人愿意走上这样一条道路。那些从事日本女性交易的商人也不会允许有人这么做。难道日本报社对此话题就无话可说吗？

在此要说明一点，上述文字援引自《上海捷报》，这个报社是亲俄派，但凡有机会，它就会对日本落井下石，所以我认为文段中提到的女性人数以及地区范围有夸张成分。但文章作者所猛烈抨击的满洲现状确实是真实存在的，当我们在讨论战争期间以及战争之后的满洲移民问题相关因素时，日本政府很难洗去它的共谋嫌疑。日本方面要是说自己无法遏制这种潮流，那这个托词未免太过粗糙了点。

中国在争取外交上的有利地位时，将重点放在这个特别情况上，可是在我看来，中国政客更关注日本移民的某些政治效应。中日近期签署的一份协议规定开放了大批的通商口岸，以便外国人士居住，而大部分的日本移民很可能会自愿留在这些地方定居，许多人已经在其他意向地区安家落户了。中方一再强调，日本占领期结束后，日本人将只能在通商口岸逗留，满洲地区的其他外籍人士亦是如此，即使他们居住在非通商口岸地区，日本也不得在这些地区行使其治外法权。日本似乎不愿依照此规定行事，明显想要在所有的本国国民居住区保留其治外法权。此问题不只是触及中国在满洲地区的命脉，而且是关乎整个中华帝国的命脉。

日本移民的这种行动倾向令中国人对开放通商口岸一事忧心忡忡。中方迟迟未能处理好外籍人士的安置问题，因此承受了许多外界的谴责压力。然而，其中的一个原因是日本人自己不愿被隔离在某些特定区域，他们更希望能留在最先居住的地方，而不是分散到四处居住。如果不将日本人分置在不同的地理区域，是不可能分散其统辖权的。中国担心在这样的局面下，日本对满洲地区的统辖权将得到集中强化，满洲内部事务从此以后恐将面临日本永无止境的干涉。因此，直到军事统治期完全结束，中国也迟迟不愿开放新的通商口岸，为了拖延时间总是给出各种各样的理由，而且通常是些无足轻重的理由。此处再次重申一遍，任何的调整政策理当同样适用于俄国统治区。

第十八章　满洲打开的门户——再续篇

在许多读者看来，日本不遵守满洲地区商业规则的做法，如果与中国人受到的影响相比，那对其他国家的利益影响更大。很多日本商人是自己主动来到满洲地区，他们往往都是独立经营。通常来说，这些小型的商户并没有渠道移民，或者采购、进口大批量货物，但是大部分其实都是日本企业在满洲的代理人，且得到了日本政府的支持。据我所知，日本政府通常会给他们提供进入满洲地区的渠道，并且给予他们资本和贷款。

虽然从表面上看，日本政府的这种扶持行为是为了帮助所有阶层的日本人在新地方有个好开始，可是经过一番深入分析，这实际上是日本的一个计谋，目的就是通过资助与政府利益相关的企业，对满洲地区进行剥削压榨。

通过日本扶持政策的一些细节，我们可以窥探到日本行为背后的最终目的。比如说，企业年交易额需要至少达到 500 万日元才能享受退息待遇。这是只有大型企业才有可能达到的标准，所以小型企业显然无法享受这一优惠福利。

日本政府和行业协会任命三井物产会社①负责监督国家扩张政策在满洲地区的

---

① 日本历史最久的综合商社。三井企业集团的核心企业创设于 1876 年。第二次世界大战前是日本最大的商社。战后受财阀解散影响，被分为 170 多个公司，1959 年恢复。主要经营钢铁和重、化工业产品，总公司设在东京。

实施情况。三井物产早在战争爆发前就已经在满洲地区设立了分公司，而就在日本军队将俄国人驱逐出境后不久，三井便着手开始拓展其业务网络。三井目前的业务范围涵盖整个南满地区，在许多地方设有分社和代理处，与日本政府沆瀣一气，而日本政府则竭尽所能为它提供一切实质支持。如果我们要对满洲地区既有的商业势力进行可靠估测，那我们就不可能完全忽略或者不重视日本政府与日本主要金融、工商业、企业之间的关系，它们之间的关系往往密不可分，融为一体。

我曾于 1906 年到访过满洲地区，收集了大量的事实例证，可以呈现日军占领期间南满地区的贸易发展情况，但此处无法全部详细列举，仅举几例，就足以折射出一些侧面。外国货物在满洲地区进行流通需要缴纳厘金，有些车站和中国其他地区一样，也要征收厘金。日军占领期间，其他国家的货物照常强制征收厘金，而日本货物不在征收范围内，享受免税待遇，其理由和日本用来逃避中国其他正常法律程序的理由一样。

直到不久之前，日本在国际社会上宣布将满洲地区统辖管理权全部归还给中国，日本试图展现出一些表面姿态证明情况已经发生改变，但做出宣布之后，满洲地区的日本企业照样公然违反中国的法律法规。

部分满洲地区生产的货物对外出口时需要征收出口厘金，比如豆饼和豆制品。日本是此类产品的最大消费国，在过去负责将豆饼出口到日本的是中国商人和航运公司。他们在商业和运输业内最大的日本竞争者是三井物产会社和两家日本大型航运公司。战争时期，局势混乱，因此豆制产品的销售情况不佳，所以在日俄两国正式达成和约时，两种货物已经有了大量囤积，亟待航运至日本。这些豆制品的运输路线一般都是沿着辽河向南航行，冬天则使用货运马车装载运输。

奉天和铁岭是两个豆制品贸易中心。就在日本占领这两地后不久，三井物产会社就派出代理人在两个地区采购豆饼，然后带回牛庄，运回日本。这些豆饼据说并未征收厘金，而其他出口企业则需要缴纳税费，三井自然就比其他企业更具价格优势。此事很快便引起了关注，其他的出口企业纷纷要求中国政府取消豆制品税费征收，直到局势恢复正常。只有通过这种方式，中国和其他国家的出口商才能与日本公平竞争。日本当局获悉了这一要求，他们不允许中国政府对当前规定做任何调整，并且对于日本出口商未缴纳厘金一事予以否认。然而，事情似乎没有可质疑的余地，三井公司运输的大量豆饼就是没有缴纳税费。虽然在其他出口商和船运公司纷纷表示了不满之后，日本有所收敛，不再明目张胆地违反中国法规。

1906 年，当我在奉天的时候，中国政府或许是想试探一下到底可以拿回多少主权，因此派了一名厘金征收员去一家日本店铺征收税费，征税对象是这家店铺的主要经营商品，是一些外国货物。尽管这家店铺表面上是私企经营，实际上是三井物产会社的分社，税费征收员很快就被驱逐出来。中方随即向日本当局投诉，但到最后也没有任何实质的处理结果。因此，尽管南满地区充斥着小型的日本商户和代理企业，但其他国家的公司依旧遭到排斥，只有等到战争结束之后一年多才被允许进入满洲地区。各铁路车站满是贩卖日本产品的日本小贩，其他一些卖外国商品的小贩则不被允许在车站做买卖，特别针对那些会对日本政府垄断的商品交易构成竞争威胁的群体。日本政府通常都会任命一些大型的日本企业作为它的代理机构。1906 年 8 月 1 日之后，外国人进入满洲的禁令取消了，满洲地区的外国企业代理商纷纷建立了公司，以便密切关注当地局势的发展。此外，由于外国企业向日本提出抗议，日本当局因此对这些限制条例进行了细微的调整。因为外国企业对日本当局提出的抗议有理有据（这和中国企业提出的不满抗议情况有所不同），所以日本政府不得不对此做出具体回应。

日本军方如此执着地为日本商人们提供庇护，从始至终都在帮助他们逃避税费，当中国的规定与他们的利益有冲突时，军方一直都在给他们提供帮助。如果我们想清楚了一件事情，那么军方的行为也就不难理解了。这件事情就是这些小型商户们都是日本政府体制背后的一部分，是日本帝国工商业利益版图的组成部分。日本政府为了在满洲地区攫取商业利益，采取了许多备受争议的手段，我将在下文进一步列举几个例子。

1906 年初，中国政府发现其他国家人士对日本政府越来越不满，受此鼓舞，指派相关官员负责具体工作，开始开展一系列重夺主权的行动，其中的重点就是税费征收权。中国此次行动以多种形式展开，其中一个大动作就是提高满洲地区的外国商品厘金费率。中国国内的外国商品厘金征收一直是一个国际痼疾。为了取消这一规定，外国势力纷纷采取了诸多手段，但都没有任何成效。可是只要此规定没有废除，中国政府通过征收厘金来提高其税费就属于合法行为，所以在满洲发展业务的外国企业起初并没有提出抗议，但很快事态有了进一步发展，新的厘金征收制度严重损害了其中一些外国企业的利益，招致了他们的批评。

1906 年 5 月，中国政府开始提高满洲地区的烟草商品厘金税费，税费从价计征①，从 2% 上涨至 5%，上涨了一倍多。日俄战争之前，满洲地区的烟草贸易由英美烟公司（British American Tabacco）②控制。日本政府为了推行所谓的战时税收政策，向英美烟公司施压，迫使公司将其在满洲地区的工厂卖给日本政府。这些工厂能满足当地的大部分烟草需求，这一举动经证实是日本实行其工商业国有化政策的体现。英美烟公司的烟草产量因此大幅缩减，随后便在满洲地区建设新工厂，目前已经准备好开始重新开展远东地区的烟草业务。可是它面临着一个竞争对手的挑战，即日本政府经营的烟草专卖公社，日本为此在中国地区大力推行了一项活动（特别是在满洲地区）。日俄在达成和约后的一年时间里，英美烟公司

---

① 从价计征，即以课税对象的自然数量与单位价格的乘积为计税依据，按这种方法计征的税种称从价税。
② 英美烟公司，英美资本垄断卷烟业的托拉斯组织。1902 年由美国烟草公司和英国帝国烟草公司合资组成。总公司设在伦敦。1919 年在上海设驻华英美烟公司总部（1936 年迁香港）。后在天津、青岛、香港、上海、汉口、沈阳等地设卷烟厂。

开展了大量工作，目的就是为了重振其在满洲的业务，结果却发现到处都会遇到阻碍。除去牛庄的一家外国企业代理机构，满洲地区的烟草贸易多由散布在满洲各地的中国代理人把持，他们通常将产品分发给零售商销售。中国底层民众烟草消费占据了大部分的业务量，一般是一些小贩或者小摊贩在各处叫卖这类商品。凡是到过中国的人，他们肯定都会注意到这种小贩买卖在中国商业体系中是至关重要的组成部分，这些小贩买卖和中国人民的生活息息相关、血肉相连。中国苦力通常会在一个小贩那儿买一些今天的食物，偶尔从另一个小贩那儿买些酒水，或者再到卖蜜饯的小贩那儿弄些蜜饯，去烟贩那儿买些烟，上述消费需求可以在一天之内全部搞定，前提是他们必须得有钱。这些小贩手中的商品供给来源是那些零售商，他们每天分发小批量货物给这些商贩。

日本在南满地区的军事管制并未持续太长时间，因为抗议的声音逐渐传到了位于上海的英美烟公司经理们的耳中，他们了解到公司在满洲各地的代理商们正受到许多阻碍。贩卖他们公司产品的小贩们不得在车站周围做买卖，也不可在日本直接控制的区域内叫卖商品，许多小贩遭到日本人的粗暴对待和威胁。这种威胁恐吓策略甚至发展到了商铺主身上。同时，日本烟草专卖公社的产品通常由日本商人来大力推销，可是很多情况下中国商人也会被诱使成为其产品代理商。英美烟公司的当地经销商们很快便感受到了日本此举对他们的影响，发现自身的利益受到了严重损害。当英美烟公司试图与日本当局进行交涉时，日方给予的回应是否认这种情况的存在，起初甚至还不准许英美烟公司派出代表前往满洲地区进行调研，阻碍其捍卫自身的利益。

上述案例从几个方面而言都极具启发性。案例中所涉及的外国企业由两个国家组成，在其他人看来，如果日本政府对所有国家都采取这种政策，那么这两个国家至少是可以享受些特权待遇的，而且这两个国家的实力也足以与之抗衡。这两个国家竞争对手不只是日本国民，还包括日本政府。日本方面稳步实施着它的措施，数月以后，日方终于批准英美烟公司的要求，同意他们派出一名外国代理商前往满洲地区。此代理商之后向公司递交了调研报告，表示代理商们之前对日本不公正待遇的控诉已经得到了充分证实。此代理商出生于牛庄，说着一口流利的中文，再没有一个白人会像他这般和满洲地区的中国人有着如此密切的联系，没人会比他更熟悉这个地区的发展情况。除此之外，他在中国东北地区的外国人圈子里也是一位社会信誉和商誉俱佳的人士。

就在北京和东京两地的英国外交人员与日本当局进行了一番交涉之后，日方便有所收敛，不再采取针对英美烟公司的手段。英美烟公司的业务开始以极为惊人的速度重整旗鼓，就从这一点便能很肯定地说，企业之前业绩下滑，其原因并非人们不愿消费其产品，也不是对日本的产品更加青睐。英美烟公司暗自庆幸最糟糕的情况已经结束，当未来烟草厘金税费增长时，自己可以得到一个公平的待遇。而在英美烟草必须得正常缴纳厘金时，日本的商品却不用缴税。1906 年 5 月，增税政策首次在铁岭地区实施，铁岭靠近日本统治区的北部边境，是一个十分重要的城市。英美烟公司的中国代理商们即刻便向牛庄负责人报告，称中国政府向他们征收更多的税费，但却并未向日本烟草专卖公社征收任何税费。负责人耗费了一段时间向军方申请了护照后，立刻赶往铁岭调查情况，他立马给代理商们下达了指令，让他们不要支付任何额外税费或者厘金，除非日本商人缴纳同等的税费。中方派遣了一位征收员前往一家主要的日本代理商征税，可是完全是徒劳，日方随即便召集军队将征收员驱赶了出去。

英美烟公司满洲业务的负责人之后正式向当地道台报告，表示他已经指示代理商们不再缴纳税费，除非日本人也同样缴税。如果他的代理商们一再被烦扰，那么就准备将此事上报北京。道台面对负责人左右为难，告诉他征税政策将有碍未来政策的调整。之后，道台向负责人送去消息，称自己是在日本军方势力的万般逼迫下才实施此税收政策。负责人返回牛庄之后，向日本军方高层提出严重抗议，后者再三承诺自己并未拒缴厘金，表示中日两国政府正在就两国关系诸多事宜进行交涉调整，双方已经通过私下方式完成了税费征收过程。此事拉锯了数月之久，形成了一种僵持局面，双方都不缴纳税费，税收制度形同虚设，中国政府对此也无能为力。

日本人还给满洲地区带来了另一个竞争威胁，即对其他国家的制造品进行仿造，这些假冒伪劣品数量庞大。

1906 年，我在奉天大街上从两个紧邻着的中国商贩手中买了两包香烟。其中一包是英美烟公司的香烟品牌，另一个包装上面则注明由日本烟草专卖公社工厂制造。英美烟公司这个品牌的香烟已经在中国销售多年，此前是由公司在日本的工厂制造。这款香烟在远东地区销量可观，是东亚地区宣传最好的品牌。

而另一款香烟则是在日本占领满洲地区后出现在市场上的，这款所谓的日本品牌实则属于仿制品，还不算假货，因为生产商特意融入了些细微的差异，这样就可以狡辩这两款香烟的相似并非是有意为之。两款香烟的外包装差异性如此之小，乍看一眼简直是一模一样，英语国家人士尚且很难分辨，更何况那些买香烟的中国苦工们。由于不识英文，他们只能靠外包装来判断，而两者间的差异又是微乎其微，不易察觉。有些中国苦工非常小心，习惯对比两款香烟包装上印刷英文的字母字数，可是他们纯粹是依靠印刷图片来辨别，而这两款香烟的图片却是一样的。英美烟公司产品的反面在一排金牌图样下方印着"奖牌"（prize medals）字样，而在日本产品的背面则印着"商标"（ptrade marks）字样，两款香烟上都是11 个字母。这种雷同不太可能是巧合，因为"商标"一词前的前缀"p"并不是常见的印刷错误。

然而两款香烟的实际质量可就大不一样了。英美烟公司的这款香烟是一款物美价廉的商品，然而另一款香烟品质却极差，甚至在低端市场都是属于最差的行列。所以，日本推出这款仿制品的目的并不是和英美烟公司的知名品牌竞争，而是要损害它在消费者群体中的品牌声誉，一旦这款香烟流向了市场，自然就会朝这个走向发展。从日本香烟生产和外国产品进入满洲地区的相关情况来看，我们很难去相信日本政府没有参与到这场骗局当中来。

依照目前的局势，上述事务是英美烟公司与中国人之间待处理的问题，而非与日本政府之间的问题。中国政府否认自己应该为此局面负责，或许这确实是真实情况，要想实现公平竞争不是那么简单的事情。

这些仿制品已经在南满地区销售了一年多，英美烟公司的中国代理商和交易商们向他们的负责人反映，日本烟草专卖公社雇用的小贩们带着这些仿制品，按照专卖公社的指示就在英美烟公司的小贩旁边叫卖。这样一来，如果买烟的人不那么留心，很可能就会买到仿制品。在我注意到此事之后，我曾特别费心思地去观察那些日本烟草专卖公社雇用的烟草小贩们手中的托盘，重点关注铁路周边的小贩，他们大部分都有摆出仿制品进行贩卖，而且似乎特别注重推销这些产品。虽然我曾也在满洲地区购买过许多美国制造的必需品的假货和仿制品，还有一些德国、英国制造品的仿制货，但因为我已经陈述完毕所有的要点，所以下文将过渡到另一个话题。

任何国家的商业发展都与一个重要元素脱不了干系，即本国的货币，而在日本统治下的满洲地区，货币同样扮演着至关重要的角色。我曾经在其他著述中重点讨论了日本政府对中国平民进行强征暴敛的行径，比如日本在满洲地区推行"战时债券"，以及强制废除使用卢布。尽管这种措施令中国民众群情激愤，可是不满情绪也只是暂时的，现在已经得到了平息，关注的焦点转移到了日本政府所带来的利益和损失这种实际考量上。随着战争局面的结束，贸易活动得以重焕生机，交易方式也重新回到正轨，因此日本就愈发需要对当地货币实施控制，最终演变成日本要想在剥削满洲地区的过程中无往不利，就必须掌握住货币控制权这一王牌武器。1906 年中国爆发了一次银行危机，这件事在其中扮演了催化剂的角色，据说已经导致了几家中国贸易公司的倒闭。

那些曾经保持了多年高销售额的外国商品如今却遭遇了销售滑坡，美国产品的销售情况尤其糟糕，正如我再三强调的那样，为了找出问题的所在，便引发了一系列质询和专项调查。有一家大型的英美合资企业也派出了代理人前往满洲地区调查，随后向企业撰写报告说明了情况。这份报告的作者受聘于满洲地区的一家大型外国银行，被视为满洲货币体系的首席外籍专家。本处将摘取他的报告片段，此报告完成于1906年，鉴于作者和企业的聘用关系属于机密，此处便隐去作者的名字。

造成这种滞态局面的主要原因在于，满洲地区缺乏一种由日本政府发行和管理的稳定的货币。日本政府在战争期间推行流通的战时货币在目前各种主流货币中占据着突出地位。满洲地区的"战时债券"与其他货币间的兑换条令实际上是由横滨正金银行制定的，"战时债券"运往日本的情况则另作他论。由于此业务上没有其他竞争对手，因此横滨正金银行规定的汇率实质上就是"战时债券"兑换市场的汇率。

据说有5500万战时货币投放到市场流通，假设上述的数据真实准确，我们可以想见，日本政府因此便掌握了价值近5500万日元贸易活动的财政管理权。在过去的几个月内，日本政府一直在通过横滨正金银行发行"战时债券"，而横滨正金银行自己也在发行可以在满洲货币体系中起支付职能的一元面值货币。这些货币的价值和"战时债券"不相上下，可是横滨正金银行并不将其归为"战时债券"范畴，而是将其视作基于"战时债券"汇率的另外一种货币工具。我们可以作一番假设，这种"战时债券"被银行视为是当地流通货币，那么当"战时债券"不再流通时，日本当局认为当地的流通货币是什么，横滨正金银行的债券价值要依据什么标准来衡定。

从这一点来判断，似乎满洲地区的"战时债券"将被一元面值的货币取代，其可承担的职能将与"战时债券"一致，两者的区别就在于此货币不是由日本政府，而是由横滨正金银行发行。至于是否能够以当地流通货币的形式履行支付功能，还尚未可知，需要一个银行机构来制定它和其他货币工具间的兑换汇率。

我在此份报告中发现了一些表述，侧面向我们揭示了日本逃避中国海关关税和其他税费的行径。

我在旅顺港和大连港的时候，对一件事情展开了深入调查。结果令我深感欣慰，因为我发现日本出口到满洲地区的货物并未被征收关税，而进入大连港的其他商品则一律被征收所谓的海关税，无论是外国制造还是本地（中国）制造的商品一律如此。大连港对某些商品的征税额是牛庄地区的 20 倍。

只要是熟悉中国金融环境的人都知道，外币兑换是一件多么艰难恼人之事。对于普通旅居者来说，过程的繁复琐碎不是仅靠时间和耐心就可以应对的，甚至许多定居者亦有如此感受。然而这还与满洲地区的商业事务有着错综复杂的纠葛，所带来的影响甚至连那些来此地放松的游客都无法避免。

中国的每个区域都有属于自己的货币体系，其中满洲地区的货币体系尤为复杂，此地区除去中国政府变幻莫测的货币发行，还一直有外国军事势力在满洲发行各种货币，如日本的"战时债券"以及由横滨正金银行发行的用以替代它们的其他债券。

中国的货币单位是"两"，可是没有像"两"这种实物，它的流通性也不强，所以交易都是以各种货币或者汇票的形式完成，这些货币和汇票的价值要通过银行换算成"两"。商业中心各银行每日会发布兑换列表，当天的交易要依据此兑换清单进行，这份列表时常会出现细微差异，因为各银行会出现某种货币储量丰富或者不足的情况，要么就是因为某种货币的需求旺盛或减少。汇率在每天业务的开始至结束这段时期内起伏波动幅度非常大，贸易商们必须时刻关注着，以免因为货币的升值或者贬值而造成了交易上的损失。有一点是显而易见的，此货币体系存在被人滥用的隐患，可是当几家银行同时展开业务竞争时，这种风险将被降至最低程度。在狭义概念或者一定程度上，上述情况和美国及欧洲金融中心区的情况并无二致，若从他们的工作原则来看，其他世界各地的商人都是如此。

日本政府在满洲地区首先采取的手段是先发行一种全新的货币，并对其实行管控，然后消除所有会对其构成威胁的金融势力。这样一来，日本政府就成功将货币流通媒介掌控在了自己手中。它的直接工具就是横滨正金银行，这家日本政府在满洲地区的金融代理机构。战争爆发之前，华俄道胜银行（Risso-Chinese Bank）[1]是在此地区有直接业务的唯一一家大型银行。日军占领满洲后便把华俄道胜银行排挤了出去，曾有一段时间当地就只剩下了横滨正金银行。我想我已经将这些机构和日本政府之间的关系描述得足够清楚了，以及它们之间是如何联手为日本攫取利益的。

有了这一层认知，我们可以了解到日本企业在满洲地区可能拥有怎样的优势。举个例子，比如三井物产会社准备在市场上卖出或者买进某项物品，那么这个交易的双方（无论是个人还是企业）都是处于一个平等的地位。如果三井物产会社能够掌握到某些特别的信息，或者有能力影响当前货币兑换汇率，那么它就可以比交易的另一方更有优势，甚至比同领域内的竞争对手也更具优势。

战争之后长达 18 个月的时间，满洲地区的金融局势都如上文所述，其实到现

---

[1] 华俄道胜银行，亦称"俄华道胜银行"。旧时沙俄和法国在中国设立的金融机构。1895 年设总行于圣彼得堡，次年迫使清政府从俄、法借款中拨五百万两作投资，借中俄合办之名，进行经济掠夺。设分行于北京、上海、营口、哈尔滨、吉林等地。在华发行纸币，参加对华贷款，并取得中东铁路建筑权。十月革命后，该行以巴黎分行为总行。1926 年巴黎总行因外汇投机失败清理，在华各分行亦倒闭。

在一定程度上也是如此，只不过稍微有所缓和。横滨正金银行，其实就是日本政府，几乎可以完全掌控每日的汇率变化。在此期间，"两"作为普通商业交易的基本货币在满洲部分地区时常出现浮动，一周内波动幅度可以达到20%，其原因要归咎于横滨正金银行任意操控"战时债券"以及其他流通货币。在汇率波动幅度如此之大的情况下，三井物产会社和其他日本大型贸易企业从未有过判断失误的时候，而这种无往不利并未引起人们多大的注意，因为他们在交易过程中通常会换上一些中国代理商和中介人，以此作为障眼法。这对日本在满洲地区的利益攫取行动起到了助力作用，我想对于这一点，但凡是熟悉商业手段的人都不会有所异议，日本还可能借助这种手段（实际已经有所运用）将它的竞争对手们驱逐出市场。

为了解释清楚上述的货币兑换问题是如何在满洲地区交易活动中发挥作用的，我们可以来看个案例。假设一家中国企业与三井物产会社签订了一份面粉交易协议，面粉数量多达上万袋，需要在约定的日期送达，价格以"两"为单位协定。由于"两"纯粹属于一种虚拟货币单位，货币信用期限为自发行日起的3个月，中国商人或许会开出一份同等数额的汇票，此汇票可能存于银行，在到期前可以用所持汇票向银行贴现。无论中国商人是否开出汇票，当支付期限到了，他都必须去金融市场买进"两"，以履行自己应尽的义务。如果他发现"两"上涨了5%，那也就意味着他必须较之前的预期多支付5%。现在换个角度，假设三井物产会社与一家中国企业或者外国企业签署协议卖出1万担豆饼，在约定好的日期送达，同样以"两"为价格单位。中国商户可能会采购大量豆饼，计算着以较低的单价转卖出这些商品，薄利多销。当结算日期来临之际，"两"价值可能下降了10%，这就意味着他将比预期少收入10%。如果"战时债券"或者其他任何的货币工具能转而成为结算货币，那么上述两个假设案例中的情况并不会发生。这些事情加剧了中国各个地方的交易风险，可是在常态环境下，商人们都愿意承担风险，赌自己在结算日期来临时是选对了兑换货币的，而且假设银行间竞争非常激烈，他一般都能凭借自己谨慎的判断成功保本。可是在日本统治下的满洲地区，中国和其他国家的商人们抱怨他们根本没有机会在货币兑换过程中成功保本，日本政府为了本国企业的利益操控汇率，使形势对其他国家的商人非常不利。日本主要就是通过控制主要流通货币媒介，采取实质举措垄断大型银行及业务。几乎所有的商业阶层都会受到直接或间接影响，当汇率突然出现"猛增"现象时，一些独立经营的日本商人也来不及得到日本政府庇护，自然就中招了。这种情况下，这些小型商户们就只能自求多福了，不过日本政府在可能的情况下还是会出面给他们提供帮助。

有一种公开的观点是，与其他国家商户或者中国商户相比，牛庄和满洲其他地区的日本小商户通常能够在横滨正金银行享受到更为有利的汇率政策。如果不采取措施来回应日本的这种行为，我们很难说上述局面是否会一直延续下去。当中国重新开始履行其在满洲地区内部的政府职能时，奉天出现了一种由中国中央银行发行的纸币，行使"小额硬币"支付功能。此货币虽然不太稳定，但一定程度上将满洲地区从横滨正金银行的垄断中解放了出来，并且逐渐为人们所接纳。为了推动此货币成为交易货币工具，满洲地区的几家大型洋行开始以"小额硬币"作为交易的支付手段。我们不禁怀疑，面对日本在满洲地区实行的货币制度，我们还能从日本军方所实施的政策中找到更为引人诟病的例子来吗？我曾在日本报纸上注意到替他们政府辩解的言论，他们声称这种滥用职权的现象可能确有发生，可是这只是一些私立机构的所作所为，日本政府不应该负直接责任。满洲内部的所有日本行政机构都向横滨正金银行提供了帮助，助其实现对当地货币的垄断，从而使横滨正金银行所发行的货币和"战时债券"成为铁路运营项目以及其他日本垄断业务所唯一使用的货币，因此上述的辩解并不具有说服力。横滨正金银行之后发行新货币替代"战时债券"时，中国人拒绝接受使用此货币。然而大岛总督则在 1906 年 2 月公开向中方发出警告，表示新货币已经得到认可，倘若有人从中作梗，有意散布谣言，那么将受到严厉惩处。

第十九章　满洲打开的门户——末篇

目前有一件事情已得到证实，即满洲地区将作为"门户开放"商业政策的试点，政策未来将在中国全境推行。该地区的现实条件中哪些制约了"门户开放"政策的推行，哪些有助推动此政策，其实已经很清楚了。而之前的系列事件所带来的相关利益国或真心实意地许可或被迫无奈地妥协的结果，都将对"门户开放"政策的实施产生极大影响，哪怕他们并没有办法决定"门户开放"政策是否会在中国全境实行。

1908 年我回到满洲，一到达此处，我就发现了一些变化。直到近期，外国贸易商品主要都是通过牛庄这个通商口岸进出满洲，此港口一度实现了对满洲地区进出口业务的垄断。跨西伯利亚铁路的修建使得货物可以从海参崴进入满洲地区，中东铁路促进了旅顺港和大连港的发展，安奉铁路则直接与大韩帝国联通，而中国北方至牛庄间铁路线的拓展则提供了另一条运输渠道，如今满洲地区凭借其交通设施的优势成为中国最四通八达的地区。满洲地区具有数量最多的通商口岸，而且当地居民与外籍人士有着密切的接触，俄国和日本的占领期延长，日俄战争的爆发，彻底冲破了之前存在的孤立主义和地方主义壁垒。从某些方面来看，满洲是除其他更大的通商口岸区外，发展最快、最进步的地区。

然而在日俄战争结束后的三年时间里，除了日本和俄国，其他国家在满洲地区的贸易量都出现了大幅放缓。俄国贸易额一如既往微不足道，日本贸易额则出现了较快增长。美国贸易额有所下降，但依旧保持第二位。按照美国在满洲地区贸易额占美中总贸易额的比例来看，满洲已经成为美国产品的最大市场。

国际贸易差额突变背后的原因是什么，通常都很难做出准确的判断，但是满洲地区的部分原因却很清晰。当战争持续时，自然会造成满洲地区部分商业活动遭到封锁，可是距离战争结束已经三年有余，通常对峙期结束后经济都会有所复苏。

日俄达成和约一年多后，日本军方已经把持了外界进入满洲地区的常用通道入口，除了本国货物可以进入满洲，其余国家一律禁止进入，并且通过一些手段在满洲地区打下了日本贸易的根基，其中部分手段上文已有所介绍。直到其他国家的企业开始向日本政府发出不满抗议，日本才对此政策进行了些微调整，在外部压力的迫使下，它不得不放弃那些更为明显、更易招致不满的歧视政策。

回溯日本贸易在满洲地区的发展史是一件非常有意思的事情，因为我们可以看到一个政府可以卑鄙到何种地步。有人可能误认为这只是一个过渡期，然后便演变成当前的局面了。在一些重要的方面，一些影响外国贸易的环境条件表面上已经恢复正常。大连、旅顺港、安东以及西伯利亚边境已经设立了中国关税署，据说俄国和日本商品现在已经和其他国家货物一样需要缴纳进口关税，因此在表面上摒弃了歧视。证据显示日本运输商品至朝鲜，然后通过间岛（日本已经占领）运送至满洲地区，并未缴纳任何税费。虽然如此，为了节省成本，日方还是不太可能通过这条线路来运输大批量货物。还有一种观点称，日本商品进入安东地区也并未缴纳税费，不过数量不大。所以现在我们可以说，所有进入满洲地区的外国货物，单从缴纳关税这一项上而言，是处于平等位置的。

若论交通运输，日本商品依然独具优势，因为日本政府通常会给予那些经过特定航线的企业以优惠价格，虽然这是一种合法手段，但其经济价值是否恒定长

奉天新建的中国行政大楼

奉天新建的中国教学楼

久就是个问题了。不过，日本拥有两条贯穿满洲地区铁路的所有权和运营权，一条是南满铁路，以旅顺港为起点，宽城子（今长春）为终点，分支线路抵达牛庄；另一条铁路是安奉铁路，中途经过渡口（即将建设一架桥）与大韩帝国国内的日本铁路相连。

日军统治期间，外国商品和日本商品所面临的处境截然不同，前者面临着重重的交通运输阻碍，常因车辆无法使用这一理由遭到拒载或者因此延迟抵达港口，托运人和收货人都受到严重影响。日本此举受到的抗议日益频繁、加剧，因此日本政府觉得有必要停止这种明目张胆的歧视政策，渐渐转向更为隐秘微妙的手段。此外，日本并未遮掩要将大连打造成满洲主要港口的意图，为了达成这一目标，曾一度针对牛庄进行打压。大连位于日本租借区，这就意味着日本可以在那为所欲为，全权决定港口货物运输的相关规定。牛庄作为中国的通商口岸，现在再次归属于中国行政管辖范围，如此一来，日本的航运线路和贸易企业便被置于和其他企业同等的位置了。

曾经有一段时间，南满铁路北部（有支线从此处发车至牛庄）到大连这一段铁路的运费要比到牛庄的运费更低，而到大连的路段运送里程更长，为 160 英里。牛庄商会代表通过北京政府向外国领事馆提出抗议，最终促使南满铁路至大连段和至牛庄段运价一样，不过至牛庄段运价通常会更低。此事还有另一层意味，牛庄是关内外铁路（Imperial Railways of North China）① 支线的终点站，关内外铁路同时还抵达新民屯和奉天，此铁路可以承接中国北方部分地区的运输业务。

经过上述一番解释说明，所谓的法库门铁路问题与满洲地区"门户开放"政策之间的联系就显而易见了。1907 年 11 月，中国政府与一家英国企业签署协议，

---

① 关内外铁路又称京奉铁路、北宁铁路，是将长城内外连接在一起的重要交通枢纽。关内外铁路系统颇为复杂，1881 年，清政府修筑唐胥铁路，此路为关内外铁路系统之发端。经过多次延长、改名，1898年 10 月，清政府修筑铁路将京榆铁路延伸至奉天，改称关内外铁路，并与英国、俄国签订关内外铁路借款合同。1907 年 8 月又改称京奉铁路。中华人民共和国成立后改名京沈铁路。

对从新民屯车站发车的关内外铁路进行线路拓展，延伸至法库门。此线路延伸计划已经酝酿了一段时间，曾经一度将阿穆尔河纳入终点站规划中，此计划最终因战争而搁置。

此事传至东京，日本驻北京公使随即接到东京方面的指示，要阻止此次线路的拓展计划，理由是南满铁路线将会受到波及。日本之所以提出抗议，主要依据是一份备忘录中的一项条款，此备忘录是《满洲善后协约》签署的磋商会谈相关记录，双方所签署的协议为中日两国的外交关系定下了基调，协议正式签署于1905年。

上述事件事关重大，值得展开深入剖析。我们或许可以回忆起《朴茨茅斯和约》的第四项条款，其中规定日本和俄国"双方不得干预中国为了促进满洲工商业发展所采取的适用于所有国家的一切政策"。和约第三项条款有如下表述："俄国政府宣布他们在满洲地区并未享受任何有损中国领土主权或者有悖机会均等原则的领土优势、特权政策。"

鉴于南满铁路的地位，我们应当铭记一点，即日本的铁路使用权归根结底是基于华俄道胜银行最先所获得的特许权。既然如此，俄国在与日本共同签署的协议中所作的上述声明同样适用于日本。现在日本进入满洲，日本之所以提出反对意见，并非基于中日两国就日本在满洲地位而达成的公开条约，而是基于所谓的非公开协议。日本现在宣称此协议属于公开条约的一部分，并且阻碍了相关措施的实施，此措施明显是精心策划的，"目的就是为了发展满洲地区的工商业"。

我无法获取上述非公开备忘录的正式副本，不过从相关信息来源获取到其中的部分重要条款，陈述如下："中国政府基于保障南满铁路正常运营的考量，在日本未完成上述铁路修缮工作之前，将不会在上述铁路周边地区建设铁路，不会建设与其并行的轨道或者任何可能有损于南满铁路利益的铁路支线。"

奉天巡抚唐绍仪曾担任《满洲善后协约》磋商会谈的中方代表团秘书，出席了每一次的会议，我从唐绍仪处获悉下列细节：上述条款是由列席会谈的日本代表们首次提出，之后双方便就此提议展开了讨论。

中国代表反对将此条款以这种形式纳入协约，他们认为条款措辞过于模棱两可，难以界定。"周边地区""并行的轨道"以及"可能有损南满铁路的利益"这些概念将囊括所有的满洲地区中国铁路的拓展工程。中方交涉代表表明中国并无意愿直接干涉南满铁路的运营区域，无意打击其运输业务，并且建议日方应该起草一份措辞更为明确的条款，规定并行轨道的距离范围，或者条款附上特别说明，如果将来产生分歧，应当采用美国和欧洲惯例。日本代表则拒绝对此条款中的概念做出进一步的界定，此举透露出了日方的老谋深算，他们希望以这种形式来限制中国在本国领土上的发展。中国代表拒绝接受日本提出的条款形式，双方不得不终止讨论，因此后来此条款并未出现于协约中。可是，上述条款却作为会议上提出以及探讨的诸项事务中的一项被记录在了会议流程备忘录上，然后依照往常惯例，备忘录经过全体代表团批准签字。日本以此为由，辩称此条款对中国具有法律约束力。如此一来，日本便自然而然地在各国面前建立起了威逼利诱中国放弃权利的角色，日本通过这份非公开协约迫使中国放弃权利，有悖于满洲地区各利益相关国共同协定的机会均等原则。

出于论证的需要，此处姑且假设上述非公开协议条款包含在协约当中，日本指控中国铁路拓展工程违反此条款规定，那么中国用来驳斥此指控的理由亦是足够充分，它指出了下列几点事实：

提议建设的铁路线距离南满铁路最近处有 35 米；两条线路被辽河分割开来，形成了一个天然的交通边界带；而待建铁路将要服务的贸易业务已经转移至新民屯；就此拓展工程给南满铁路业务带来的影响而言，与其说它会有损于南满铁路，不如说它反而充当着一个"供给者"角色；待修建铁路所在区域尚未拥有任何铁路基础设施，所以此类基础设施其实有利于这片地区的发展，恐怕任何一个文明国家都不会将修建这样一条铁路线视为有损另外一条铁路线利益的行为。

中方上述主张可驳斥余地并不大，然而日方依然抱持着反对意见，而计划的项目当时只能面临被搁置的命运。

倘若日本成功捍卫了其立场，那也就意味着中国必须依照协约规定等上15年，直到它有权收复满洲地区所有的外国铁路的那个时候，中国才可以启动铁路吉林支线修建项目或者其他城市的铁路发展项目。日本官方媒体在表明日本立场时公然承认，日本对于《满洲善后协约》中公开补充条款的阐释等同于下面的意思：除非在日本的领导管制下，否则南满地区不得出现任何铁路融资或者修建项目。这与人们所理解的"门户开放"政策的实质精神或者字面表述都大相径庭。

从日本的态度来看，人们有充分的理由怀疑，它正想着法子来实现自己对满洲地区的永久性把控，而且就算南满地区和安奉铁路权交接给中国的最后期限来临了，日本届时也会为它不遵守协定而再找到一个借口。

法库门问题和"门户开放"政策之间的联系可以说是不言自明。如果依照之前的规划拓展至阿穆尔河地带，支线向东延至吉林，那么此铁路可以提供一条货物进出满洲地区的直接渠道，货物先过牛庄和秦皇岛口岸，然后再通过此铁路进出满洲（秦皇岛是辽阳海湾地区唯一一个冬天开放的口岸）。如此一来，日本就很难再像以往一样，利用南满铁路来为本国谋取利益。

南满铁路和安奉铁路的中国运货商和外国运货商们毫无疑问都受到了波及。据传日本运货商享受了回扣补贴的待遇，通常这种回扣补贴比进口税豁免额度还要大，可是此事是否属实，我们也无从考证，只是许多事例都侧面证实这种暗中发生的歧视待遇确实是大规模存在。中国和外国运货商时常会遇到货物没法弄到运输工具上的问题，有时候要等上数周之久，而他们的日本对手总能得偿所愿。

这种暗箭伤人所带来的损失难以彻底恢复，让人困扰不堪，对于那些受环境所迫而不得不使用日本铁路来运输货物的贸易公司来说，这种打击尤为严重。满洲地区的运输业务量足够维持数条铁路的运营，因为任何一条铁路运输线的通过都能促进所经过区域的发展，可以开拓属于自己的业务，同时还可以为其他相连着的铁路线带去新的运输业务。而修建一条通向南部的新铁路就意味着日本运货商再也不能靠南满铁路独占利益，其他国家的运货商也有了另一条可选择的铁路线。

依照海约翰照会共识，所有国家都有权坚持"门户开放"政策得到贯彻实施，可即使满洲地区日本铁路运营实施了该政策，日本人想借机为本国贸易活动谋取有利条件的企图也并不会因此而消退。日方把持着整条铁路线的几个入口渠道，我们没法阻止日本在交通运输上为其本国谋福利。比方说，日本商人对外可能会支付满洲日本铁路的使用费，可是对于日本政府给予本国商人运费补贴一事，或者日本通过降低铁路运费手段给予商人实质回扣一事，没人能够说此事纯属莫须有。无论回扣和补贴是以何种形式呈现，日本运货商总归是享受到了福利。而这种激励措施最终要由日本纳税人来承担成本，要是日本政府能够诱使纳税人接纳这一点，那么其他国家也没有理由再有所怨言。如果日本财政状况能够承受这种经济负担，恐怕它会全面实施出口贸易免运费政策。但日本货物若出口至除中国外的其他国家，它在这些国家又并未享受优待政策，那么日本商品就和其他国家商品面临着一样的运输和营销环境。因此满洲地区其他国家理当捍卫自己平等使用日本铁路的权利，此权利不该因国籍不同而产生差异。此外，他们同样有权抵制运输线路被日本垄断，因为在这样的垄断机制掩护之下，日本政府不费吹灰之力便能暗中实施一些区别待遇政策。

日本的态度从奉天所发生的事情就可见一斑。这座被围墙环绕的城市向西3米为南满铁路经过之处，在日军统治时期，奉天和车站的中间地带被日军占领，土地的原有主人们大都没有领到补偿款，那些钱现在都用于日本行政统治区的建设当中。日本军方之前曾耗费中国税收在奉天市和车站间修建一条设施配备良好的道路，此道路是奉天与外界沟通的唯一交通路径，目前道路上塞满了整列的马车。关内外铁路于 1907 年扩建至奉天城，中国政府希望将车站选址设于奉天城附近，这样一来，就必将横穿南满铁路。中国此提案一出，日本政府就通过驻奉天总领事表达了强烈的反对意见，所以中方建造车站的计划目前仅是一个临时提案罢了。南满铁路轨道横亘在中国终点车站和奉天城治之间，实质上从中阻断了两地的联通。我之前到访过奉天，游客们若要是想要搭乘中国铁路就必须步行穿过日本的南满铁路轨道以及侧线，行李需雇用苦力们来运送。而通过中国所修建道路进出奉天的货物必须依靠人力或者马车运送才能跨过日本铁路，而有时候此路会因为轨道上通行的日本火车而受到阻隔。

如下的场面时有发生：货物箱车滞留在铁轨一侧长达数小时，而本来在中国车站和奉天之间奋力输送货物的马车和苦力亦是寸步难移。上述情况造成交通受阻，继而引发成本上涨，使用中国铁路的货运商们都不同程度遭受了损失，运输业务自然就向日本铁路倾斜。"日方到底有什么理由可以不让中国铁路穿过南满铁路到达奉天？"难道没有人会问这个问题吗？没人知道答案，日本就是这样毫无理由地提出了反对意见，然后日本军队就驻守在那边确保事情朝他们希望的方向发展，而中国却不敢强制推行自己的政策。

日本不允许中国铁路穿过日本铁路线的举动意味着它企图将整个满洲地区据为己有。而目前还需要对满洲地区外国商品的营销情况进行一番考量。日军占领满洲期间，数千名日本移民居住在一些非通商口岸区，他们现在则在这些地区从事着商业活动。这违背了相关规定，中国官方自然据理力争，可总是无功而返。日本驻奉天总领事拒绝干涉这些日本商人在满洲地区的活动，中国当局也不敢对这些日本商人采取强制措施。

日方在相关事务上采取的是完全无视和约的态度，而且还有迹象显示它期望寻求得到其他贸易国的认可。日本人认为他们并没有违背"门户开放"原则，而恰恰是通过开放整个满洲的外贸业务来延展此政策的外延。确实，如果其他国家同样将中方抗议抛诸脑后，同样不践行他们的和约义务，选择效仿日本，允许本国国民任意地在中国的一个地区居住和经商，那么确实会达到日本所说的效果。

可是，大部分国家还是倾向于选择遵守他们与中国的约定。如果美国公民在非通商口岸开了一家商铺，邻近地区的美国领事会依照中国政府的意愿，即刻强制命令这位美国公民离开此地。从这一点来看，日本的政策给其他国家提供了两种选择：一种是效仿日本，置他们与中国的约定于不顾；另外一种就是支持中国抵制日本侵害。如果中国迫于压力在此问题上有所妥协，那么它很可能终将在整个中华帝国范围内就此事节节退让。

与此同时，还存在着一个问题，此问题所产生的效应也十分有意思。满洲地区的日本移民直到1908年秋天还是拒绝支付厘金和本地其他税款。中国当地官员向日本征收税款的努力均为徒劳；中国卫兵也不敢介入此事，因为一旦他们有所行动，日本政府很快便会派遣军队前往现场，最后可能会形成令中国官员极为难堪的局面。

无论是满洲地区还是东京地区的日本官员都一致否认日本人在满洲享受了优惠政策，可是我所描述的情况确实是大范围存在。1908年，我最后一次到访满洲，一位非通商口岸的日本商人为了保住一家外企的代理权，曾声称他可以比中国代理商更具优势，因为他（日本人）无须缴纳厘金。那家外国企业未接受他的提议，而此事也上报了相应部门，可是并无任何结果。这些散布在满洲各地的日本人倘若有点商业道德，采取一些更为正当的商业手段，那么假以时日他们或许能够为当地的发展做出一些贡献。可是，结果事与愿违。

尽管当地的商业发展慢慢有了一些起色，而且"门户开放"政策也的确在许多领域内得到了践行，但它的本质精神却时常遭到违背。现在人们对日本的实质政策已经再清楚不过了，它显然是想方设法地在不触及其他国家底线的情况下尽可能地把持住满洲这片区域，利用它对满洲的掌控，通过一些貌似公平而实则非法的手段为本国谋利。

随着时间的流逝，日本移民在军事统治时期所享受的一些特别待遇都被不同程度取消了，与其他国家相比，日本在满洲地区的经济利益明显落了下风。此地区的日本人数量较两年前有所减少，据 1908 年的官方统计为 27342 人。日本统治区大量建筑目前处于人去楼空的状态，日本商人在中国已经没有存在的合理性了，因为中国商人们更为精明和可靠，双方在平等条件下，中国人更懂得本国市场。东京政府意识到要想巩固其在战争期间和战后所占领的中国市场，就必须为日本商人提供特别援助，这也是日本亚洲政策背后的原因之一。

第二十章　满洲的政治问题

　　本人上次到访满洲地区的时间，距俄日两国在朴茨茅斯达成和约——从南满撤离以及将主权归还中国——已经有三年了。可我发现满洲虽然名义上属于中国，但依旧处于日本的统治之下，按照实际在控制的势力，满洲地区可以划分为两部分——俄国以及日本势力范围。两个势力区的政治地位并没有实质差异，可是日本政策得到了更大力度的推行，产生了更大的影响，而且目前看来依然有这个趋势。

　　尽管日本曾数次公开宣布自己按照约定履行了义务，并将满洲占领区统辖管理"全权归还给中国政府"，可实际上直到 1906 年 12 月，日本军队才从奉天、牛庄和其他重点地区撤离，中国对外则称收回了满洲主权。当时，日本已经占据南满地区长达两年之久，日本军方在这段时期内将俄国人先前占有的满洲财产悉数据为己有，甚至将俄国之前从未索取过的中国财产也收入囊中。此外，数千名日本移民在满洲地区所享受待遇政策较中国人和其他国家人士更为有利；日本还肆意妄为地定下一些规定，以便后期攫取满洲宝贵的矿业及其采矿权。

　　日本凭着自己对满洲地区的军事控制，向中国施压，企图铺设日本在满洲地区的利益版图，直到日本做到了这一点，这种所谓的撤军行动才开始展开。《满洲善后协约》签订于日本全权把持满洲之际，所以中国在签署这份协议时的真实立场就是为了收回自己的领土而在与日本讨价还价。如果我们仔细研读这份协议，就会发现它在一些重要问题上的表述故意含糊不清。日本当时或许并不是没有意愿对中国穷追猛打，也不是想放松对它的牵制，只是日本想要等到打稳根基之后再与中方展开进一步交涉。

此协议签署于 1905 年下半年，日本按照协议规定同意即刻开始撤军，而不是等到《朴茨茅斯和约》所规定的截止期限（1907 年 3 月）来临时再展开行动。可是协议签署后一年时间已过，日军势力依旧没有从满洲撤离，原因显而易见。在此期间，京城内召开了一系列的后续协商会议，日本以兑现撤军承诺为条件，迫使中国在其他问题上做出让步。

1906 年末，朝廷派出皇室载振前往满洲地区视察情况，并就如何重建中国东三省政权以及增强中国实力抵制日俄侵害写成奏章回禀朝廷。时任盛京将军赵尔巽在推行上述方针政策的过程中很快便与日本当局发生了冲突摩擦。赵尔巽似乎一直有着强烈的反日情绪，在和日本当局交涉过程中时而受到排日情绪干扰，表现激进，时而又变得胆小怯懦，一再退让妥协。

京城的磋商会议上，在日本人列席的情况下，赵尔巽被调至另一岗位，徐世昌接受岗位指派。① 同期，唐绍仪被任命为奉天省巡抚。唐绍仪曾就读于哥伦比亚大学，是中国进步开明派官员，他抵达奉天就任巡抚一职时接管了此地区的中日交涉事宜。唐绍仪曾经是《满洲善后协约》中方代表团秘书，因此对于日本在满洲地区的地位处境非常清楚，这一行政管理权更替发生在 1907 年 6 月。

我在日俄战争结束后曾第二次到访满洲，尽管此地区发生了一系列事件，当地局势不断发生调整，但当时我还是能注意到整个政治格局发生了不易察觉的变化，即日本对当地的军事占领已经不像之前那么明显。驻满日军人数已有所削减。

---

① 1907 年 3 月赵尔巽卸任盛京将军，改任四川总督，为最后一任盛京将军。官制改革中，改为统辖范围更大的东三省总督，徐世昌 1907 年 6 月为第一任东三省总督。

我上一次来到满洲是在 18 个月前，当时奉天、辽阳、牛庄、铁岭、新民屯和吉林都有卫戍队把守，而现在这些卫戍队已经从上述地区撤离。奉天作为最后一个重要的撤离区，在 1907 年 4 月见证了日军的撤离。由于日军势力放松了对满洲地区的控制，因此中国政府逐渐重新收回管理权，目前在满洲地区开始执行一些常规政府职能，虽然还是面临着一些权力限制和管辖范围的约束。

我们进一步审视这些权力限制与约束条件，发现满洲地区还远称不上全权交于中国管辖。日本卫戍队依旧驻扎在安东、抚顺以及其他矿区，还有间岛。日本军队（铁路卫兵）依然驻守在轨道沿线、所有的车站和日统治区。此外，满洲各处都遍布着日本领事。在日本势力范围区域内，奉天有一位总领事，吉林、牛庄和安东都设有领事馆，辽阳、新民屯、法库县、宽城子、凤凰城（今唐山）和开平（唐山开平古镇）都有领事机构。而在俄国势力管辖范围内，哈尔滨同样有日本总领事馆，齐齐哈尔和满洲里也设有领事机构。

这些设有日本领事馆的地方大都配备了护卫队，这也就意味着满洲地区散布着这些小规模日军。可是实际上这些领事馆并不需要这些军队把守，满洲地区英、美、德以及其他国家的领事馆都认为没有必要。满洲地区政治格局通过列举发生在中日两国间的主要事务便可有个概览。这些事务是：

1. 日本未将之前出于战时军事需要而征收占用的中国私有财产归还给中国人；

2. 日本拒绝将满洲地区的邮电通信管辖权全权归还给中国；

3. 日本拒绝将战时征收的中国矿产和林业区管辖权归还中国；

4. 日本未将战时占领的管辖区域和其他铁路沿线公共用地归还给中国的土地所有人；

5. 日本拒绝批准满洲地区的中国铁路扩建计划；

6. 日本拒绝将本国国民在满洲地区居住和经商领域范围限制在通商口岸；

7. 日本声称日本国民和中国人享受平等的沿海捕捞权和盐进口权；

8. 日方声称（俄国同样声称）日本当局行政管辖权范围延伸至日本铁路所附带的所有财产和运营所带来的财产，以及铁路周边统治区；

9. 日本占有大片中国领土，现在日本将这些土地重建为日本居住区，并且在这些地区行使管辖权；

10. 日本政府帮助本国国民逃避中国关税征收、行政规定约束以及帮助他们攫取中国财产。

上述事务中有些涉及经济利益，比如逃税、铁路费用差别性征收，在前文中均有提及，因此下文重点围绕政治层面问题展开。此类政治问题的存在证实了一件事情，即所谓的中国收回主权纯属假象。有谁能想象，在美国的领土上，类似的问题还需要摆到外交台面上来进行探讨吗？中日双方目前交涉的满洲问题完全是属于一个独立主权国家的内政事务范畴，外国势力提出这些问题就是一种侵犯他国主权的行径。

财产权和特许经营权显然是属于一个独立主权国家的管辖事务，是主权国家的核心职能，即使中国情况有所例外，这些事务也应当交由仲裁法庭处理。诸如执法、邮电通信管理、工商管理、税收等事务均属于一个主权独立国家的职能范畴，中国当局在这些事务上权力受限，受到日本势力侵扰干涉，这就证明南满地区实际主权实质上并非归于中国，而是落在日本人的手中。

在众多直接关涉主权问题的事务当中，有一件尤为重要，即俄国和日本企图将单纯的铁路管制权延伸至政治权力范畴。俄国之所以提出上述诉求，主要是基于一项授权华俄道胜银行经营中东铁路的条款。中东铁路即哈尔滨—旅顺港铁路线的旧称，其南段就是现在的南满铁路线，日方所持理由则是原受让人将权利转交给了它。通过这个例子，我们或许可以了解到这两个国家所采取的手段，他们为了拓展自己在满洲的势力版图以及削弱中国的主权，到底用了些什么方法！

我们必须记住一件事情，即华俄道胜银行是中俄合资银行，两国政府都有一定比例的资本投入，所以他们与这个银行的利益相关性与双方的入资比例有关。华俄道胜银行其实并未被授予中东铁路的运营权。中东铁路修建经营协议签署于1896年8月29日，其中第一项条款有如下表述：“中方和俄方共同成立公司……负责此铁路的修建运营工作……公司董事长将由中方聘任……公司和中国政府、中国官员之间的一切商务往来，无论是在北京还是在其他省份，悉数由此董事负责。”华俄道胜银行所提出的行政管制权诉求是基于以下条款，全文如下：

条款6：至于公司出于建设、经营和保护铁路线以及周边地区的目的，或者为了获取沙子、土地、石材和石灰材料而占有使用的土地，如果土地属于政府所有，公司将无须支付土地费用。如果土地为私有财产，公司将按照市场价格支付土地基金费，支付手段为一次结清或者分期交付。公司所属的所有土地均免收土地税。只要土地交由了政府管理，即日起他们便可以在土地上建造房屋，开展各种工作项目，他们可以在土地上铺设公司专用的电报通信线路。除矿产领域需要专门部署工作，公司的一切游客、货物运输业务以及电报业务所产生的收入均免除税费。

上文为条款的确切措辞，已经与协议一并公示。然而，这份复件似乎是法语版本，而俄方坚称这就是官方版本，它以此为据索要企业对铁路周边地区的行政管制权和治安管理权。中国对此大有异议，认为李鸿章当时作为中方代表参与协议磋商会议，他并不认识法语，这一项条款是在他不知情的情况下被添入其中的。不仅如此，这项条款也不能视作是一种对俄国政府掌权满洲地区的许可，因为此协议是与一家公司签订而非与政府签订。

简而言之，俄国索要所属铁路段周边地区管制权的依据就是源于上述条款，此段铁路线路的重要一站是哈尔滨。当哈尔滨被选为连接中东铁路的旅顺港支线与主干线的节点地时，主干线上并没有城镇，不过之后很快就发展起来了一个沿线城镇。俄国铁路管理者们通过部分购买和部分征收的手段，逐渐扩展了小镇的范围，最后哈尔滨中心地带和郊区总面积达到了 45 平方英里，俄国随即要求在这片地区建立自己的管辖权。哈尔滨开放为通商口岸后，外国领事馆纷纷在哈尔滨落地。但是，它们到底是归俄国政权还是中国政府管辖？这个问题在 1908 年变成了美国、俄国和中国三方之间的问题，因为牵涉到了美国驻哈尔滨领事馆的管辖权归属。

中方提出抗议，表示俄国仅拥有铁路管辖权，这种权利仅适用于铁路使用和运营范围，没道理可以延伸至城镇区域，无论城镇规模大小，也不论城镇是属于规划当中还是早已经存在于铁路沿线，俄国都无权对其实施管辖。

确实，如果我们综合考量所有因素，恐怕很难有人再能编造出如俄国人这般不堪一击的借口了。而好笑的是，我们发现日本人虽然曾经借俄国的行径为借口挑起战争，继而将俄国赶出了满洲地区，而如今自己却也在势力范围内做起了同样的事情。

俄国人在南满建设铁路的过程中，以向中国物主购买为主要手段，在铁路车站附近拿下了大批的土地，而这些土地随后都被日本人接手。日本军事占领期间，这些地区得到了大规模拓展。奉天、辽阳和牛庄这几个地方是重点拓展的大型"特区"，这些所谓的"特区"如今都成为中日两国间的冲突点。日本声称自己有上述地区的管辖权，而中方则持反对意见，它认为就像之前的俄国一样，日本所拥有的管辖权范围不应该辐射到铁路沿线的公共用地。日本人则找了应付之辞，它将铁路周边公共用地或者"地带"视为从俄国承接而来的辽东半岛租界地的延伸范围。

总结下这一问题，如果俄国和日本人的诉求得到了满足，那么他们就会在满洲地区建立一条带状势力地带，其中覆盖许多重要城镇，满洲会被分割成一个大的 T 形，而中国将在这片领土上无任何主权可言。日本人自己也不乐意只在铁路沿线地带建设居住"特区"，它已经在诸如吉林、安东、凤凰城等地方占据了合适的用地，并且要求中方正式予以批准。

在这些地区，或者在设有日本领事馆或者领事机构的任何一个地方，日本人都会不顾中国的抗议，执意铺设邮电通信线路系统。日本和俄国甚至签署了一份协议，俄国铁路运送的信件并非送至中国邮政机构，而是递送到日本的邮政机构，这就是置中国主权于不顾。日本在使用南满铁路运送中国信件时拒绝降低运费，摆出一副运输线路只此一家的姿态。

这些邮件早在送抵中国邮局前，就在辽阳和奉天站被日本官员们拆开过。日本人在奉天和其他地区设立收件箱，日本送信员则在整个满洲地区任意穿行。中国邮政制度在外国人的指导下提供了优等的服务，服务的普遍水准较日本邮政体系更高，所以日本完全没有理由强占中国的这项职能。日本的电报系统建于战争时期，主要服务于军事事务，而在战争之后，此电报系统又继续投入商业用途，与中国官方电报线路展开了竞争。同样，中国方面再三就此事提出抗议。

日本在《满洲善后协约》中明确承诺了将会把战时出于军需而征收的财产悉数归还给中国物主，可是依然未见日本有任何举动，日本商人向中国物主租用了许多房屋，象征性给他们一些租金，而那些中国物主们却失去了他们的财产。

满洲地区的日本移民浪潮引发了不计其数的祸患。在那段日军统治的时期，中国人民过着拮据而苦难的日子，百姓流离失所，财产也都被这些侵入者们强制征收。好在这种日子已经过去，可是为本国国民提供无条件支持已经成为日本官员的惯施政策。奉天和其他城市如今已由中国人派兵驻守，在这些地方生活和北京一样安全，财产也有所保障。

蒙古骆驼车

蒙古的中国警戒部队

最难约束的不可控因素就要属这些城市内的日本人了，他们习惯性地无视中国警卫管制，时常会被拘捕。近日，由于冲突对峙事件频发，日本驻奉天总领事要求中国警卫不得在白天随身携带枪支，中国政府迫于压力不得不同意了这一无理要求，可是日本士兵却时常携带着来复枪和刺刀在大街上行走。

甚至日本苦力也总是无视中国政权，以及外国领事代表们的豁免权。1908 年，日本苦力未经允许便闯入德国和美国的领事馆，随后与领事馆内的中国雇员发生冲突。这都是确切的例证，而且引起了国际社会的关注，因此日本不得不道歉，可是中国面对这种事情大都不得不忍气吞声。然而，毫无疑问，驻满地区领事馆给中国政府打了一剂强心针，起到了缓冲、约束日俄两国侵略势头的作用，减轻了一些他们对中国人民的压迫与剥削。

安奉铁路有可能成为中日两国间的巨大隐患，从许多方面来看，这就是日本攫取满洲利益的惯用手段。日俄战争时期，日军在行军过程中为了改善驻扎在鸭绿江边上的日军大本营与外界的交通，铺设了一条轻便铁路，而且坚称自己已经得到了战后铁路重建的运营权。中国政府批准的前提是此铁路重修项目需在日军撤离满洲后的两年之内竣工。

1906 年 12 月日军正式撤离满洲地区，所以最后期限就是 1908 年 12 月。目前，此线路依旧处于未动工的状态，而且日本议会也没有批准此重修项目。然而，日本的态度是，它并不觉得必须在规定期限内完成重修项目，届时也绝不会愿意放弃它所拥有的特许权。中国自己则急于将这条铁路纳入，可是日方几乎不太可能允许这么做。

当日本获得安奉铁路的修建权时，它还一并要求获得铁路公共用地两边的矿产开采权，可是之后日本又拒绝在这片领土上明确圈定势力范围，因此中国就不愿再就此事展开讨论了。可是这并不能阻止日本人继续攫取当地原属于中国人的大量煤矿资源，这些煤矿资源则以各种借口被归为南满铁路的资产。这一系列举动都昭示了一点，即日本在上述问题上采取的策略就是首先武力占领，然后利用所占财产展开贸易业务。奉天目前已经铺设了道路，有了一条马道和通信线路，大批的公、私有建筑，一年内将实现电灯照明和自来水供给。奉天城内目前有五个外国领事馆，一家国际俱乐部，顺便提一下，这家俱乐部是中国首家允许中国人加入的俱乐部，会员中有数十位高官。此外，还有一家利顺德大饭店，一家常驻工业展会和几家外国企业。

我留意到了奉天一些商铺中摆设着许多之前未曾见过的外国商品，其中包括汽车面罩和护目镜。这些都是沙尘暴发生时绝佳的护眼用具，我记得自己好几年前就在奉天第一次戴过这些装备，我清楚记得当时人们对我纷纷行注目礼。奉天甚至还有一家中国企业在街边设立起公示板，对外发布出租广告。老奉天城是被游客们发掘的（现在的奉天已经是一个铁路枢纽地），你走在大街上很可能会看到这些游客们在四处搜寻着中国商铺，店铺里的商品旁边通常会摆上一些明信片，上面都是些宫殿、墓碑和行刑画面，有些商铺还会使用英文招牌。后来奉天一些较宽的街道要进行修缮重建，铺设上排水系统，所以必须拆掉一些大的商店招牌，这些招牌恰恰曾为这座城市增添了不少独特的风情，构成了满洲一道别致的风景，这就是城市发展所必须付出的一些令人遗憾的代价。

或许有些人还是乐意认为中国就是满洲的掌权者，但实际上中国在此地区根本就没有收回任何实权。日本和俄国对此地区的掌控有一定程度的松弛，可是旦夕间就又能加大控制力度。在和中国就某些事务展开交涉时，它们便又信誓旦旦做出承诺，稍微做出些归还主权的姿态，而这一切都是在不引起国际关注的情况下进行的。

为了厘清这些问题而进行的协商会谈已经中止了一段时间，因为中国怯于坚守自己的立场，除非它得到外界更强有力的支持。而另一方面，日俄两国断然不会甘愿扰乱这一大好局势，它们可以借此对满洲进行实质控制。或许还有一些人寄希望于国际承诺，他们还相信在评估国家政策和相应成果时，国家承诺依然充当着可靠的依据基准，对这批人来说，上述的事态发展简直就是难以想象。

我们在回顾整个远东局势时，会有一种挥之不去的感觉，即满洲所发生的一系列事件就是远东问题的症结所在，至少目前的事实就是如此。

假设美国到现在还没看清日俄两国的真正面目，那么这两个国家在没有外界压力的情况下，可能会继续在远东地区为所欲为。等到美国终于意识到问题时，就为时已晚了，美国在远东地区的利益也必然会受到永久性损害。即使是在美国也似乎很少有人知道，美国对华贸易业务近一半都在（或者说曾经在）满洲地区。

美国对华贸易额自 1905 年起开始出现大幅下降，我们对此也有所关注，于是出现了多种观点来解释背后的原因，其中甚嚣尘上的一种观点就是外货抵制说，现在这种说法也已经难觅踪迹了。而另外一种解释则几乎被人们忽视，这种观点认为日本在满洲地区的封锁政策是如今对华贸易萧条的罪魁祸首。美国当时在满洲地区囤积了大批库存，本来期望战争结束后，当地消费需求高涨，并刺激贸易增长。可是日本却推行满洲封锁政策，致使上海和天津两地库存积压。满洲地区问题会影响到所有与中国有贸易往来的国家，可是鉴于此地特殊的地理位置，所谓的外部势力给美国带来的威胁将是最大的。日俄战争爆发之际，美国在满洲地区的贸易额与其他国家相比仅次于日本，所以如果各方条件平等，没理由美国的贸易地位会下降，甚至理应有所上升。

其他国家的贸易业务如今都处境不佳，如果当前环境不加改善，情况将继续恶化下去，关于这一点恐怕没有人可以反驳。就我看来事态将有如下发展：如果满洲当前问题不通过某些手段予以调整解决，并在必要的时候由国际社会对日俄两国进行施压，那么满洲"门户开放"政策就将变成一个骗局，最终导致中国分崩离析。

第二十一章　俄国在东亚

自从日俄战争结束后，俄国在远东地区的政策就陷入相对被动的状态。导致这一局面的因素主要有几个：首先，有一种普遍的观点认为，俄国这次遭日本重挫，落得伤痕累累，军事资源也已经耗竭，未来数年内都将举步维艰；另外一种看法是，俄国的内政乱局让它无法施展积极的对外扩张策略；还有人认为俄国财政状况使得它必须采取紧缩政策，俄国政府因此不得不暂时搁置或者干脆舍弃那些耗资巨大的对外计划。

上述几种主流观点没有一个是完全正确的。战争后期的发展说明了一点，也就是俄国军队依然有能力给日军造成有威慑性的阻碍。的确，俄国当时和日本一样，已经做好了继续作战的充分准备，这一点现在看来是显而易见的。

两国宣告战争结束的时候，日军还远未抵达俄国的领土边界，而且除非以牺牲更多的人力与资本为代价，否则日本想要一直保持胜势的可能性不大。俄国之所以选择达成和约，并非是因为自己被击溃了，而只是一种因势而为的策略。它是被日本击退，而非击败；俄国政客们深感此刻不是一个在远东地区打持续战的好时机。在与日本达成和约后，俄国必须根据新局势调整它的远东政策，它也确实即刻开始着手部署了相关工作。

或许有人认为，俄国政客一直以来对于日本大陆政策背后的真实目的心知肚明，他们也深知日本将俄国赶出大韩帝国和南满地区的原因是什么。显然，俄国如今在制定远东政策时必须将日本在满洲的地位纳入考量范围。大韩帝国首次被排除在外，不过中国依然在名单中，其他外国势力所带来的不确定性因素也不容忽视。俄国的重重考量使得它一度采取消极态度，选择伺机而动的策略，将主动权让与日本，希望让国际社会的注意力落在旧敌身上。

俄国战后在满洲地区的势力范围揭示了下面的情况：它占据了满洲 2/3 的区域，包括北部整片流域地带，松花江干支流流域，还控制了阿穆尔河；它在符拉迪沃斯托克把控着一个要塞港口，通过满洲和西伯利亚铁路与西伯利亚和欧洲大陆上的俄国相连；它在蒙古的势力并未受到实质削弱，蒙古腹背都是俄国领土，未曾受到撼动和波及。经过这样一番审视，俄国完全没有理由泄气。

俄国就这样默默地开展起它的战后远东计划，密切观察着局势动态和各方势力，准备好在恰当时机打出自己手中剩下的牌。俄国在满洲的处境由《朴茨茅斯和约》界定，而且从整个国际社会层面来看，它和日本的处境是一样的。显然，俄国鉴于自身对满洲地区的利益诉求，深感执行《朴茨茅斯和约》的责任重大，所以在撤军期间，俄国人似乎都在观望着日本人的动态，在处理政治问题时也紧跟着日本人的步伐。所以当日本军队从中国撤离时，俄国也选择撤离了同样规模的军队。不过，因为俄国在东边有自己的领土，所以依然有大量的俄军留守在那片地区，没人会对此有所异议。符拉迪沃斯托克、哈巴罗夫斯克和贝加尔地区至少驻扎了两个团，而满洲北部地区的俄国"铁路卫兵"人数则与南部的日本士兵人数相当。在这段时间里，俄国对中国采取了和解态度，而中国也没有向俄国施压或是在北方强力推行某项政策，两国似乎都觉得日本在满洲的势力才是真正的考验。

然而，在一个重要问题上，俄国采取的战后政策与日本有所不同，这就是商业政策。俄国方面从未对满洲其他国家的贸易活动采取限制政策，恰恰相反，在战争发生前的俄国统治期，满洲地区的对外贸易业务大幅上涨，美国的贸易额尤为可观，这要归功于当时秩序井然的大环境，此外，俄国当时也从未刻意制造过贸易摩擦。俄国的工商业发展现状使得它无须再去攫取远东市场为本国谋利。

在维特①主持财政的时期，俄国的远东政策被称为商业策略，与政治策略有所区别；但它的主要目的却是彻彻底底地含有政治色彩，俄国在商业问题上秉持的公正态度只不过是安抚其他国家的一种手段，好让他们不要对俄国占领满洲有所异见。俄国当时迫切地想要拓展满洲地区的贸易业务，可以说是眼光长远，俄国在战后便恢复了此项远东商业政策，但因为南边日本采取了截然相反的策略，所以俄国的这种做法显得尤为引人注目。自两国达成和约以来，俄国就未曾采取任何措施去阻止其他国家的人员进入满洲。俄国官员不像日本人那样，想方设法地在外国商品入满时设置重重障碍，他们为外国商品进入满洲地区提供渠道，使它们顺顺利利地进入满洲市场。

俄国之所以采取该措施，显然是受到几大原因驱动：俄军需要供给物资，而从中国获取物资要比从欧洲更为便利，成本也更低；当时俄国国内产品无须倾销至满洲地区；除了日本商品，其他国家商品进入南满地区的入口都已经被封锁，俄国看准了这个时机，可以借此机会把海参崴打造成入满口岸；两相对比之下，日本被置于了一个尴尬的位置。

所以在上海和海参崴两地之间有了一条航线，贸易下单后，商品从上海发出，然后通过俄国铁路运送至俄统区内满洲的某个地方。商品通过这条路线进入满洲市场，往南可以抵达宽城子。战争结束后的一年时间里，该运输线路免费向货运商开放使用，现在仍有一定程度的优惠政策；这个时期满洲的外贸业务量之所以没有出现大幅下降，正是因为这条运输线路的存在。有一些外国贸易商在日统区

① 维特，即谢尔盖·维特（1849—1915），俄国的军事封建帝国主义的代表人物。1892—1903年间任财政及交通大臣。采取吸引外国资本、稳定币制等政策，建筑西伯利亚铁道等，促进了俄国资本主义的发展。对外则进行势力扩张，如强迫中国清政府订立建筑中东铁路的协定。

不被放行进入满洲的情况下，就沿着俄统区这条线路走，至少可以进入满洲的部分地区。俄统区内的业务在战后得到了迅速恢复，而南满地区则还未完全恢复正常的商业秩序。

为了对俄国在满洲北部的政策问题有一个透彻的了解，我们有必要对俄国与日本的战后关系发展进行一番梳理。《朴茨茅斯和约》签署之后，还遗留了大量的问题有待两国解决，其中一个就是满洲地区日俄铁路的具体处境问题。和约中有关铁路部分的条款列文如下：

条款 6：俄国政府经过中国政府许可，承诺将宽城子和旅顺港之间的铁路以及其支线铁路转交于日本政府，包括其周边地区的所有权利、特权、附属财产、属于铁路公共事业用地内的煤矿，并且不收取任何补偿金；

条款 7：日本和俄国承诺将各自开发利用满洲铁路，纯粹用于工商业用途，绝非出于任何战略目的。上述规定可以解读为不适用于辽东半岛的租借地领域；

条款 8：日本政府和俄国政府出于促进满洲南北地区间交通的考量，将尽快签署有关两国满洲铁路间连接部分的管理条约。

俄国军队撤离奉天时，宽城子北部的铁路遭到破坏，此铁路重新运营时，俄国所属的那部分中东铁路最南段与它交接给日本政府的那段铁路中间存在约 40 英里的间隙。这一情况给日本铁路线带来了损失，因为日本控制的铁路就和北方路段断开了。随着时间的流逝，俄国依然没有意向准备启动铁路的连接工作，尽管日本再三催促。1907 年 6 月 13 日，有关日俄铁路连接工作的协议依照《朴茨茅斯和约》的第 8 项条款于圣彼得堡签署。和约规定两端铁路的连接点为宽城子，但是日本出于资金原因将放弃该地的专属管辖权，将其交与俄国管理。

和约中规定了连接路段工程的进度安排，此项目将依照之后所采取的规章制度展开。其次，和约规定了宽城子地区货物运输的交接事宜。吉林支线铁路建设依照原协议规定是华俄道胜银行管辖的事务，日方也暂时同意不会干涉该项目的运作，但如今项目显然已经处于搁置状态。

该铁路段协议签署后的数天之内，日俄双方又达成了一份两国关系的总协议。协议在 1907 年 7 月 30 日签署于圣彼得堡，全文如下：

大日本帝国和俄罗斯帝国，希望巩固两国间重新建立的和平与良好的友邻关系，并希望日后能排除掉可能造成两国关系误解的一切因素，现同意作如下安排：

条款 1：缔约双方承诺将尊重另一方的领土完整，以及双方间或者各方与中国政府所缔结条约、公约、合同中规定的一切权利，上述条约已经在 1905 年 8 月 23 日于朴茨茅斯成功签署，其中包括日本和俄国之间达成的特别协议（这些权利并未违背机会均等原则）；

条款 2：缔约双方承认中华帝国的独立主权和领土完整，并且在其他国家的工商业发展问题上遵循机会均等原则，双方均有义务维护目前局面，并且尊重自己能力范围内的一切和平解决手段。

此协议或许会是一份好的交易，但也可能什么都不是。日俄两国选择在这个时候发布该协议的原因是什么，我们尚不能断定，除非是出于下列考量：俄国和日本意识到国际社会已经因他们占领满洲地区而蠢蠢欲动了，所以双方认为再三宣誓自己捍卫"门户开放"和中国主权的立场不失为一个明智之举。

但目前只有这两个国家在对中国的领土和主权展开积极侵略，而且只有日本将"门户开放"的原则践踏在脚下，所以这份协议的发布着实令人啼笑皆非。"双方均有义务维护目前局势"，难道是说满洲地区"当前"的局势吗？

条款 1 规定日俄两国将尊重所有与中国签署的条约和协议，并且提到所有文件已经互相交换签署。我们就不禁感到疑惑了，莫非这包括了非公开的《满洲善后协约》？日本可是以此协议为由拒绝批准中国铁路在满洲地区的拓展项目。那么，俄国是否又向日本供认了它是如何践行中东铁路特属权的争议条款呢？日俄双方恰恰是依据此条款践行其对中东铁路周边公共事业用地的专管权。除非两国的代表心中确实抱持着上述想法，否则该协议似乎也只不过是两国政府的陈词滥调，没有任何实际效用。

根据现实情况来分析，我们有理由相信，这是日俄两国为了巩固自身的既得利益而达成的协议；或者换句话说，在其他利益相关国都没有任何举动的前提下，日俄两国都不会干涉对方的事务。满洲地区未来的发展走向受到诸多因素的影响，从国际层面来看，其中最为利害攸关的当属铁路问题。起初，外国势力利用铁路来实现他们对满洲地区的占领，实际上他们现在依然在这么做。

为了规避满洲地区商业机会均等的原则，同时削弱中国的主权，日俄两国运用了各种手段，同时又让我们难以去追究这些手段。就在日俄两国间签署的协议正式公布之后，俄国在满洲北部便不再采取消极的策略，开始展露出主动攻势。

著名的"哈尔滨事件"就是俄国精心谋划的，目的是为了在该地区建立政权，俄国因此与美国有了联系，从这一点上看，我们就可看到俄国的政策已经发生了变化。俄国此次可以促成这一冲突事件的发生，是得到了日本的许可的，这一点没有人会怀疑，因为相关原则在日本势力地区同样适用。由于原协议是与俄方签署（通过华俄道胜银行），且俄国熟知特权协商谈判的具体情况，这将会对该地区建设产生一定影响，因此俄统区内某些地方可能会被选为试点。至于此事件引发的一系列外交问题，我们已经在讨论日统区情况时一并作了相关回顾。

俄国具体如何践行中东铁路协议条款，日方已经打算听之任之，而这一点从日本官方对中美两国的立场所持的态度便可知一二。日本除了对铁路运营问题表现出了明显兴趣，还急于在法库门铁路问题上征得俄方的同意。

然而，在这个问题上，俄国目前更倾向于采取中立的立场，这样一来，俄方

蒙古的俄国警戒部队

蒙古的俄国警戒部队

在满洲铁路建设问题上，便可根据自身的利益选择是与中国还是与日本做交易。中方的诉求众人皆知，即拓展关内外铁路两个方向的线路：自北方的新民屯始发，经过法库门、齐齐哈尔，至阿穆尔河对面的布拉戈维申斯岛，西边与俄国铁路对接至哈尔滨；另一条线路从张家口至贝加尔湖和海拉尔间的某段西伯利亚铁路。早在几年前，海拉尔至张家口铁路线就已经开始勘探，而俄国则声称自己已经得到承诺，此条铁路建设权将归属于俄国。

假设情况果真如俄方所述，俄国目前也尚未公布任何相关协议。当然，有一点毋庸置疑，假如俄国没有因为日俄战争而中止其远东政策，那么它现在早就会向中国施压，迫使其批准建设一条从库伦或者海拉尔始发的横贯蒙古的铁路线路。该铁路一旦建成，北京至莫斯科的行程将会缩短三天。

日本方面意识到，此铁路建成之后，南满铁路在远东至欧洲大陆这条线上将不再具有竞争力。如此一来，局面演变成三足鼎立，未来发展充满了不确定因素。由于俄国的西伯利亚铁路和泛里海铁路是连接亚洲和欧洲的必经渠道，因此俄国的处境要比日本好。它可以与日本达成协议，两国将阻挠中国在北部的铁路建设，并将领土据为己有；或者它可以与中国合作，将日本排斥在通车范围外，切断日本与外部的联系。

从地图上的位置来看，在这三个国家中，俄国的确是当前局面的关键因素。它可以选择站在中国这边，同意其将关内外铁路拓建至阿穆尔河，前提条件是中方授权俄国建设连接张家口与库伦或者海拉尔的铁路，甚至授权它将铁路线从西边的浩罕始发，向东延伸至蒙古。时任南满铁路负责人后藤男爵①在1908年造访圣彼得堡时，就对上述情况产生了极大的兴趣。

---

① 后藤男爵，即后藤新平（1857—1929），日本明治、大正、昭和三朝重臣、政治家，殖民扩张主义头目。台湾总督府民政长官、南满洲铁道株式会社第一任总裁。1906年出任满铁总裁，提倡新旧大陆对抗论，要日本联合俄国，将南满铁路、东清铁路和西伯利亚铁路连成一片，形成欧亚大铁路网，对抗美国铁路资本进入东亚。

后藤此次到访圣彼得堡，表面上是为了部署铁路连接段建设项目的收尾工作（两段之间依旧有细小的空隙）以及满洲地区俄国和日本铁路的运营工作。但有报道称，后藤实际上是受到日本政府的指示，此行是为了收购归属俄国的那一段宽城子—哈尔滨中东铁路，除此之外，后藤还提出了其他的部署安排，意图从中阻挠俄国与中国达成合作协议。后藤这次的俄国首都之行，其成果如何，目前还不得而知。俄方的态度则是不急于采取任何实质行动，似乎更倾向于坐观中国和日本两国坐立难安的局促处境。日本为了取得俄国在此事上的支持，到底提供了何种相应的补偿条件，目前还尚不清楚；因为日本现在所能开出的条件，俄国其实无须经过日方许可便可以自己谋得。

其次，俄国因为已经深陷这场远东政治割据战多年，所以已经对其他外部势力因素的洞察丧失了敏锐性，它不知道这些外部因素同样可能会干涉中华帝国的铁路发展问题。而其他强国，尤其是美国、英国和德国这三个国家，亦对此事表现出浓厚的兴趣；不过美国在这个过程中所扮演的角色并非未来的业主和运营商，而是货运商。国际局势未来的发展走势，很可能会制约俄国和日本在满洲北部地区的一些举措。

俄国考虑到了这种可能性，所以总寻思着该如何保障自己在远东地区的利益和地位在任何情况下都不会受到损害。倘若中国犹存，根据现行的协议条款，满洲地区的俄国和日本铁路有朝一日都会收归为中国财产，这样一来，像海参崴和乌苏里江沿岸这些目前正日渐繁荣的俄国殖民地，届时便会变成孤立的隔离地带。毋庸置疑，正是有了这层考量，俄国政府才大力推行它的阿穆尔河铁路计划，俄国国家杜马还批准了此项目所需的前期启动资金，从这一点便可看出，俄国无意放弃它在远东的利益。

有观点认为，中国同样提出要收购俄国在哈尔滨—宽城子段中东铁路的股份，以及东部和西部的铁路线。如果日本和俄国依法律遵守满洲铁路的相关条约，或者不替代以新的条约，那么这些线路假以时日将重新收归中国所有。俄日两国都不想看到这种局面的发生，因此我们完全可以作如下假设：它们会想方设法地阻止这一切发生，可是两国也意识到，依照当前的事态发展，将迫使它们不得不依法履行协议义务。

鉴于此，俄国可能认为在铁路问题上站在中国这边对自己更为有利，面对自己目前费心寻找承接者的局面，它或许干脆会选择舍弃掉。由于中方有着毫无争议的竞标权，因此中国可能会极力反对将中东铁路北段卖给日本。除去俄国明确标识了管辖权的铁路周边地区，其他地区的管辖已经交还给中方。

美国驻哈尔滨领事馆拒绝承认俄国政权的正当性，并且选择支持中方的立场，美国这种举动带来的现时效应就是，哈尔滨和其他城镇地区的政府已经是处于名存实亡的状态。

哈尔滨是当今满洲地区的典型俄国政权统治区，这个松花江畔的年轻城市确实有其独一无二的地方，即没有真正意义上的市政府。该城市经济发展滞后，可人们的生活方式却缤纷多彩，咖啡厅和舞厅夜夜笙歌，灯红酒绿，不同阶层人士在此度假休闲。等到夜幕降临，街道上的灯光昏暗模糊，行凶抢劫事件时有发生；警察、出租车司机和妓女沆瀣一气，联起手来对这些受害者们进行敲诈。人们被警告不得在夜间离开酒店，或者独自一人在外游荡，尤其要当心陌生人的搭讪。

人人都在抱怨时代艰难，可咖啡厅依然满是推杯换盏的寻欢者，他们为那些歌手喝着彩，消费着大量的香槟酒水。至于这些钱从何而来，我们似乎也无从得知。而有一些人则没有得到政府的支持，所以不在铁路沿线管理辖区范围内，而诸如海拉尔、满洲里和铁路沿线的其他小城镇情况也恰是哈尔滨的缩影。上述地区管理无序，吸引了大量的外籍游民来到此地，俄国政府也并未采取相应的措施，而中国政府的主权也完全遭到了忽视。

就在近日，满洲边境前线建立起中国海关署，从西伯利亚地区进入的货物需征收进口海关税，货物主要为农产品和乳制品。

铁路沿线由俄国"卫兵"把守，齐齐哈尔、瑷珲和铁路区域外的其他城镇内均有小规模俄国戍卫队驻守。俄国军队驻扎在库伦和北蒙古的几个地区，其北方势力范围和日本在南方的势力范围不相上下，不过没有日本管控那么严格。如果有人认为，用来证明俄国远东扩张野心的证据还不够充分，那么俄国人纷纷移民东西伯利亚这一事实可谓是证据确凿。

在过去的两年里，俄国的大移民浪潮可以说是现代最大规模的一次移民运动，可是它进行得悄无声息，人们几乎难以有所察觉。俄国政府官方统计数据显示，战争结束后的第一年，即1906年，移民人数为18万；1907年的移民人数超过了40万，1908年上半年已超过了50万。

之所以有如此规模的移民浪潮，其背后有几大原因，其中最主要的原因要属远东地区驻扎士兵们的那些诱人的回馈信息，他们纷纷向本国国民们宣传这片地区是如何肥沃丰饶，而欧俄地区的农业生产又恰逢不尽如人意，这构成了巨大的推动力，不过这股移民浪潮少不了俄国政府的支持，没有它的直接扶持和激励，移民运动不可能发展成当前这个态势。这一批俄国移民主要居住在乌苏里江和阿穆尔河沿岸地区，该地区在未来几年内将随着阿穆尔河铁路的建成变得更为开放。俄国当地的报社曾报道称，俄国政府将继续大力推进这一移民运动，至少保证有500万俄国人成功移民至远东地区。

倘若上述设想成真，实际上情况很可能如此，再加上西伯利亚铁路复线建成，俄国的势力将会深植于远东地区，如此一来，它在满洲的地位便难以撼动了。俄国在塑造它的远东政策的过程中极大程度地受到外界势力的影响，但恐怕俄国之后再也不会像今日这般受人牵制了。这是其他相关利益国政府要考量的问题。我们在探讨俄国在面临诸如"门户开放"和中国领土完整这些远东核心问题时，可能抱持什么样的态度这一点时，有一些事态的发展自身就足以说明问题。

俄国目前似乎有意向与日本达成一致意见，双方打算维持满洲地区的现状不变，尽管如此，我们还是很难理解，既然东亚地区的这些国家有着如此勃勃野心，他们要如何才能长久维持这样一个和平共处的局面。日俄两国之间不存在和平共处的空间，虽然它们有着共同的地方，即一致的宏观目标，可是两国又存在着对抗关系，有着同样的利益企图。如果日本国力增强，那么俄国的远东政策就面临终结的命运；反之，倘若俄国增强其实力，日本的霸权大业也终将成为泡影。这两个国家之间还有一个中国，中国若加强国力，它便能够维持各国在远东地区的均势局面，从而使这一难题迎刃而解。

但日本若不肯放松它对满洲地区的把控，俄国也定当不会轻言放弃，所以俄国暂时会对日本的企图计划持默许态度。俄国的态度是目前国际社会关注的焦点，各国纷纷在揣测，如果某一强国或者几大国联手向日本施压，强迫日本从满洲撤军，并且要求它将主权归还于中国，这时俄国会选择支持哪一方。至于俄国到底如何抉择，人们现在还没有明确的答案，不过依照目前的局势，俄国十有八九会选择加入西方国家阵营，因为这才对它更为有利。

俄国虽然一直都在干涉中国主权和"门户开放"政策的实施，可是它目前也仅仅是采取保守的攻势；如果其他国家号召俄国支持它们的做法，它也不会公然站在美国、英国和欧洲的对立面。这样一来，情况就不像一些远东事务专业的学生所设想的那么糟糕，日本和俄国自然必须履行其义务，从满洲撤军，其他国家倘若怀抱着此目的干涉满洲地区事务，也不一定就会引发战争。

第二十二章　中国的改革运动——首篇

说到几年前中国的政治局势，一位中国知名人士对我说："我们的国家可能面临着两种未来，要么以现代方式重组政府，要么是土崩瓦解，最终完全沦为外国殖民地。中国很快就要走到这个岔路口，所以它必须在尚可做出选择的时候做出抉择。"

这句话所预言的守旧派与进步人士的斗争和新老观念的碰撞如今正全面展开。那些可能摧毁或是重建帝国的内部力量正在变得明确——制定政策，形成集团。多年来，中国一直假装在进行改革，现在真正的改革终于开始了。

和其他地方一样，中国的改革实践必须从已有的状态中做出改变，这意味着要改变现有局面和政府组织形态。数百年来，而且直到现在，中国政府始终可以分为四大部分：朝廷、中央行政机构、省级和地方政府。朝廷由皇帝、皇亲国戚以及满洲贵族组成。理论上来讲，皇帝是一切权力的来源，但他的权力也受到国家法律惯例的限制。英国国王可能无视未成文的宪法，相比之下，皇帝却不能严重破坏国家的法律和惯例。处理国家事务的朝廷的力量取决于皇帝或是其他皇室成员的性格特点。光绪皇帝软弱，所以他在位的大部分时间，朝廷由皇太后控制，皇太后通过任用更为强大的知识分子对朝政施加影响，而不是掌握实权。礼制规定皇权至高无上，皇帝很少接触百姓，所以他需要通过大臣获悉政务，这致使朝中大臣展开了长期的斗争和权谋，目的是要获得皇帝或当时统治朝廷的皇室成员的信任。强大的皇帝能对政策产生巨大的影响，而软弱的皇帝却被当朝权臣和一些精明的大臣操纵于股掌之间。过去很多时候，皇帝对国家事务仅有一个模糊的概念。

根据具体情况，中央行政机构和朝廷紧密相连，影响朝政或是受到朝政影响。此前，中央行政机构的出现是为了监督而不是管理地方政府，但是随着外交的发展以及某些事务对国家政策和相关指导的需求，过去的 50 年里，中央行政机构权力逐渐扩大，也承担了许多此前由省级官员行使的职能。交通和通信设施的进步也增强了中央政府对国内事务的控制。此前，京城与其他偏远的省份通信需要几周的时间，现在通过电报几个小时就能完成。之前需要走几个月的路程如今借助船舶和铁路可能几天就到达了，所以地方官员很快就能收到指令或被召入京城。现在中央也能快速地派兵进驻大多数省份，使得地方官员更加服从于中央政府。近年来，全国上下有头脑的人认识到处理国家边境事务时，不能一直遵从边境省份的意愿和满足他们的利益。中央行政机构包括内阁、军机处以及九部，这相当于美国的内阁和行政部门，也行使相似的职能。

省级及其以下的地方行政机构可能相当于美国州、县、镇级别的行政机构，但是中国各省政府行使或是保有的权力是我们的州政府所不具备的。除海关外，各省政府征税并只上缴一部分给中央政府。直到最近，省政府一直保留独立的军事力量，此前他们可以行使各自的外交权力，而且直到现在，各省都能对各自的货币进行专门管理。可以说，中国曾经由欧洲封建制度式的强大、半独立的封邑构成，也相当于日本的大名政权。然而，就像欧洲和日本的贵族世袭制，世袭的时期不稳定，始终存在修正和调整。要想实现中央集权，并且保护不同省份不受其他省份的入侵，关键在于中央行政机构官员可以任命所有省级官员，但永远不能决定其家乡省份的任何官职，而且中央政府的官员会被频繁调至省级政府，反之亦然。这就使得两级行政机构在很大程度上相互依赖，任何一方都不能越权，因为两者还会相互监督。

这些关于中国政治体制的简单且存有瑕疵的总结可能有助于人们理解并思考改革运动的推行和管理。这些运动要想成功，必须有感人肺腑的口号，这里的口号就是建立"中国人的中国"。这一基本理念贯穿于运动的每个阶段，尽管表达的方式多种多样，但它却是每个政治团体的基本信条。更具体地说，它在所谓的"收回利权"政策中得到充分体现。尽管这一政策采取了不同形式，但都体现了以下主张：

1. 废除治外法权；

2. 恢复财政自主权；

3. 废除外国人在华的自主管理、完全不受中国管辖的居住区以及各"租界"；

4. 恢复中国人被外国统治的租界，恢复政府支持的企业的所有权和管理权，恢复开矿、修筑铁路和土地租赁权。

不平等条约里规定的中国同其他国家的外交关系，自条约签订以来，就没有出现过实质性的改变。许多条约已经签订了半个多世纪，当初谈判时，中国政府并不了解国际关系，也不熟悉条约给他们带来的限制。结果，钦差大臣只得接受那些今天看来没有哪个国家会同意的条件。现在中国的知识分子争辩说外国列强利用中国的无知，以不合理、不公正的待遇对待中国，然而这一说法是有争议的。条约签订时，时机大好，外国列强实现了最大程度的获益，大多数条款也都被看作是公正合理的，这是站在外国人的立场，也考虑到当时的环境条件。尽管这些条约在一些细微条款上存在不同，但都包含了现在让中国人强烈不满的条件。

这被称为"治外法权"，意味着中国已经有条件地放弃其对部分领土的主权，同时也放弃了对长期居住在其领土范围内的外国人的管辖权。这个条件有悖民族独立自主，也同健全的民族自豪感不相协调，所以中国人只能将其看作是一个破例，而且是只能容忍一时的条件。我们也应该看到使用这一条件的原因及其带来的结果而非简单地放弃它。外国人刚来中国的时候，中国的法律制度还处于（依旧从西方的观点来看）半混乱状态，其惩处方式过时且野蛮。随着中国同其他国家的贸易往来的增加，外国人长期居住在中国城市以推进商业活动的进行的情况变得十分普遍。而西方文明中的人道主义精神让外国人无法屈从于中国法庭的审判，尤其是接受相应的惩罚。一些民事诉讼中，中国的法律体系被认为太过复杂，司法部门太过腐败。

或许在条约谈判时，中国政府曾感到如释重负，因为不必为外国人在华合法权益所困扰。那时在华长期居住的外国人数量也很少，而最近几年的一些发展变化则让人始料未及。所以在华外国人的管辖权被自觉地交给了各国政府，案件也被送往附近主要通商口岸进行裁定，如此一来，各国便可以自行管理。这让人想到了日本此前也存在类似的状况，但随着时代的变迁，外国殖民地比重增多，各种各样的破例都出现了。

要清楚地说明这些状况，最好以上海的外国租界为例，因为其面积更大而且地位更重要，这些租界更复杂，冲突更激烈。这些贸易口岸的出现很大程度上发展了当地的商业活动，也吸引了大量中国人来此定居。这就引发了对于这些中国人的管辖权问题。中国自然认为对其本国人拥有管辖权，并引发了对租界享有全部管辖权的外国人的异议，因为这意味着外国人可以管理居住于租界内的所有人。外国人指出，管理租界是为中国人和外国人提供同样的卫生防护、充分的政治保护和实质正义。对于这些争论，他们有背后政府的支持，中国也做出一些让步以达成妥协。当时，中国政府还没完全意识到他们接受的这个条件是什么，或是接受这个条件可能带来什么结果。

对于大多数事务，外国人要服从本国的一些领事代表的管理，混合法庭对于

坐在汽车里的中国富人

长期居住在外国租界的中国人有部分管辖权。例如，美国企业或个人同中国企业或个人产生纠纷，如果美方是被告，这一问题就会交由美国权力机关，按照美国法律进行审判；如果中方是被告，这一问题就会交由混合法庭，按照中国法律或相关城市条例进行审判；只涉及中国人的问题则由混合法庭审理。混合法庭是一个特殊机构，包括两名中国地方法官及一名陪审员。陪审员是外国人，可以通过不断曲解条约可能存在的含义，否定地方法官的裁决。例如，如果地方法官认为一名中国人犯了某些罪名而要对其实施惩罚，没有陪审员同意是不能进行的，这样做是为了外国人所说的"保证公正司法"，却是没有道德依据的。因为倘若法庭成立并被授予一定的司法审查权，就应该认定法院能实现实质正义。许多研究过中国法律运作方式的外国人认为，在通常情况下，实质正义是可以实现的。否则，中国人民早就起来推翻政府了。但中西方对于司法的概念不尽相同，混合法庭设立的目的明显是要实现均衡。对于拥有治外法权的国家，如果外国人的利益正接受裁定，没有理由不让外国人在法庭中出席。但是，外国人是否应该干涉中国完整的司法公正已经受到质疑。现在有一个微妙的问题，即现在的状况在逻辑上明显与西方人的主张对立，但一些特殊情况又在某种程度上让人们从不同角度来理解这个问题。许多中式刑罚在西方人看来是难以接受的，所以在华的外国人认为他们应当且道德上有权阻止法庭向其租界范围内的中国人实施这些刑罚。所以，一旦中国法官做出了陪审员认为过于严重或是不合理的判决，陪审员就会建议修改。

显而易见，这种体制带来了冲突摩擦。但是，一般来说，大多数情况下都能够友好合作、互相建议、相互妥协，法官和陪审官之间的摩擦比较少见，这也就和西方法庭多个法官进行裁决的方式没什么太大的区别。而奇怪的是，似乎外国陪审员干预审判的原因更多是为了维护残忍的刑罚，而不是出于怜悯。总体来看，似乎混合法庭实现了实质正义，虽然也存在着不对等。上海外国租界混合法庭和法律体系的关系将会受到赞扬，因为租界的外国人口大概一万五千人，而中国人则有六七十万。这座城市里中国法律盛行。自从租界在中国上海建立以来，这座城市的规模并未扩大，但租界的数量却在显著增加。似乎许多中国人更偏爱外国人的政府。但是"治外法权"破例情况的增多，时不时会带来严重的混乱。如果中国社会中产生了一种集体的情感，如果未来中国仍作为一个国家而存在，那么外国人的地位将类似于他们现在在日本和其他国家的地位。

中国想要恢复其财政权、铁路以及开矿权，但过去建立的企业现在都为列强所利用，以实现它们在华的利益和计划，从而进一步损害中国的独立自主。没错，或许有人说改革源于恐惧，这种恐惧就是中国如果再不跟上现代文明的步伐，就会彻底消亡。中国人也认为要等到改革取得实质性成果的时候再废除治外法权。但收复其他特权的运动早就开始了。鉴于此，终止一些或是所有的特权是可以实现的，最近两个重要的行动就是收回京汉铁路权以及处理"福公司"（Peking Syndicate Limited）[1]。这具有重大的意义，中国从恢复这两个权利的过程中意识到了政治危机。收回权利依赖于内部改革的扩大，而这也为改革运动提供了真正的动力。

此前虽然有不少抱怨，但这个改革运动是过去十多年发展得到的成果。即使在这个短暂的时期里，它也经历了两个不同的阶段：理论阶段和实践阶段。一般说来，各国政府都为持续不断的改革诉求而感到困扰，中国也不例外。它的情况是，质问者是外国势力，他们不断要求中国学习并运用西方文明。1894年中国耻辱地败给日本[2]，刺激了部分统治者的觉醒，包括年仅25岁的光绪皇帝[3]，他开始无

---

① 福公司，旧时英国资本在中国设立的经营矿产的机构。1896年在伦敦设董事会，北京设办公处。1898年攫取山西煤矿开采权未成，旋又专营河南焦作煤矿，修建道清铁路。1915年迫使华资中原公司合组福中公司，控制河南全部煤矿的产销。1933年改组为中福公司联合办事处。1937年以后，投资湖南湘潭、四川天府、嘉阳等煤矿。中华人民共和国成立后清理结束。
② 作者叙述不准确。这里指的是中日甲午战争，始于1894年7月，止于1895年4月。
③ 作者叙述有误。光绪皇帝生于1871年，1894年23岁。

法容忍慈禧太后对他的压制，太后从皇帝未成年起就一直大权在握，而且拒绝向
西方学习。不幸的是，光绪既不具备必要的精神品质也没有合适的时机。在巨大
的热情下，他采纳了一些"维新人士"的建议。这些"维新人士"只是一些对于
西方的体制有着初步了解的中国人，他们想在当时把这些理论在中国进行实践是
不切实际的。在他们的影响下，光绪皇帝不顾李鸿章、庆亲王等更保守且年长的
大臣的意见，匆忙实施不完善的改革举措，试图变革中国的政治制度。光绪的出发
点是好的，毫无疑问是受到了爱国主义的鼓舞。一个强大的君主可以将改革一直
推进，直到取得胜利，但是光绪皇帝没有这个能力。慈禧太后重掌大权，而那些
给光绪皇帝出谋划策的没有逃到国外的谋士，或被监禁或被处决。一些位高权重
的人则被罢官。一部分中国官员意识到改革是必要的且势在必行，但他们也知道
太过匆忙的改革是徒劳无功的。李鸿章支持慈禧太后，袁世凯也是她的得力助手。
关键时刻袁世凯始终将效力慈禧太后作为自己的义务，这也为他以后在朝廷施加
影响奠定了基础。这就是广为人知的"戊戌变法"。自此之后到其离世，光绪皇帝
一直备受打击，很少干预政事。他患上的抑郁症也从身体上和精神上摧毁了他。
历史会赞颂他开创了中国改革的先河，正是有了他失败的尝试，改革实践才开始
出现。

　　中国改革的命运受到慈禧太后的影响，这无疑对此次运动不利。最终运动失
败，外国军队进驻北京，统治者逃往陕西，列强索要巨额赔偿以惩罚反动势力。
中国再也不可能恢复往日的盛世景象了。接下来出现了一系列外国列强侵占中国
领土的事件，爆发了日俄战争，出现"势力范围"学说的复兴。中国政治家终于
意识到国家的命运悬而未决，是要进行自我改革，还是受制于外国势力，暂时或
者永久地丧失自主权，这成了一个问题。

　　朝廷和改革运动的联系很有趣，但是我认为没有一些评论家认为的那么重要。
两者之间的关系自 1900 年起有所缓和，甚至慈禧太后都感受到了外部势力施加的

压力。在过去的几年里，很明显朝廷意识到改革是不可避免的，并且关心这个问题，因为这会影响到王朝的统治。政府不再反对改革，除了有推翻满族统治的内容。没有人觊觎帝位。反清复明这条线近乎灭绝，甚至先进的革命者都意识到明朝统治者现存的后代不可能带领中国走出现在的危机。但是，尽管如此，反清的情绪在中国一些地方始终存在，一些人总是被调动起来支持一些获得广泛支持的运动，因此，要把这些人考虑进去。我上次在北京的时候，有人告诉我慈禧太后的态度在她去世前两年发生了彻底的改变，也许是因为日俄战争的结果让她看到了希望。太后可能在最后才明白威胁中国的真正敌人并不能靠旧方法来解决，改革比故步自封的危险更少。她甚至有段时间对改革计划非常热心，这可以通过她支持袁世凯的崛起以及选派中国幼童留美学习的项目体现出来。事实上，毫无疑问，慈禧太后去世前对保守力量的影响更多的是人们的臆想而不是真实的。并且慈禧也不敢直接对抗进步，虽然她不断地通过控制朝廷和重要城市中的保守势力来这样做。这可以看出她清楚地意识到改革的真正到来意味着她的影响的结束。很明显慈禧太后对于她保障清朝的延续很满意。为此她同意指定溥仪继承王位，他的父亲载沣在其幼年时进行摄政。

然而现在仍然有反满势力存在，据推测这包括一些中国普通百姓以及官员，这种情绪令人担忧，但受到环境和条件的限制而没有渠道可以表达出来。这种情况下人们更希望有一个汉人登上皇位，却没有哪个前朝皇族后裔能担此大任，所以这种情绪没有得到聚焦。在这个问题上，不妨先观察改革运动的几个组成部分，因为这其中有好几个派别，互相之间都比较敌对。

第二十三章　中国的改革运动——末篇

目前的这场改革运动没有任何公认的领导者或固定组织，但是形成了很多团体。其中影响力较大的是开明派，成员包括大部分开明的中国人，他们在商业上有一定的地位，领导者一般也有留洋背景。

它倡导自强救国的先进思想，主张通过和平手段进行改革，而不是彻底颠覆旧秩序。它要求建立宪法和组建议会，并非旨在推翻君主制。而且只要不阻碍现代发展之路，他们愿意当前的王朝继续统治。他们推进的各项具体措施主要有货币改革，调整财政预算，法律规范修正和司法改革，以工薪行政部门取代"压榨"体制，进一步明确和规范中央政府的权力范围，建立现代陆军和海军，建立现代教育制度，改革国家工业体制，建设现代化产业制度，建立覆盖全国的铁路运输系统，建造更大的中国商船。

虽然支持开明派的人或者其他一些（比如市政官员）间接表示支持的人都不同程度地拥护这些改革措施，但是他们关于改革的方式方法的意见却大不相同。年轻一代的改革者，急切地主张这些改革措施要马上开展，并且同时进行。然而像庆亲王、张之洞、袁世凯这样老一辈的改革者，则主张改革要谨慎推进。

之后出现了一个主张进行武装革命，彻底推翻清王朝的统治的民间秘密结社哥老会^①，其领导者基本上都是1898年"戊戌变法"失败后过上流亡生活的中国人。他们认为，只有连根拔起这棵古树，栽上新树，才能实现真正的改革。这个党派中有不知满足、不安分不守规矩的人，有太平天国的残余，有无政府主义者和虚无主义者。毫无疑问，党派中也不乏一些真正爱国人士，但这些人在政治上也都是空想主义者。一些人想要建立共和国，但更多的知识分子明白，鉴于现在中国已经制宪，成立共和国是不可能的了，他们更倾向于建立一个新的王朝，从有才干的革命领导中选出皇帝。简言之，"哥老会"的目标是找到一个中国版的拿破仑，复兴并带领中国走在世界的前列。如果要说有所区别的话，我认为国家的领导者是煽动者而不是改革者。他们中一些人在资金的支持下，进入政府工作，从内部瓦解中国。这些领导者在香港地区、澳门地区、新加坡、西贡（越南）还有日本树立自己的地位，继续进行宣传，同时向中国走私武器和弹药，准备实施一场大叛变。或许他们中有些人，即所谓的革命者不过是被那些想要瓦解中国的一些组织蒙骗了，但是毫无疑问，其他人显然是出于私利，而将他们卷入其中。每当一些事件让中国成为世界的焦点，这些领导者们就变得人尽皆知，而那些被对华不友好的利益群体操控的新闻报纸就将他们的观点散布向全世界。

然而，不管这些"乱党"对国际观瞻造成了何种影响，他们对中国内政的影响却是可以忽略不计的。有时，他们会制造一些暂时性的混乱，比如1908年的入滇事件^②。但是，哥老会的宣传和目标却遭到中国上层阶级的反对，当然也包括朝廷。朝廷知道哥老会的手段掀不起大浪，也知道背后给予它大量物资支持的暗流

---

① 亦称"哥弟会"。清初由闽、粤客家移民在四川建立，因四川方言，呼弟曰老，故称。清民间秘密结社。会众多属手工业工人、破产农民、退伍军人和游民，太平天国运动失败后，相继参加农民起义和反洋教斗争。对清朝末年的革命有着巨大的影响，辛亥革命时期，有会众接受革命党人领导，参加武装起义。

② 应为戊申河口之役，也称河口起义，同盟会在云南发动的武装起义之一。1908年4月，主要指挥者黄明堂、王和顺、关仁甫与黄兴率领起义军转战于钦州、廉州、上思一带，孙中山又派黄明堂等人率领从镇南关撤出的革命军开赴云南边境，发动了河口起义。

涌动。凭它现在的力量，哥老会还不足以发动一场大革命，但其活动足以让朝廷深感忧惧，从而间接地帮助了温和改良派。

第三个群体是儒学派，首脑是孔子世家大宗衍圣公孔令贻，不过影响力甚小，不值一提。

多年以来，许多研究中国局势的人都认为：慈禧太后去世后，中国会发生一场政治大动荡。十年前我第一次来远东时，这个说法就已经根深蒂固了。太后现在已经归天，她的傀儡光绪皇帝也死了。之前人们在估计慈禧去世带来的后果时，一般都没有料到会出现这样的巧合，这本应延长动荡的时间。但是，中国在危机面前表现得十分冷静，未曾显示出陷入歇斯底里的倾向。因此，这印证了包括我在内的一些人的观点，他们认为中国的制度基本上是稳定的，中国高层有能力应对这种早在预料之中的情况。

然而，我们也不应该假定，中国既然已经经受住了这些危机的考验，那1908年11月的事件就没什么要紧的。相反，这些事件对整个世界都有着巨大的意义。事件与中国未来之间的联系并未被夸大，只不过对后果的悲观预测没有实现而已。人们早就在等着慈禧去世了。这件事真发生的时候却仿佛"一切如常"，从感觉的角度来看，这与革命爆发没什么两样。两个最高统治者的死亡的确标志着中国新时代的到来，中国正朝着另一个方向扬帆起航。为了预估新航程，我们有必要考虑若干可能会影响乃至决定它的因素。

决定中国当前形势的一个强大因素是外部势力，我们之前也谈到过。这包括一些国家觊觎中国的野心，一些国家对于中国广袤领土和资源的不当企图，以及其他一些国家避免中国分裂的兴趣。中国最需要考虑的一件事是，在当前相对孤立的情况下，必须通过强调利益多元，争取实现外部势力的相互制衡，避免敌对势力占据上风。中国必须避免在国内发生招致外来干涉，或者会受外人以柄的状况。阴魂不散的外来干涉是将四分五裂的中国各派别联合起来的重要因素，否则

中国军官

中国新军正在进行军事演习

慈禧太后去世后，各方势力必将兴风作浪，发动革命。因此，正是企图分裂中国、攫取利益的外国人让中国在压力下保持了某种稳定性。中国的有识之士已经认识到，如果他们或朝廷内部发生重大的意见不合，便是给外国干涉提供了可乘之机，所以一定要避免此种情形的发生。对于了解中国处境的人而言，1908 年的政变会以和平的形式发生并不出人意料。预见到中国可能陷入混乱的列强发表了准备干涉的声明，而对时局的悲观看法也是甚嚣尘上，这些都印证了中国政治家们的恐慌不是空穴来风，他们制定预防措施也不是事出无因。

1908 年春，我身处北京时，听说溥仪即将继承大统、其父醇亲王被立为摄政王的消息。之前朝廷预计光绪皇帝随时可能驾崩，于是令新军①（现在大约 12 万人）准备好镇压任何可能挑起混乱的行为。他们被派到可能出现动乱的各省，另外几支军队也准备提供支援。另有三支军队留守北京附近，由亲改良派官员统领，将北京的驻军人数翻了一番。军队较少部署到一些偏远地区，这些地方更多以地方性混乱为主，最新局势的消息也无法快速地传播到那，所以暴动不会轻易出现。上述部署情况由负责建立新军的袁世凯统管。

然而，人们预期已久的光绪驾崩出现了惊人的转折，因为慈禧太后也几乎同时去世了。这个巧合为一些推测提供了依据，这种推测认为一些御医为实现国家或党派的利益而加速了慈禧太后的死亡。这种事情在东方国家的历史上十分常见，中国也是如此。京城里的人们常常认为，在朝廷开始讨论光绪皇帝的继承人问题时，慈禧太后就已经打算除掉他了。这些传言以及皇帝和太后同时去世的巧合，似乎成了慈禧遭到暗杀的唯一现实根据。由于缺乏确凿证据——考虑到事关宫闱，实情可能永远都不可得知了——人们也只好接受官方声明了。

①　清末按照西方国家军制编练的新式陆军。1895 年中日甲午战争后，袁世凯以胡燏棻在天津小站训练的“定武军”为基础，扩编为新建陆军；张之洞也在署两江总督任内编练“自强军”，是为新军之始。《辛丑条约》签订后，清政府以倡办“新政”的名义，中央设练兵处，各省设督练公所，改编军队。

身着戎装的袁世凯

不管慈禧到底是怎么死的，对她执掌多年的大清帝国来说，此刻殡天可谓恰逢其时。皇太后的主政已成为历史，世人关心的是中国的未来。幸运的是，慈禧去世后，中国的未来比以往更加光明了。新政平稳起步。支持渐进改革的力量越发得势。中国历史上首次出现一个思维开阔、了解世界大势、不受宫廷局限的最高掌权者。醇亲王年纪不大，成长于现代观念开始在东方站住脚跟的时代，这促使他用不同的眼光观察西方世界。因此，他具有中国其他统治者所不具备的能力，那就是从现代的角度将中国与外国列强进行比较。这就解释了他为何对中国所面临的问题表现出了令人宽慰的态度。

醇亲王掌权后不久，袁世凯即被罢免，此事给西方留下了不好的印象。但是我认为，将其视为反动政策为时尚早。要想评判这一事件，我们必须考虑"一朝天子一朝臣"的因素。朝廷经常会干预臣下结党，以免一家独大，因此京城人事动荡时有发生。任何才能卓越、功绩赫赫的中国官员必定会遭人嫉恨，正所谓"木秀于林，风必摧之"。袁世凯也不例外。北京有一个很有影响力的反袁派系，成员各怀鬼胎，正在寻求多方支持。醇亲王曾因1898年戊戌变法而与袁世凯处于敌对关系，但现在醇亲王正处于优势地位，于是借反袁派官员之手成功将其罢免。这种个人命运的沉浮在中国高级官员中十分常见（比如李鸿章），此前袁世凯也曾经历过。尽管如此，在这个当口罢免袁世凯还是带来了一些不安。袁世凯是一个低调务实的改革者，和激进分子或革命分子不同，他在北京扮演着维持政治平衡的角色。他获得了各派的尊重和外国驻华使馆的信任，对政局稳定能产生重要影响。然而，如果袁世凯被永久革职，守旧派与革命党也未必会发生激烈冲突。之后可能会出现两种情况：第一，袁世凯永不起用，另一名改革派领袖脱颖而出；第二，袁世凯下台导致汉人官僚集团发生内部分裂，于是为了恢复政局平衡，袁世凯被重新起用，尤其是在袁党遭受反攻倒算的情况下。如果这次罢免就此终结了袁世凯在清帝国进步过程中的影响，那就意味着他并非不二人选；如果他确实不可或缺，就像某些人所认为的那样，朝廷也会出于政治上的考虑重新起用他。从袁世凯所取得的成就来看，他对中国的发展可能是有利的。而从国际视角来看，袁世凯被免却别有深意，因为在当时关键的时刻，这一做法除去了日俄入侵满洲的一个强劲对手。无论如何，人们几乎不会认为中国的改革面临险境。改革已经到了不必依靠任何个人或派系就能顺利推进并最终取得成功的阶段，推动改革的力量是反动势力无法制约的。皇帝和皇太后去世后必然会出现一段混乱重组期，改革也不免会有反复，但都不会阻止历史大势的强力推进。

朝廷向来反对改革，如今庆亲王和溥伦贝勒却可能出任高位。1904 年，溥伦曾率清帝国代表团赴美参加圣路易斯世界博览会，被认为是观念进步的温和改革派。朝廷将由受到现代思想影响的人来掌控未来，可谓时局一新，与受到喇嘛和宦官影响，陷于大量陈规旧俗和迷信禁忌的旧朝廷形成了鲜明对比。这可能意味着从现时起，朝廷将推动中国各类机构的改革，甚至可能成为这场改革的领导者。进步的朝廷是在不远的将来使改革顺利实施的必要条件。考虑到现有条件，对于任何一个以开放的视角来研究中国与中国人的学者来说，这种改革是完全可行的。而沉迷于东方旧观念的人们或许会无法走出窠臼，继续对中国持悲观态度。

立宪法、开议院或许会激起美国和欧洲的兴趣，但与其他新政相比，这两项大刀阔斧的改革或许实效要小一些。立宪政府和代议机关在中国不妨缓行。等到时机成熟，这些制度可能会有助于中国复兴，但是推行自由化对于解决急待处理的重大问题来说并非必要。废除治外法权也可以放一放。但是，收回外国利权租界、扩大现代教育、组建新式军队（尤其是现代化海军）都需要资金。为了获得资金，中国必须改革其金融和财政体系。这也是实实在在的改革的起点，其他方面的进步也会相应被带动起来。

想要分析中国的金融和财政问题，第一个大问题就是官方数据付之阙如。中国政府表示，除了上交中央的部分以外并不关注其他的收支问题。收入的大部分由各省存留，从总督到低级官员都对税收数额秘而不宣，因为其中一部分税收会截为自己的津贴。如果中央政府怀疑某个省份或地区的经济实力或潜力增加，便会加赋，这就是"压榨"体制。因此，官员总会想方设法把税额压到最低，而只要上交比例合适，朝廷也不会提出异议。京城官员常常假装对省级或地方的收入并不在意，但实际情况并非如此。每个省份和地区的大致税收是可以得知的，尽管这些收入因为收成好坏会产生较大的变动，也会受到商业状况以及自然灾害的影响。大部分肥差都是可以买来的，因此油水多少并非不可知，没有人会盲目买官。这一复杂的"压榨"体制充满了制约与平衡，或许其初衷就是让赋税状况不透明，以免官员多吃多占。然而，我对中国了解得越多，就越是有这样一种认识：这种制度固然在经济上有诸多弊病，但许多西方人的道义批判也是停留在表面，而非深入本质，更没有从整体上来考察它，包括其中的诸多补偿平衡原则。

中国赋税分以下几项：田赋、贡品、内地关税、厘金、盐课、海关以及杂项收入。这些不同的税收来源能产生多少收入是外国人调查的主要内容，他们想要了解中国税基，并以此估算其偿付能力。但是，结果大多是通过比较推算所得。尽管如此，一些推算还是被认为相当准确，是基于对现实情况的合理推算。1907年，中国的年财政收入约为：中央政府6800万美元，各省1.16亿美元，府县2800万美元，总额为2.12亿美元。许多调查人员认为，实收数额是这个数字的3倍。罗伯特·赫德爵士估计，在不加赋税的前提下整饬财政即可增收至6亿美元；其他专家通过计算得出，在税率合理的情况下，中国年收入足以达到10亿美元。若辅之以精简冗员，中国的财政状况要优于大部分列强，足以从西方政府赎回特权，迅速恢复经济发展。由于中国信用良好，它能通过债券来赎回这些特权租界。

直到中日甲午战争结束，中国基本没有外债。战后，由于对日赔款以及义和团运动后对各国的赔款，再加上一些较小规模的贷款，中国外债本息近6亿美元。

这笔债务目前已经部分偿还；按照目前的赔付速度，1925 年当可付完。

通过与日本对比，我们就能对中国的财政状况有一个概念。如果中国人也按现在日本的人均比例纳税，每年税收将达到 35 亿美元，而且对中国人来说，做到这一点并非难事，毕竟中国人的创收能力不逊于日本人，财富和资源更是丰富得多。每年中国人均利息和偿债基金大约是 7 美分，而日本则是 1.5 美元。中国的人均债务是 1.4 美元，日本大约是 25 美元。如果按照日本的人均债务率，中国可以承担超过 100 亿美元的国债。

中国前景如此广阔，有谁能够阻挡呢？中国有着强大的财富和资源基础，如果外部环境允许，几乎不可能在至关重要的命运问题上无计可施。但是一些贪婪的眼睛正注视着它，一些财源匮乏的国家渴望从这个巨大的宝库获得好处。整个中国的改革道路布满了外国干预和压制的阴影。于是，这就成了一个双重问题，既要重建国内政治制度，又要保护国家不受外来干涉。如果可能，中国政治家的任务就是保证两者相辅相成。一名曾留美学习的中国官员最近和我说：

中国内部稳定的关键在于官员间相互猜忌，作为一个整体，中国存续的关键在于各国间的相互戒备。中国政府不会从内部瓦解，但却无法承受外来压力。各国势力的均衡主要在于利益，而我们不知道它何时会发生转变，能确定的一点只是我们需要它来维护国家主权。而且，这只能通过变革朝局、提升国民素质来实现。

除了对于外国干涉的担忧，在特权维护下的官员体制也是中国在改革道路上的拦路虎。因此，如果不打一场硬战，问题是无法解决的。对官员来说，我觉得"压榨"体系未必就像乍看起来那样油水多，因为这套制度背后有着盘根错节的利益集团；但它深深根植于社会习俗，改行工资制度必将撼动整个官场。然而，这是必要的紧迫事宜，现在看来，"压榨"体系几乎阻碍了每一场实质性的必要改革。

实现货币稳定是相对容易的一件事，只要把持地方货币流通并从中牟利的官员不反对，而且靠外汇波动获利的在华外资银行也不反对的话。不过，和其他某些国家相比，中国在这方面的情况也算不得糟糕。不管在什么地方，触动地方利益的改革总会遭遇强大阻力。腐败保守的中国官员们会逐渐屈服的，因为这是不想做也要做的事情。纯粹从实利角度来看，中国当前的每一项重大改革都是可行的，其中有一些可能比西方同行还要容易。

一些开明的中国人意识到，解决中国的财政困境可能需要英美资本的帮助，他们认为两国对中国没有不可告人的企图。另外，英美资本大量购买债券、入股华商有利于保障中国稳定，防止外敌入侵，也能通过增加黄金储备为货币改革铺平道路。这些资本有助于重整中国财政，也有助于带动铁路建设和工商业发展。社会上广为流传的"收回利权"运动现在看来并不理智。许多中国人意识到某些外资企业威胁到了中国的自主权，就急不可耐地要关闭所有在华外资企业。从民众阻挠英资修建沪杭铁路，以及北京朝廷多次拒绝批准引入外资的行动中，这一意图便可见一斑。出现这种情绪是有道义基础的，现在却让朝廷倾向于把友好亲善，乃至有利可图的外来投资也一并拒绝。这种观念在当时情况下是可以理解的，但只是暂时的，也是无益的，终将成为过去。不久之后，明智的中国人就会重申自己的主张，鼓励接受有利的外来投资，同时继续抵制与劣政相关的投资。

尽管困难重重，但新政已经到了我们必须认真对待的阶段。改革的确取得了不少成就，新军正在建立，许多善政也在展开，尽管提议没能全部实现，但也显示出良好的精神风貌。现在最大的需求是培养精通现代行政的人才。中国的一位青年官员对我说："中国和日本进步速度的区别具体表现在两国政府利用首批留洋学生的态度上。留学生回国后，日本任命他们担任政府中的重要官职，而中国却把他们埋没在不起眼的职位上。现在京城高级官员中只有一位有过留学经历。如果中国能充分利用本国的优秀人才资源，就不会抱怨缺乏有能力的官员了。"

上海公共租界内的南京路街景

这种抱怨固然有其合理性，但是许多留洋学生对自由政治的认识相当模糊，并不完善，对当下处于关键时刻的中国未必能提出恰当的建议。他们年少气盛，要将成规一举打破，不免让老一辈官员产生警惕。许多中国年轻人学习了西方文明的皮毛，却并未理解其内涵。

日本对中国影响减小有一个重要体现：中国学生不像以前那样青睐留日了。未来几年里，几乎不会有中国人愿意去日本。只要不对日本有所冒犯，中国政府就会在这一问题上施加影响。直接原因是最近几年来许多中国人在日本学习，回国后都成了激进的煽动者。但是，清朝要想进步就需要许多国人出国留学，政府和上流人士也都在考虑留学的最佳地点。袁世凯告诉我，经验表明去美国留学的中国人往往发展得更好，而且这并非恭维虚辞，因为袁世凯身边就有许多留美归来的人士。之前严苛的《排华法案》①让中国人恼怒不已，而且当时人们觉得在日本和欧洲同样可以获得合适的教育，因此中国人放弃去美国留学。过去两年间产生了一些变化，中国留学生再次开始流向美国，过去对美国的信任和友谊恢复如初，随之而来的是人们希望将更多年轻人送到美国学习。庚子赔款留美学生就是这种情感的现实体现。

发展新式教育是改革中意义最为深远的一项措施，它会直接或间接地影响整体的变革。现代学校在中国并不是新鲜事物，教会学校已存在多年，中国政府也采取措施改良大学制度。前几年，现代教育发展的脚步有所减缓；现在又快了起来。我们可以感觉到来自中国内部的动力，中国人开始意识到现代教育带来的益处。据统计，1907 年中国大约有 1.6 万人出国留学，其中 1.1 万人去了日本，原因是和西方国家相比，在日本的生活开销较低，但有条件的父母则还是倾向于把孩

①《排华法案》是美国国会于 1882 年 5 月 6 日签署的一项法案，美国暂停入境移民。该法案是针对大量华人因中国的内部动荡和有机会得到铁路建设工作而迁入美国西部做出的反应，是在美国通过的第一部针对特定族群的移民法。

子送到美国或欧洲。实际上，依旧还有数百万中国人无法离开中国，他们同样需要现代教育，这就要求国内的教育制度、设施进一步完善。

中国青年渴望获得现代教育这一点所带来的全面影响可能在几年内还感觉不到，但这种影响已经成为一股重要力量。新式学校开始出现在全国各地。有趣的是，地方士绅也开始支持这些之前主要由私人维持的学校；而在十年前，反对办学校的恰恰是这些士绅和官员。随着他们看法的转变，官员阶层被迫满足他们的需求，反动势力越来越没有市场。

中国的另一股力量是现代新闻业，治外法权的相关规定让新闻行业得以比较自由地评论政事。这对大众心智产生了巨大的影响，并朝着积极的方向发展。舆论可以成为推动进步的重要力量。然而，新闻业发展的倾向可能遭到遏制（事实上，清政府已经采取了措施），而保守政策也可能回潮。事实上，这种趋势已经可以察觉到了，因为本土媒体及其背后的影响力已经引发了极大关注。

第二十四章 中国的现代工业

在西方人看来，中国的制造业起步比改革势力更值得关注。之前有些人宣称危险的西方工业的引入——虽然它已为日本发展带来明显的动力——将与东方劳工构成直接竞争关系，从而可能破坏世界经济的均衡。

像其他地方一样，在中国，建立现代工业需要材料、劳动力和资本。在任何一个国家或地区，这三者恰好集聚的情况都是很难得的。通常情况下，一种或多种要素是外来的，而且往往来自远方。有的时候，甚至所有要素都来自外地，然后在本地结合起来，这样才能生产出一样产品，或完成一项事业。

在这三个元素中，劳动力是流动性最低的一个。一般来说，发展工业时都是把资本和原材料带到劳动力充足廉价的地方。从劳动力这方面来说，世界上没有哪个国家能够和中国相比。因此，没有哪个国家的现代工业潜力能超过中国。中国人明白懒惰就意味着挨饿，所以工作热情很高，根本没有西方流行的好逸恶劳。普通家庭里的所有人都得工作，直到不久前，利用劳动力的方式还是传统的那一套，即通过减少和限制产量使工作薪酬一直保持在低水平，相应的生活水平也很低。

这些情况正在发生变化，其影响不可估量。现代化的机械设备已经引入中国，就像之前的日本一样。在中国人从长时间钳制着他们的陈旧思想中解脱出来后，任何明眼人都不会怀疑他们的智慧和适应能力。了解人类文明史的人都知道，现在普遍应用的一些重要力学法则都是中国人最先发现的，千百年来，他们一直在运用着它们，只是形式比较粗糙。那些曾经认为中国不适合发展现代工业的人现在都哑口无言了。目前的普遍认识是，中国已经为现代工业做好了准备，很快就能发展到和资本主义国家一样的程度。中国人已经丢弃了他们对于机械的偏见，正如他们丢弃了旧思想和迷信一样。在机械生产的条件下，中国人能够又好又快地生产产品，在有些情况下，比手工制作的质量还要好。但是，我们还不能保证中国人的工业水平能否发展到美国的程度。显然，除了劳动力以外，工业发展还有其他重要的影响因素。劳动力是昂贵还是低廉不仅取决于工资多少，也要看生产率。如果一个人一天的工资是 5 美元，但是他能完成 10 个每天工资 50 美分的人的工作，那么前者显然是更便宜的。因为从更长远的工业发展角度看，他的生活所需要低于 10 个每天 50 美分的劳动力。在确定生产成本时，仅仅比较工资多少是没有意义的。

为了在现有和未来条件下评估东西方劳动力的相对成本，我们需要考虑一些复杂的问题。只要是用到了机械，人和机器的关系就没法准确界定。但是很显然，机械在任何情况下都不可能取代人的智能，虽然它或许可以取代人的体力。如果这可以被看作一条原则的话，那么机械的力量与人类的头脑结合起来就是最有效的。目前，西方在这一方面已经取得了决定性的领先优势。中国劳动力的大体情况是努力适应现代的生产模式，这和日本的情况很相似。目前，中日两国缺乏西方意义上的技术工人，而且这会延续很长一段时间。技术工人不是天生的，而是持续训练精进的结果。在很多生产方式中，东方人的技术都是很高超的，但在现代工业中却不一定管用。现代技术工人基本都是在西方；美国虽然工资比较高，但很多产品在世界市场上反而有价格优势。

还有一件事也需要考虑。虽然目前东方的生活水平比较低，但这绝不是因为人们喜欢这样。只要有能力，中国人和日本人都希望改善生活。他们和西方交流学习就是为了拥有更好的生活。随着现代工业进一步引入中国以及技术工人队伍的壮大，工人们不可避免地会提出改善生活的要求。相反的结果是对人类天性的违背。如果上述情况发生的话，那么就会出现一个问题：随着东方一线工人技术水平的提高，他们难道不会要求更高的工资、更好的生活条件吗？如果是这样的话，那么劳动力成本低这一条也就不再成立了？

在中国现代工业的发展过程中，一个重要的产物是同业公会，类似于西方的工会。各行各业几乎都有自己的同业公会，这些组织权力很大，可以通过联合行动使任何一个行业陷入瘫痪。它们会站在工人一边争取提高福利，这是一个合理的假设。我们甚至可以猜想，如果西方工会感受到了东方低工资带来的竞争，它们会派代表越过太平洋，与中国同业公会携手，以此壮大自身力量。中国有着世界上最悠久的行会传统，现在的团结程度更是冠绝全球。现代机器大工业进入中国还有另一个必然的后果，那就是砸掉上百万中国人原有的饭碗，从而引发相应的阻滞力。

工业的第二个要素是原材料。它的情况往往会比较复杂，在中国也一样。中国拥有——或者说，有潜力生产出——工业发展所需要的几乎所有原料，自然资源更是比日本多得多。但是，在其他方面的衡量下，这些资源要得到充分利用还需要很长时间。中国可能是世界上煤田最多的国家。石油、天然气等各种矿藏虽然尚无确数，但也颇为可观。气候上也适合各种类型农业的发展。这个国家的自然资源和美国一样丰富，如果运用得当，必能大展拳脚。然而，障碍也是很多的。目前首要的就是交通，这对任何一个国家的工业发展都非常重要；但是，遍布全境的铁路水运联运网络是一定会建成的。

已经说了劳动力和原材料，在现代条件下与工业发展紧密联系的第三个要素是资本。资本是诸要素中流动性最强的一个。资本流通的困难和成本都很小。因此只要有足够的诱因，资本无疑也将进入中国。中国地大物博，但是当前局势并不利于资本在中国发展现代生产线。在现在这个阶段，准确估计中国能产生多大的资本是不现实的。几百年来，中国富人一直在藏富，以免成为苛捐杂税的受害者。中国老百姓在本能和传统思想的驱使下都是省吃俭用，少花多攒。据说，中国人有了钱，头一件事是娶妻，然后是买好衣服，接下来是买金叶子；等钱更多了，那就娶小妾，置办更多好衣服，积蓄更多金叶子，还有各式珠宝古玩。中国没有投入流通的黄金和白银数量巨大。据说，只要方法得当，中国人随时都能拿出价值 10 亿美元的黄金；就像 1871 年法国人一下子拿出那么多硬通货赔给德国人一样，让全世界都大吃一惊。

尽管中国人千百年来积累了众多黄金，但单凭本国资金是不足以展开大规模建设的。一个不利条件是，中国没有能够资助大型企业的银行或金融机构；另一个不利条件是当前局势混乱，除了汇兑银行和外汇经纪人以外，所有人的商业利益都受到损害。但是，最主要的原因是国家没有制定企业法，也没有其他可以充分保护大额投资的法律保障（除了官办资本），这是不能满足外国资本家和当代中国人的要求的。于是，本土企业也不得不与外商合资，并在能获得外国庇护的通商口岸建立办事处。这需要外国人和国外银行的合作，而外方往往会提出参与或掌控企业经营的要求。

现代化事业在中国的各个地方都得到了推广。这座城市要建水厂，那座城市要搞电灯和发电厂。电话、电车、面粉厂等，不一而足。过去，这些项目的许多倡议者都是和中国有联系的外国人；现在则多是中国的进步人士和资本家了，他们的排外情绪越发明显。这种倾向是在传递"华人治华"的观念，提倡中国的问题由中国人自己解决。中国人在做生意时是非常精明的，熟悉本国行政规章的漏洞。中国人通常不关心官方事务，但是投资项目的时候，他们希望资本和利润能够得到合理保障。所以，中国人对于进入现代企业的态度是很谨慎的，要看企业和外国人有没有联系，至少管理层不能有外国人。但是，在当前情况下，他们又害怕没有外国人就没有利润。一些企业吸引资金的方式很有趣，比如发行铁路彩

汉阳铁厂

这个工厂由中国人在一些外国人的协助下进行管理，工厂生产钢轨及其他铁路必需部件

券。旧中国的影子又出现了。然而，这些状况只是暂时的。采用西方的标准和手段是大趋势，虽然新办法会暂时受到制约，但历史进程不可阻挡。

未来 20 年间，中国很可能领跑全球铁路建设。中国目前开通了 4500 英里铁路，超过 1000 英里的铁路正在施工建设，2000 ～ 3000 英里的线路将于近期开工。目前的两大施工线路是关内外铁路和京汉铁路。1908 年公布的京汉铁路财务报表表明，通车前两年中的年净利润为 160 万美元。在这样的利润水平下，15 年即可本息偿清前期投资。1904—1907 年间，关内外铁路在总里程低于京汉铁路的情况下可取得 400 万美元的年净利润。中外资本绝不会忽视这些数据，因为它们证明投资铁路在中国是有利可图的。一名外国工程师告诉我说，他认为 20 年内中国将修成 5 万英里的铁路，而且中国完全能够支持 25 万英里的铁路。一旦铁路建设走上正轨，其进展必将与过去 25 年间的美国不相上下。

中国的铁路建设必然会引起西方国家的兴趣，因为这是中国内部的一个巨大发展机遇，同时意味着中国将成为铁轨等相关物料的庞大市场。这是给美国制造业的绝佳机会。英国和欧洲公司已经下手了，成功的把握很大。但是，除了进取心更强、手腕更灵活以外，它们与美国企业相比并无优势。我相信，在条件相同的情况下，相比英国、欧洲其他国家和日本的公司，中国更愿意和美国企业合作。从铁路设备一项中，我们就能看到美国业界在东方的发展还很不充分；部分原因是政府不积极推动，部分是美国制造业对东方市场不重视，不上心。

要想看清美国政府对在华美商的支持力度，不妨与其他国家做一对比。一些欧洲国家已经在北京设立了帮办，他们与本国外交使节有联系，是有官方背景的。帮办的职责就是调查和报告所在国的经济发展情况，并提出促进中外贸易的方法和手段。他们还要亲自出面，支持本国项目。帮办其实就是国字头的"推销员"，但比普通的企业推销员有一项优势。他有官方职衔，能获得中国高级官员的认可，打进社交圈。因此，他有机会在晚宴上与总督讨论铁路问题，借此机会推荐外国投资商，拿下大单子。正常商业渠道走不通的时候，他们可以通过这种方式直接联络相关负责人。

在本国或熟悉的环境中，美国商人不比任何人差；可一到外国，脑筋和进取心就都不够用了。普通美国制造商固执地不关注东方的特殊情况，甚至连自己的代理人的建议也不愿意接受。在东方做生意就必须努力理解东方人，至少要更多了解东方人和他们的观点。卖出现代工业品的难点在于让他们相信有利可图，这就需要花力气去说明。我们举个例子。得知中国要建设一支现代化的陆军和海军后，英国和德国的供应商会派代理人到中国来拉业务。这些代理人衣冠楚楚，还会由官方使节出面引见。站稳脚跟后，他们会找机会接触中国政府，提出自己的方案。他们的方案是一揽子式的，包括融资渠道等各方面经济计划，还有中国政府获利细节。完成这样的提议需要几个月时间和专业知识，外国企业会派最优秀的人负责指导。项目不止包括军火和舰船，还包括兵工厂、海军造船厂、码头、钢材厂、各类军需厂。还要准备图纸，进行详细的评估，充分说明计划的每个阶段。要一点一点向负责的中国官员阐述，直到取得他们的信任为止。完成这样的项目需要几年时间，很少能在一年内完成的。同时，外国公司代理人在华的差旅起居、迎来送往的费用也是很大的。这就是我们的竞争对手所玩的游戏。

我们再来看看美国人一般是怎么处理的，这里就不点名了。美国有一家企业就是生产上述材料的，它的代理听到风声，还了解到出于政治原因，中国希望由美国来承担部分订单。换做其他国家，政府肯定会通过官方渠道把这件事敲定；但是我国驻京公使却后知后觉，毫无动作。中国人只好自己先动手了。这家公司的一名代理人看到，英德两国之前已经费口舌跟中国人介绍情况，自己的机会来了，只要抢先拿下单子就万事大吉。于是，他写信给美国公司，请它制定详细的方案和预估，以便他在中国提交。结果，他只收到一封简短的信，大意是："让我们知道他们想要什么，然后我们来报价。"

在短暂地表现出厌恶后，代理用电报回复说："他们什么都不想要。"

这倒也没错。在很大程度上，中国人不想要外国产品，他们不想建造铁路、铁厂、战舰、纺织厂和机械厂，他们认为保持祖先的生活方式就很好。改变是强加在他们身上的。中国人现在意识到有些发展不可避免，但还是需要一次又一次地被说服。各国在这里展开着暗战。

两家美国大公司，标准石油公司和英美烟草公司，在东方的政策与前面讲的美国公司常态截然相反。通过坚持不懈的努力和灵活的手腕，通过完善的组织和深入的研究，这些公司将产品打入中国，并在中国广受欢迎。通过这样的方式，他们为美国的两种主要产品——石油和烟草——创造了一个新的市场。实际上，中国人学会了使用这两种物品，现在他们的消费量是巨大的。为了说明它们是怎么在中国制造需求的，我要举一个例子。标准石油公司目前在中国推出了 200 多种与石油相关的消费品，涵盖各种用途和收入群体。为了让最底层家庭也用得起，公司可是花了大力气。最近，它在美国制造了许多小油灯，通过中国经销商发售，每个只卖几分钱。一批 50 万个已经装船，一名代理商拿了样品来到中国，向中国经销商做展示。他的第一站是在长江边一座人口众多的城市。中国商人似乎很满意，说要订货。

代理商问："你们想要拿走多少？"

一个人回答道："我要 20 万个。"另一个商人说："我要 25 万个。"

代理商说："稍等一下，先生们，我们慢慢来，我现在只有 50 万个啊。"

所有订单都被砍了，以便在全国分销商中相对平均地分配。同时，代理商发电报给纽约要求补货。这一例子很好地说明了符合中国人需要的产品将有怎样广阔的市场。我们根本不用费口舌说服中国商人买单，之前早就有人铺好路了。为了供应这种灯具，美国工厂要加班加点，广阔市场就此打开。因此，在中国，带动外国商品的需求能带来很大市场，一些公司的开拓为后来者铺平了道路。如果现在有一百家美国公司像这两家公司一样开拓中国市场，美国不久便会在东方贸易中占据主导地位。

在中国铁路建设方面，如果美国工业界和金融界希望拿到应有份额的话，那还是赶快行动起来比较好。虽然中国人现在反对外资在华兴办大型事业，但与其他国家相比，美国受到的影响还是比较小的，而且能够通过外交手段进一步减轻。这是美国金融界入股中国铁路的一大机遇，至少可以在购买美国商品时同意以铁路债、公债付款，让中国人有更宽裕的时间还款。辅以美国政府采取的恰当外交支持，此种提议不会被中国人视为心怀叵测，损害主权。中国铁路是外国贷款的一条安稳渠道，现在已经没有什么好怀疑的了。

更具体地描述中国现代工业同样很有趣味。钢板和铁轨如何在汉阳完成；在武昌，有多少枪支和弹药在制造中；在唐山、汉口和武昌，铁路机车是如何组装甚至完整制造的；在上海，纺织厂是如何盈利经营的；自行车和汽车是如何制造的；中国技师与工程师的好处和坏处。这些在创造中华人民共和国的过程中都扮演着重要角色。汉阳铁厂为京汉铁路和粤汉铁路提供了大量钢轨，政府还希望自造舰船材料。一些现代产品在中国生产比在欧洲和美国成本更高，但这被认为是暂时的。中国在工业上的进步不容置疑。通商口岸的发展仍然会让偶尔来访的游客感到震惊。在过去三年里，汉口和上海的房产价格上涨了一倍多。当我在那里的时候，上海有一半的街道都封路施工。

现在对中国现代工业下一个明确的结论或许为时过早，但从现有成就来看，未来的潜力是显而易见的。很明显，美国比其他国家更关心这一发展带来的利益。美国人民不可避免地会受到东方工业发展的影响，而美国政治家应该考虑两种前途的问题：一是让东方的发展与美国的关系建立在互惠原则之上；二是关系淡漠乃至于走上敌对。我们在远东贸易中有着显然的、天然的优势，现在要由美国人民来决定未来是否要利用这些优势了。

汉阳兵工厂，生产小型枪械、大炮和弹药

第二十五章 美国在华贸易

　　为了评估美国在远东地区的未来贸易状况，考察主要竞争对手的目前状况和未来前景，以及它们牟利所采用的手段是很有意义的。华洋贸易已经发展壮大，除非帝国分崩离析，否则仍将长时间延续。自1842年开始，中国丧失关税主权，沦为列强的半殖民地。作为中国的重要财源，外贸发展相对平稳，没有发生其他国家常见的动荡局面。但新状况也在不断出现，其中有一些对美国而言是有利的机遇。

　　要想理解中国贸易的整体情况，有必要简单回顾一下它的若干不利条件。中国承担外债之后，财政系统就要确保能够支付利息。对当时的中国来说，唯一靠得住的资产就是海关收入。显而易见，只有制定措施提高海关运作效率才可以确保利息支付。这样，进口货物缴纳的关税的一部分就被截留，由外国行政官员监管。于是，罗伯特·赫德开始了他的中国海关监管生涯。直到最近，这套制度才达到了让各方相对满意的程度。在此之前，征收关税纯粹是为了营利，而且不论何种物品，税率均为5%。之后估值手段多有更张，现在则采取了固定估值法，取商品若干年内的市场价格为税基。过去许多年，这套制度下的海关收入超出了外债偿还额，余款均归入清廷国库。因此，朝廷也认为海关高效运行是有好处的，于是罗伯特·赫德及其下属得以不受干涉地进行工作。

　　然而，现在情况已经变了，原因是中国政府有意接管海关行政。1906 年中国官员被安排与罗伯特·赫德一起管理海关事务，许多中国人认为这是中国逐步恢复海关管理权的第一步，尽管国际社会不断向中国政府施压。中国政府做出这一安排出于两方面考虑。过去 10 年里，由于被迫向日本等国支付赔款，中国外债显著增加，结果海关收入再无盈余存入国库。既然收入尽归外国，朝廷也就不再关心海关的高效和廉洁了。官僚向来反对这一制度，如今汹汹民意正好为他们提供了广泛支持。

　　这在外国人中造成了不小的骚动，他们试图通过向北京政府施加国际压力，阻止其对目前海关管理制度的进一步干涉。主要理由是外国投资者对中国证券的估价可能会下跌。但关键点并不在这里，而是中国一旦重掌海关大权，可能就会一碗水端不平，严重触及美国和其他一些国家的利益。

　　中国收回海关利权背后有多重动机。其一是希望努力增加收入。中国官员早就清楚，统一的 5% 税率对某些行业来说是很低的，根本不会影响进口量，因此希望提高关税。列强已经观察到了这种倾向，有的国家愿意在特定情况下做出让步，只要中国在其他方面给予让步，从而促进该国在中国内部势力的扩张。关于这些问题，中国在 1902—1903 年与英美日三国分别订约。① 在和英国及日本签订的条约中，关税由 5% 增加至 12.5%，但中国同意废除对英日商品收取的厘金作为补偿。而在中国同美国签订的条约中，关税增幅相当却没有废除厘金这一条款。厘金是中国国内贸易的一大枷锁，但它有助于增加地方收入，所以官员是反对废除厘金的。尽管名义上实施了几年，但这些条约完全是一纸空文，以后也未被遵循。原因在于，想要对传统关税体系做出改动，必须取得最初签订条约各国的同意。对

---

① 分别为 1902 年签订的《中英续议通商行船条约》、1903 年签订的《中美通商行船续订条约》与《中日通商行船续约》。这几个条约都是根据《辛丑条约》第十一款的规定签订的。订立新的通商行船条约是参加《辛丑条约》的列强所取得的权利之一。

华贸易成规模的国家不过五六个，但是挪威、丹麦这样的国家却可以通过拒绝同意的手段来延宕修约。这种诡异的情况似乎还将无限期地延续下去，只有召开国际会议直到各国达成一致意见，僵局才会结束。在取代罗伯特·赫德的中国官员上任之际，北京部分人士认为，为换取在华优惠条件，日本支持中国采取这一收回利权的行动。然而到了关键时刻，日本人并未实际表示支持，于是中方认为还是改变立场比较妥当。一些消息灵通的中国人感觉事情并未这样结束，中国正在下一盘彻底收回海关的大棋。这对于中国来说是完全合理的目标，但是鉴于关税对于列国在华贸易竞争的重要作用，目前尘埃远未落定。

已经取得在华政治势力，正在奋力追求商业利益，未来前景可期的国家包括英国、日本、德国、法国、俄国和美国。对于其他国家（有 18 个国家同中国签订过商业条约）来说，尽管有贸易往来，但目前为止贸易规模微不足道——不过，贸易也可能是幌子，真实目的是某些更大的利益。从商业上来讲，美国在华有力的竞争对手是英国、日本和德国。就本书的目的而言，将比较范围局限在这三个国家是足够了。虽然美国对开拓东方贸易不太热心，也没有持续发力，但凭借在远东商业中的天然优势，美国早已站稳脚跟。考虑到目前各个方面的因素，它比主要对手更具优势。1905 财年是美国贸易大发展的一年，特别是当年发生了抵制日货事件。由于中国境内有香港、大连、青岛等多个外国控制的港口，所以很难准确获取中国外贸的相关统计数据。贸易总额不难查到，但查各国比重就很麻烦了。过去几年中，中国进口海关已经开始记录相关数据，但在某些重要方面上依然模糊不清。根据海关数据和其他同样可靠的来源，我认为下面的数据基本是准确的。

1905 年，美国棉制品的输入量异常增加，美国对华出口总额达到峰值，几乎与英国持平。但这一状况并没有持续太久，第二年几乎回到了 1905 年以前的情况。根据海关统计，1905 年到 1906 年间，英国、日本、德国和美国四国占中国进口商品总额的 86%。拿这几年的平均值来看，四国在华贸易份额如下：英国 37%，美国 28%，日本 27%，德国 8%。1902 年到 1906 年间，这些国家对华平均年出口额如下：英国 7500 万美元，日本 5800 万美元，美国 5200 万美元。以上数字均为约数。1905 年之前，德国对华出口额没有单独计算。这些数据均为估算值，依据是各国经香港等口岸中转入境的货品比例，未必准确。英国的数字没有计入由印度港口发出的部分。

这份记录可能会让人沾沾自喜，以为美国在华贸易地位是巩固的。为了避免产生这种想法，我们应该考察之前的竞争状况，这是从统计数字里面看不出来的。主要有几点。英国目前占据首位，自从中英通商起就是这样，而且贸易额一直都在增长。但是，由于增长比较慢，所以英国正在逐渐失去老大的地位。美国和日本正在迎头赶上，过去的几年里，美国实际上已经超过日本，紧追英国。但是，日本在一段时间里忙于战争，而且美国贸易的部分增长得益于那场战争带来的特殊状况而非长远增长。然而，总的来讲，美国产品可以在中国有很大市场，我们应该将眼光放在未来而不是现在。外国在华的贸易潜力还未完全被挖掘出来，在未来的 25 年贸易发展不可限量。美国希望从中分到合理的一杯羹，应得的一杯羹。只要各国公平竞争，美国商品持续进入中国市场，这个目标就一定会达到。

目前，美国在华贸易在没有政府鼓励或其他特殊刺激的情况下，已经立住了脚跟并不断发展，这表明了美国内在的力量是很强大的，如果有适当的鼓励措施，必将大展宏图。看看竞争对手们是怎么做的吧。以德国为例，虽然表面上似乎到处开展贸易活动，但对华贸易额几乎不值一提。然而，只要继续努力开展，未来的贸易就能得到长足发展。德国人资助了远东海域汽船航线的建设，德国旗帜在各个港口飘扬。德国远东商业局是促进德国在华贸易的一个机构，附属于德国驻上海领事馆。据我所知，机构里有 8 名德国人和大概 20 名中国工作人员。一些是从德国派来的商务专家，他们来往于中国各地，观察并调查商务案件，并向上海方面提交报告，报告在上海被整理汇编，为柏林的德国政府和贸易部门提供相关信息。这一组织的唯一任务就是收集中国商业条件的信息。这与领事服务有关联，但完全独立于领事服务之外，和领事日常工作毫不相关。目前，这一切工作的成本远高于收益，德国着眼的是未来利益。

再看日本，日本或许是美国未来在中国需要面对的最强劲的对手。日本的情况和其他竞争者不同，原因在于，为本国商品争夺中国市场，从亚洲获得原材料并成为工业国，这些都是日本国策的重要方面。一旦日本在这方面失败，贸易政策也将化为泡影。德国、英国、美国即便被挤出亚洲市场，其国家地位也不会受到严重损害，依然是富强大国。但是，失去亚洲的日本将成为二流国家，引领东方的梦想也将破灭。这意味着日本将加倍努力寻求其在华获得的利益，日后必将获得可观回报。

日本政府大力支持本国在华企业的主要业务，并通过补贴汽船公司来推动日本贸易发展。数千日本人移民至中国。日俄战争之前，上海和其他通商口岸的日本人很少，现在却出现了大量日本社区。他们也进入中国的各个角落，甚至是小镇和村落。日本的此种做法无视条约中禁止外国人在通商口岸以外从事商业活动的规定，他们想在哪里开展，就在哪里开展。最近，一家和中国有着大量贸易活动的美国公司代表试图在一座中小城市打广告宣传，但被道台下令禁止，他也照做了。在城市里走动时，他发现了8家日本商店和1家日本邮局，于是立即向道台反映这些情况。道台考虑过后，最终同意了美国代表的行动。这个道台公然忽视城中出现日本人，这当然是有意忽视。日本人似乎能够与当地官员一同处理此类情况，而官员也同意驱逐其他国家的人。日本还向北京方面施加外交压力，以便获取垄断权。日本矿业专家和商业经理人在全中国到处可见，他们的办法和德国人类似，只是有一条不同：日本人从一开始就动作迅速，开商店，建住宅。哪怕外国人发现了这种情况，抗议自己为什么没有类似特权，这种情况也没有多大

青岛街景——位于胶州湾边的德国领事馆

变化。北京方面就是这样恐惧日本。

相比其他竞争国，美国在华贸易因为这一情况可能导致未来更多的困难的出现，这是因为出现了不公的歧视。事实上，歧视早就存在了，只是还没发展成严重的问题。从中国地图上来看，6个列强对中国未来表现出了直接或潜在的兴趣，除美国外，他们的租借地都临近其势力范围。俄国极力拓展西伯利亚的边境，将蒙古和满洲都列入其势力范围。日本占领了朝鲜，并且跨过鸭绿江控制了南满。英国占领缅藏边境和威海卫，德国租借胶州湾，并建起了设施完善的青岛市作为通往内陆地区的德国铁路的终点。中国海关只向海上货品征收关税，通过陆路入境进来的商品通常税率较低，有时几乎不征税。这看起来太不可思议，但看到有关海关官员职责的规定，即"修订后的关税指的是海上关税，并不适用于陆上边境"，我就不那么惊讶了。直到最近，在西伯利亚边境地区都没有设立海关机构，在缅甸和印度支那边境有一些，商品入境需要交纳较低的关税，但逃税也是很容易的。

很明显，这些情况都可能对未来美国的贸易带来影响。短期内，所有美国在华商业对手会控制从陆上边境进入中国的铁路，以及中国境外的港口。在缅甸卸下的货物将通过云南边境进入中国，接着进入物产丰富、人口稠密的四川。法国的入口在广西，铁路最终能和覆盖中国中南部的铁路网连成一片。俄国的外里海铁路会与比利时在山西修建的铁路相连，然后通往全国。日本通过朝鲜和大连进入中国，德国的入口是青岛。美国商品必须通过港口进入，但美国对这些港口的控制力并不强。跨过蒙古边境的对俄贸易始终规模庞大，除了厘金外不收任何关税。众所周知，从法国和英国租界进入中国的商品可以免税，而且中国尚未企图对租界征收与海关相同的税率。除美国外的所有列强都部分地控制了商品的入口。中国在未来会建立完整的铁路网，这是一个不争的事实。而且，竞争对手们可能会对势力范围内的铁路通道的关税税额发挥一定影响。除非采取措施加以解决，否则美国贸易会因此大受阻碍。美国对华外交任重道远。

除了上述因素以外，外资银行也是发展对华贸易的一大因素。它们大多数与外国政府有着直接的联系，是争取国家利益的便捷机构。英国在华有几家银行，其中最具代表性的是汇丰银行，在远东有 25 家支行。华俄道胜银行在亚洲和远东地区有超过 40 家支行。横滨正金银行在亚洲支行超过 20 家。20 多家法属印度支那银行在维护着法国的金融利益。德华银行也维护着德国的利益。万国银行（International Bank）被认为是一家美国企业，但地位不如上述机构，而且与美国国家利益也没有直接联系。

或许和其他竞争国家的方式相比，美国在华贸易的发展更重要的是两国维系着一种公平的关系。一种友善的商业关系已经建立起来，两国人民相互购买对方的商品，美国是中国出口商品的最大消费国。中国官员开始意识到中国必须增加出口，否则在未来工业国转型的过程中，目前庞大的贸易逆差就可能带来压力。官员们正在全球寻求未来市场。我发现，通常情况下，他们将美国看成是更有潜力的市场。美国有许多机会。如果中美贸易能够自然地发展起来——只要没有外力干涉，这种发展总会形成的——阻力减小，需求增大，那么互惠共进就绝非难事了。相对来看，中美互惠贸易所面临的阻碍并不大。

中国对外国商品的需求与日俱增，任何人都无法忽视中国人消费外国商品的趋势，尤其是外国食品。几年前，中国人都不知道小麦面粉是何物，它曾是一种奢侈品。现在依旧如此，只是没有那么夸张，几乎每一个买得起的人都会用。街边小贩出售着小麦面粉制作的各种食品，这在几年前是根本见不到的。面粉厂在中国遍地开花，人们也被鼓励种植小麦。不久之前，普通民众还觉得吃冷食对肠胃有害，现在他们都自在地吃着冰激凌，喝着冷饮。富人阶层里这种倾向更为明显，而且只要花些钱，连苦力都能享受这些奢侈品。中国人开始越来越喜欢去外国宾馆和餐厅消费。中国将成为外国商品的重要市场，尤其是大众消费品。在那一天到来之前，中国肯定已经能自产许多品种了。事实上，这一进程早就开始了。

尽管中国目前军事力量薄弱，但它能够对在华外国企业进行报复，用一种能够直接打击外国产品的武器，这一武器就在中国的同业公会制度之中。正是同业公会制度帮助实现了对美国和日本的抵制，这些行动源于政治而非商业，但却真实地损害了两国在华的商业利益。同业公会体系凝聚力很强，甚至能够用来推动本质上不受欢迎、无利可图的运动。每种商品都有各自的组织，比如丝绸、茶叶、布匹、烟草、面粉、油等。此外还有商会，成员大多是小贩和工匠，可以看作同业公会的衍生物。同业公会有自己的章程，官府一般也承认其效力。

同业公会的审判权非常广泛，涉及所有商业活动。在中国的商业纠纷中，同业公会的判决就是终审，连朝廷也不能干预。美国驻上海领事馆前总领事 T. R. 杰尼根（T. R. Jurnigan）在一本关于中国商法章程的著作中就提到了同业公会对外国贸易的影响：

同业公会在其权力范围内干预外国在华商业活动，严重破坏了西方国家和中国的商业关系，或是将当下商场中售卖的外国商品赶出中国市场，或是致使销售这些商品的利润过低从而起到阻挠作用。然而，即便中央政府有意图、有方法，它也没有勇气扫除这个阻碍者。

毫无疑问，不论在政治上出现什么样的变化，中国的商业前景都是光明的，美国人绝不能再漠然视之了。情况从未如此紧迫，而且也从未涉及如此强大的不安因素。美国面临的许多重要问题都和东方贸易发展相关，所以美国为了推进和维护其贸易发展而制定的相关政策也不能操之过急。

工厂中的中国机械师

第二十六章 中国与美国——首篇

研究美国崛起成为世界强国的史学家们或许会记录下美国外交的两大主要危机：第一个危机决定了美国对西半球发展的态度，第二个危机则很可能主导美国与远东问题基本关系的政策的制订。

美国政府必须做出决断：在即将到来的危机中，到底是要积极地寻求解决办法，还是随波逐流；是要制定自己的政策，还是坐等别人的政策影响我们；到底是要领导，还是要跟随。为此，美国必须制定自己的太平洋政策，这一点不容置疑。美国政治家和公民可能视远东为畏途，但是不可避免的，这个问题会影响到他们，也和中国的命运紧密相连。这个地域辽阔的国家将会成为随即而至的外交竞争的风暴中心，也会成为一个由于和解失败而爆发国际冲突的战场。正如门罗主义①可以用来解释美国对中南美洲国家的干预，强有力的太平洋政策也可以衍生出对华援助，而对华援助的可能性正是太平洋政策的题中之意。

不论美国是否采取思虑周全、强有力的东方政策，一些适用于这一提议的因素都可能会受到道德和物质的阻碍。西方国家在处理中国问题上时履行道德义务

① 1823年12月2日美国总统门罗在致国会咨文中提出的，主要内容为：宣布任何欧洲强国都不得干涉南、北美洲的事务，否则就是对美国不友好的表现；提出"美洲是美洲人的美洲"的口号。目的是反对当时英国和俄、普、奥三国的"神圣同盟"插足南美洲，以使美洲置于美国的控制之下。

有一个大前提：中国的文明发展到底是应该由东方的道德和制度来主导，还是由西方的道德和制度主导；还有一个小前提：中国和中国人民是否应当为了外国利益的最大化而受到剥削。这两个前提相互联系、相互依存，因为小前提里的险恶用心需要大前提的掩护。实际上，这些政策常常打着这个幌子。

不论这个问题的道德层面被纳入学术讨论有多么重要，产生实际影响的根源都必须在现实层面中探寻。道德争论可能受其影响而发生扭曲，在道德下面，我们会发现各国利益间的冲突与合作。从全球视角来看，太平洋各国的实际利益包括领土、河岸权、商业等几个主要方面。这几个方面很可能结合在一起，共同决定了各国现有以及未来的形势。

目前，列强中只有 5 个国家在太平洋地区掌握大量领土与河岸权，分别是中国、日本、俄国、英国以及美国。按照有人居住且已开发的土地面积排名，分别是中国、美国、日本、英国（包括澳大利亚和加拿大在内）、俄国。按照河岸权统计，美国居首位，接着是日本（包括朝鲜）、中国、英国和俄国。法国、德国及荷兰也在东方占有一些领土，但同上面提到的 5 个国家相比就不值一提了。德国占有的土地仅限于一些不重要的岛屿，因为其租借的胶州湾最终会到期归还。法国占领了安南，荷兰则占领爪哇、苏门答腊、部分婆罗洲以及西里伯斯岛。

至于贸易，1902 年到 1907 年间外国对华贸易额由英国居首，之后分别是美国、日本、德国和俄国。

通过对这几个方面的计算，5 个国家中哪一个在太平洋地区处于最优地位便显而易见，美国理应排在首位，接着是中国和日本。基于形势的自然发展以及当下力量平衡的延续，美国的地位很可能会受到潜在商贸发展趋势的加强。鉴于此，保持现状是对美国有利的。

除了由陆军或海军力量带来的政治压力外，现在没有自然的或社会的力量威胁到太平洋地区的力量平衡。这些压力会直接出现，有时也会隐蔽地出现，再加上国际交往中的承诺往往靠不住，这些都不免令人忧虑。倘若中国的政治和军事力量能与其他四国势均力敌，它也就不会面临现在的困境；远东问题不复存在，至少不会影响到世界政治均势。所以，我们从中国今日的命运中既能回溯远东问题的起点，又能展望问题的终结。

就在过去的 10 年里，或自从日本轻而易举地揭示了中国军队的软弱以来，美国就对远东问题产生了强烈的兴趣。海约翰成为美国国务卿，从那时起他在东方事务上就扮演了重要而低调的角色。早些时候，美国政府认为保护中国领土完整和政治自主符合美国的更大利益，而且一直在为此施加影响。美国曾多次采取有利于中国的国际行动。我们事实上可以说，在过去 10 年间，列强采取的每一项实质性的、有诚意的重大对华让步都是由美国促成的。要点陈述如下：

1. 1899 年列强通过了海约翰的政策照会，中国政治上保持完整和"门户开放"原则被列入国际协议；

2. 1901 年，美国拒绝对华索要苛刻的赔偿，因为这可能导致中国长期在财政上依附于列强；

3. 1904 年，美国促使俄国、日本两个交战国将战争区域限制在一个明确范围内，目的是限制战争给中国人民带来的破坏，并防止将中国卷入进一步的争端；

4. 罗斯福①总统调停日俄战争，和约两国明确表示同意重建满洲，坚持"门户开放"原则。

即使这样说也并不为过，即正是因为海约翰政策照会的达成以及美国的态度，使得一个国家在其所签订的条约中，只要涉及东方事务，无论该国有怎样的打算，

---

① 即西奥多·罗斯福（Theodore Roosevelt, 1858—1919），人称老罗斯福，第 26 任美国总统。罗斯福因成功地调停了日俄战争，获得 1906 年的诺贝尔和平奖。

都不能忽略重申这一原则，所以结果就是每个对东方事务感兴趣的国家都表现出要维护中国完整和"门户开放"的原则。近期的一些事件表明美国不想放弃这种态度，威廉·塔夫脱1907年重申了这一点，同时认同中国新的国民精神。在满洲，美国领事代表已经拒绝承认日本和俄国行政当局的地位，因为它们与中国主权重叠。1908年11月，美日通过交换外交通牒重新确认了"门户开放"的原则。

也许可以这么说，如果所有相关国家对于远东问题在前提上达成一致，并且在它们之间或它们同中国之间的正式外交文件和中国问题会议中清楚地表述他们的政策，那么整个远东事务进程就会令人满意。然而不幸的是，目前各国在亚洲的某些实际政策与海约翰照会的精神完全相违背，与以往并无差别。中国并未免于外敌入侵的困扰，也无法不受干扰地、和平地推进国内政治改革，反而又一次到了民族危亡的时刻。"门户开放"原则正被回避和破坏。或迟或早，我们必须采取行动，防止促使中国解体的力量占据上风。

在这种情况下，惊动东方外交圈的问题不是"中国将做什么"，而是"美国将做什么"，因为大家都知道现在中国已经无力保全自身。正如门罗主义产生全球性的影响的前提是各国相信美国会采取行动支持它，海约翰主义产生影响的前提是各国确定美国将在东方积极实施该项政策。简言之，海约翰主义到底是一句空话，一个掩盖野心的幌子，还是一种美国要付诸实践的政策方针？过不了多久，华盛顿方面可能就不得不回答这个问题了。

有迹象表明，目前美国政府还没有给出答复，这从它的外交态度中就看得很明白了。和海约翰主义相反的一种观念是：在感情上，美国应该利用本国影响力保护中国；但如果他国采取与之相悖的路线，美国不应采取主动措施，或者说应当袖手旁观。这种时常出现的观念认为美国不该对中国表现出侵犯性，也不该插手远东事宜。

我认为我已经陈述得很清楚了，基于美国与远东问题的道义和利益的联系，美国完全可以像其他列强一样在中国实施"主动性"的政策。特别是当它过去的干预对中国有利且受到中国欢迎，这与旨在灭亡中国的干预是不同的。事实上，"干预"可以有很多种形态。德国占领胶州、俄国和日本占领满洲和蒙古代表了一种干预。军事力量带来的外交压力阻止中国在自己的领土上进行建设活动，法库门铁路就是一个例子。海约翰政策照会，即所谓的边境中立协定，罗斯福总统对《朴茨茅斯和约》的干涉也是干涉中国事务。外国干涉中国是否合理，完全取决于其干涉的方式、原因、目标和条款。例如，在中国恳求下的干涉与遭到中国抗议的干涉是不同的，对中国有利的干涉不同于损害中国利益的干涉，为实现和平文明发展的干涉不同于引发战争的干涉。所以，美国是否应该"干涉"中国要看具体情况。不论哪种情况，可以确定的是，其他国家正在对华进行主动干涉，而且如果没有外来力量的制衡，这种干涉还将进一步加重。

关于在远东的"主动性"问题，要点也在于怎么落实到行动上。在任何情况下，美国都不应干涉与其不相关或没有充分理由干涉的国际事务，这是很自然的。但考虑到中国现在的处境，如果美国在中国实施的"主动性"干预政策，既考虑到中美两国的利益，又寻求取得圆满的结果，并保证所有国家的在华政策都有类似的倾向，那么美国追求这一目标，或者积极推动这一政策又怎么会遭到反对呢？

外国政策在华的实践必须从中国自身的现状出发，这一点非常重要。中国周围是一群戴着亲善面具的敌人，不管做什么都会受到外国掣肘，它在政治上的无能与软弱尽显无疑。在一些西方人眼中，中国政坛集傲慢自大、唯唯诺诺、自鸣得意、阴险狡诈、无知无能于一身；时至今日，中国所需要的恰恰是完全不同的品质，于是旧制度的悖论性就愈发凸显。中国极其落后，但绝不是毫无希望。没有什么政治或社会问题是无法解决的。此外，可以明确的是，中国政治家们最终认识到了改革势在必行。在这一过程中，他们不仅需要时间，同样需要友好西方国家的建议和帮助。

许多中国人不想要这样的帮助，对于这些建议也是疑虑重重，但是这不应该阻止诚心帮助中国的国家继续呼吁，甚至向中国施压。我们需要明白，中国过去有过盲目听从外国建议，结果遭到算计的经历。类似的情况也曾出现在日本。佩里对日本实施了干涉①，而如今日本人却修建了一座纪念碑来纪念他。在外事方面，日本并未完全摒弃西方的建议。在朴茨茅斯，日本大臣们获得了丹尼森先生的帮助。中国现在最需要的就是这样的顾问，而得到中国信任的大国应该督促中国这样做。

几乎每个月里面，中国政府都会犯某些错误，而这些错误在真诚、称职的外国顾问的帮助下是完全可以避免的。如果中国官员们向顾问寻求帮助，那么如今中国许多重要条约就不会被怀疑有利于他国，或是被轻易曲解。中国连现代外交规则都没搞清楚，就想要一头跳进去。只要中国坚持这样做，它就会继续碰钉子，只有友好国家才能帮它渡过难关。在国际纠纷中，中国常常占有道德优势，但有时在问题的解决上太过无能，以至于经常犯最基础的错误，从而给了列强压制和羞辱它的机会。中国外交活动中的一个令人气愤、有时让人沮丧的特点是：一旦中国方面由于无知而陷入困境，它总是想要逃避责任，反而把错误揽到了自己身上。从这个角度来讲，中国在国际交往中就好比一个无能的律师，犯的错误既让法庭为难，也让其他律师和自己尴尬。

要想帮助中国实现现代化，我们需要公正、耐心和恒心。真正的公正可能意味着冷漠，但努力实现中国的稳定繁荣，毫无私心地采取措施促使中国朝着正确

---

① 即黑船事件，1853 年美国舰队到日本，强迫日本"开国"的事件。此年 7 月 8 日美国东印度舰队司令官马休·佩里率领四艘涂黑漆的军舰组成的特遣舰队，开进江户湾相州浦贺海面（今东京湾神奈川县南部），以诉诸武力相威胁，要求日本"开国"。最后双方于次年（1854 年）签订《日美和好条约》（又称《神奈川条约》）。黑船事件加速了幕府的消亡，"开国"政策也为日本以后的明治维新以及 20 世纪的迅速繁荣奠定了基础。

的方向发展才是真正需要的。在未来几年中，中国可能会显得拖沓延宕——这与中国的行政制度是分不开的——甚至让秉公持正的友邦也觉得忍不下去，但是，对华援助不应因此搁浅。中国推迟采用西方政体的做法尽管令人气愤，但也并没有主动伤害其他国家的利益。中国可能会推迟实施，但不会隐藏或破坏它。而且，中美两国拥有真正的共同利益，这是毋庸置疑的。

目前，远东的政治和商业力量都在稳步地把中国推向美国，美国只需要开展审慎的外交活动，就能够成为对华影响力最大的外国势力。我认为，驻北京公使馆是现在美国政府最为重要的外事部门，理应被提升为大使馆。它是少有的几个仍有机会开展建设性外交的地点之一。很难想象美国政府和人民会对一个人口达四亿三千万的国家毫不关心，或者不受这个国家前途命运的影响。采取积极的东方政策的后果不必担忧。实际情况是，只要美国采取了积极政策，便能在太平洋发挥领导地位，因为希望破坏中国稳定的国家现在资源紧缺，而且还陷入了严重的内部问题。或许现在的情况比以往任何时候都更有利于和平。除非美国再次干预东方事务，否则未来几年很可能还将出现大战。事态发展表明，要想维持"门户开放"政策，美国必须施加直接干预。现在容不得袖手旁观、优柔寡断，是时候向中国伸出援助之手，支持并引导这个国家渡过难关了。

工作中的中国工程师

　　在国际舞台上为取得优势而采取的行动和反击中，在适应发展情况而不断建构和重构政策的过程中，是不是会出现一些重要而有趣的外交博弈，这些外交博弈之所以值得关注，主要不是因为实际内容，而是因为间接的含义。1908 年 11 月 30 日，日美两国交换公文的行为就属于这样的外交风向标。尽管这一协定①表面上谈的是美日关系，但也与两国对华关系密切相关，值得去认真思考。

　　这一"协定"的确意义非凡，不仅在于内容，更在于含义。它激起了全球各国的兴趣，这体现在其他国家纷纷对此发表评论上，也体现在各国评论员竭力从协议的条款中归纳出一些明确的结论。美国人乐于认为——很可能大部分美国人也确实相信——美国政府已经摆脱了旧时的秘密外交手段，即国际条约应当掩盖真实意图。但是，从表面上来看，这份备忘录所体现的正是老式外交手法。当年拿破仑手下的大臣向他报告说，拟议条约中没有任何歧义，结果得到的反应是："那赶紧加一点歧义进去啊。"显然，这份协定是用不着专门加入歧义的。我们必须结合具体情势才能解读此类文本的含义；具体到这一份文本，我们必须考虑当

---

① 即《鲁特—高平协定》(The Root-Takahira Note)，原名《关于太平洋方面日美交换公文》。日本为缓和与美国的关系，确保对华侵略政策的实施，1908 年 11 月 30 日由日本驻美特命全权大使高平小五郎与美国国务卿鲁特在华盛顿订立。

代日美关系、后续发展和中国的现状。

鲁特和高平小五郎的换文"协定"内容如下：

1. 鼓励两国在太平洋地区商业自由和平发展；

2. 两国需维持现状及在中国工商业机会均等；

3. 两国互相尊重对方在上述区域的权益；

4. 两国应在太平洋采取一切手段保持中国独立及领土完整，以及列国在华工商业机会均等；

5. 上述内容遭到威胁时，两国应协商解决。

第 1 条是泛泛而谈，并未具体针对对华关系，只不过提出了一切进步国家的共同看法而已。

第 2 条条款包括一些明确内容。两国宣布要采取"维持现状"和"在中国工商业利益平等"的政策。现状是什么？是否包括当下日俄两国对满洲的侵占？看上去似乎是包括的。我们很难相信此处的"现状"只包括日美两国本土。不管是协定之前的状况，还是从两国的假设前提来看，两国都对对方领土没有企图。条文中明确提到了中国，再结合其他情况，这一条显然是只限于中国领土而言的。难道我们要相信美国已经对中国满洲的现状表示默许了吗？关于这一条款的含义，我们是否可以根据自 1904 年以来实施于满洲与朝鲜的机会均等原则来解读？对于美国在华利益和北京政府而言，这个问题不可回避。这一干预也就从这种遣词造句中出现了。

第 3 条确认了上一条范围仅限于中国领土，因为本条款专门提到了"上述区域"，也就是太平洋。如果说这一协定能给美国带来物质利益，那么就体现在这一条里。原因是，这条内容在起草时就明显将菲律宾考虑在内。我认为，日本——

或其他任何地方——最极端的军国主义分子也不会觉得美国会侵略日本本土。即便美国确实有此种妄想，日本奋起抗战即可，用不着任何文字上的担保。反过来也是一样，除了美国在远东的领土外的情况。这一条的主要意义在于，外界之前一直怀疑日本对远东有种种企图，如今总算得到了某种承认。

第4条基本是重复了第2条，主要就是加了一条："在太平洋采取一切手段"保持中国独立及领土完整。如果我们能确定要保持"现状"是什么——这要结合第2条来看——第4条的含义就要清楚多了。倘若现状包含满洲的话，那么从逻辑上讲，中国所希望实现的领土主权完整应当是华北式的，而不是满洲式的。我们可以说，这一条与中国想要维护的领土主权完整大不相同，却符合西方对中国的认识。

哪怕在这份含糊其辞的备忘录里，第5条也显得颇为赘余，因为它只不过说明两国政府会根据文明国家的惯例发展外交关系。然而，这又是两国在这份所谓的"协定"中唯一明确的内容。

对《鲁特—高平协定》的分析表明，当今世界中最重要的国际问题——远东问题——不可能公之于众。因此，这个协定的重要性——很明显，各方一致同意这个协定是重要的——必须从它引发的情势中来看。反过来，通过这些情势才能看出表面条文将在现实中产生多大影响。

我们之前已经回顾了当代日美关系，这次公文交换是其最新的官方表述。自从海约翰协定制订以来，表面上看，美国的东方政策在原则和实践方面都没有什么变化，日本也表示了赞同。我要重申海约翰协定的基本原则：保证中国独立自主和领土完整，对在华外国工商业实施"门户开放"。除非一方或双方政府的态度和行为有所改变，否则没有理由重申这些观点。据我所知，美国任何时候都没有转变1899年以来的对华态度。那么，一再重申对华立场的推手就不是美国，而是日本。

毫无疑问，美日两国在1906—1908年的持续外交意见交换表明，美国对本国在满洲和朝鲜的权益不是很满意，美国对远东事宜的态度明显强硬。塔夫脱先生环球旅行来到东京和上海时举止温和，言辞也十分坦诚。可突然间，整个东方的各个阶级都产生了这样一种感觉，即美国打算采取更为坚决的立场。在这段时期，我基本都身处远东。美日局势紧张以及1908年部长级危机凸显时，我就在日本，得以近距离地观察了事态进展。显然，自1908年夏天伊始，日本政府就感到有必要调整其大陆政策，最起码要做点表面功夫。头等大事就是同美国修好，要好到足以吸引全球目光。为了实现这个目的，同时避免显示出被迫修改的窘态，日本需要快速行动。中国打算向美国说明日本对满洲的野心，唐绍仪被委派去执行这一使命。日本人认为，美国不会把中国人的抱怨当回事。日本在侵占满洲和朝鲜时遭到了强大抵抗，已经使其疲于应对，于是准备给自己找个台阶下。局势已经到了必须有所作为的时候，而《鲁特—高平协定》似乎就是答案。它意义重大，因为唐绍仪率领的中国使团抵达旧金山时，日本公布了这一协定。无论如何，这都是个有趣的巧合。同样有意思的是，协定出台当天，美国舰队就从马尼拉向大西洋返航。

日本反复重申其地位，想要实现的主要目标如下：

1. 诱使美国舰队返回大西洋，从而恢复日本海军在太平洋的优势地位；

2. 恢复因美日两国关系紧张而遭到严重破坏的海外信用；

3. 平息广为流传的美日关系濒于破裂的流言，这些留言有损其名誉，也会阻碍其亚洲政策的实施；

4. 阻止中美进一步达成谅解，因为中方目的一旦达成，其在远东事务中的地位必将加强，而日本的影响力就会相应削弱；

5. 平息与日本大陆政策相关的负面言论，从而在不引起国际注目的情况下壮大陆海军实力。

第 1 个目标已经实现了，第 2、第 3、第 5 个目标很可能也已经部分实现。但日本能否通过重申放弃侵略性亚洲政策而获得实际好处，这还要看其未来的行动。如果日本继续说一套做一套，就像之前它在对华和对朝政策中所做的那样，必将再次招致西方的厌恶。然而，我们有理由猜测日本给自己赢得了喘息之机，其太平洋政策将受到西方的广泛赞誉。根据日本的分析，新协定在国内会带来不满情绪，尽管政府部门均表示支持。实际上，这份协定并未涉及两国关系中必须调整的重大问题，而且日后可能会在国会中遭到反对派的批评。

日本打算在中国和美国之间设置障碍，阻挠两国的相互理解。列强认可的模糊现状一定会让中国担忧，因为这与日本和其他国家协定的条款相似，中国将其视为敷衍了事。事实上，北京方面已经出现了非官方表态，表达了对《鲁特—高平协定》的不安。在中国，人们不免会猜测日本是否已经诱使美国同意其保持在满洲的地位。从某种程度上来讲，这一协定以及全世界的评论可能使中国出现了这种观点。这样一来，中方的不信任就有助于日本达到自己的目的。我不认为美国会认同满洲当下的状态，华盛顿政府无疑会通过外交渠道表示美国并无此意，以便让中国安心。

还有一个问题需要探讨，那就是华盛顿政府的目的和利益。我们或许会认为，美国的主要目标是维护在菲律宾的利益，但不应当仅限于此。显而易见，如果日美关系破裂——不管是因为中国还是其他问题——两国之间是没有正式条约能阻止日本进攻美国属地的，虽然有一些模糊的意见交换。有鉴于此，我们必须考察美国其他方面的目标，现列出如下：

1. 再次明确地吸引全世界特别是美国人民的注意，即政府认为美国在东方局势，尤其是中国的命运和福祉上有着根本利益；

2. 向列强宣告美国的远东方针自海约翰协定颁布以来从未更改。换言之，美国不会因为日俄战争的结果而改变自身态度；

3. 再次向列强表示美国希望在解决远东问题上发挥积极作用，任何影响中国命运和太平洋力量平衡的行动都要考虑美国的意见和期望。

这才是美日协定的关键。重要的不在于协议内容，也不在于签订国恰好是日本（尽管这一点是有意义的），而在于它是向全世界公布的。于是，列强表现出的浓厚兴趣就是有充分理由的；因为这样来看的话，貌似空洞无物的"公报"实际上是一份重要的国家政策宣言，若能得到贯彻，必将影响各国命运。我认为，华盛顿政府在预估这一外交行动的结果时是考虑了国内因素的，希望造成一种理性的远东问题舆论，唤醒美国人民的全球意识，认清美国在世界各国中的地位。如果这一协议能促成这一结果，那便是功莫大焉。国务院之所以没有更明确具体地说明自己的立场，可能是因为宪法中关于对外条约须由参议院批准的规定。

然而，深思熟虑的美国人不该因太平洋事务的担保而错失其他可能性。我们不能像肤浅的批评言论那样草草下结论，说这个协定本身并非"保障太平洋地区的和平"，而只是保障了美国日后在远东事务上能产生更大影响。如果我国在远东的活动拥有足够的实际力量支撑，能够在条件允许的情况下采取行动，美国自然可以发挥影响力来保障当地的和平，而且唯有达到这一点才可以。纸面文件保障不了任何地方的和平，只有实际行动才可以。远东的实际情况并没有因为此次公文交换而发生改变，纷乱的因素仍然存在。或许华盛顿政府也清楚这一点，所以尽管和日本郑重地恢复友好关系，但两国并不会停止新战舰的下水，美国的太平洋军事基地也不会废弃。

由于中国目前的亲美倾向，其他在华利益相关国通过多种方式表达了不安情绪，这从日本明确希望与美国修好中就能看出来。一个有趣的例子是，美国太平洋舰队出访的日程安排极大地损害了中国的形象。军舰抵达厦门时，中方接待的

位于北京的美国公使馆

某些方面遭到西方和日本媒体的抨击，理由据说是中国人态度冷漠。为了解中国人民和政府在美国军舰抵达时看似奇怪的态度，我们有必要回顾一下之前的情况。我们应当明白，一些势力是反对并竭力阻止这一友好行为的，如果没有得逞，那也要尽可能降低其正面影响。这些势力与中国有关联，但并不是中国人自己；这些势力主要可以分成两大类：日本和欧洲（包括英国）。

日本在中国的影响力既有实在的，也有潜在的。实际影响的产生主要是通过占领南满、在华商贸权益和陆海军行动。在东方人看来，日本的陆海军并不逊色于西方列强，而潜在影响则涉及两国的根本关系。显而易见，复兴后的中国可能会成为比日本更强大的东方国家。相比之下，日本在国际事务中的地位和影响，特别是对亚洲大陆的影响将会被削弱。所以，日本外交政策的首要目标是阻止这一情况的出现。当前中日关系的关键同样与此直接相关。两国间存在许多复杂的外交问题，这些问题主要出现在日本占领满洲之后。现在，日本在谈判中由于军事强大而占有很大优势。中国人——特别是中下层——普遍有这样一种想法，即日本海军是太平洋霸主，而中国只有道义上的武器。日本政界是乐于维持这一印象的。而一旦外国舰队访问中国，它又明显强于日本海军，那这一行动对日本的影响便是不言而喻的。

至于其他反对美国舰队访华的势力，其动机就比较复杂了，出发点甚至存在一定的矛盾。但是，它们背后也存在着共性。在某种程度上，目前在华的外国人和利益方都是依靠外国力量，并倾向于对中国施压。如若需要，还会进行胁迫。在民间交往中，这就体现为在华外国人的地位比与他们有商业和社交往来的中国人优越；在官方交往中，则体现在外国势力在外交中居高临下的态度上。这种情势根深蒂固，以至于许多在华外国人和部分外国政府认为这将万古不变，由此衍生出了不少看法，其中之一就是：一旦改变或降低外国人在华地位和利益，他们就会处于弱势和不安全的状态。因此，许多在华外国人——毫无疑问也有一些外国政府——对改革运动，以及改革初期出现的短暂排外情绪感到不安。

美国打算以实际行动维护中国的意愿。1908 年 10 月，塔夫脱先生在上海发表讲话，由此引发了在华势力的注意。塔夫脱当时说道：

对美国和其他真正支持"门户开放"政策的国家来说，明智的选择是欢迎进而鼓励中国在行政和政府改革、开发自然资源、提升人们生活水平上的大步前进。这样一来，中国将成立独立的政府，提高国际地位，抵御所有试图在其领土内寻求不合理特权的外来侵略，在没有外来帮助的情况下实施对各国机会均等的"门户开放"政策。中国投入数百万美元，致力于建立工业大国，有些人就开始警惕了。我并非这样的人。在我认为，这样做虽然会损害外国对华贸易，却可以促进中国的经济增长。一种基于对方无力开发本国资源、无力决定进出口相对价格的贫困落后状况的贸易是绝不会稳定，也绝不能长久的。

鉴于以上原因，对我来说，"中国人的中国"的诉求不该让任何人感到害怕。它意味着中国应该投身于开发其丰富的资源，提高勤劳人民的生活水平，扩大本国工商业，实施政治改革。这样的变化只会扩大我们同中国的贸易。唯有同工商业发达、充分开发本土资源的国家往来，我们的出口贸易才能够最大化。在菲律宾，我们学到了一点：最适合菲律宾人的政策，从长远来看，也最适合与这个岛国通商的国家。

这次演讲有中外人士共同参与，不到一个月，演讲稿和解读文章就传遍了中国。有的地方是通过报纸，在交通不便的地方是通过别的一些方式。中国各个阶层都有所听闻。

这是西方官方高层第一次明确地释放善意，表示支持中国的新事业，很快也得到了热情洋溢的回应，但许多在华外国人则将其视为异端邪说。演讲的结果有利于美国的远东利益，这是众所周知的，也引起了一些方面的嫉恨。起初，塔夫脱先生的言论在远东还是得到了媒体的认可和维护的。但是，他离开后，一些在华外国人便开始贬低他的言论。然而，这种做法很快就产生了反作用，唤醒了在华美国人的爱国热情，团结起来推动本国利益。

美国舰队启程前往太平洋，人们也知道很可能访问远东时，情况就会是上面说的这样。所以，美国在华利益团体将其视为难得的良机，制订计划促使华盛顿高层随舰访华。私下进行咨询的中国重要官员也同意了这个计划。尽管当时计划的细节还不清楚，但英国驻上海领事馆已经听到风声，并与驻京英国公使馆交流。由于尚无消息确认，所以当时还只是停留在揣测阶段。但后来，这件事在东京迅速传开，日本也希望舰队来访，试图抢在中国前面。日本的邀请比中国早一天发布，于是看起来好像是中国跟在日本后面，只是出于本能地附和而已。实情恰恰相反。

自从中日发出邀请以来发生了若干重要情况，值得回顾一番。消息公布时，美国驻华公使柔克义（William W. Rockhill）正在日本。他之前从华盛顿前往北京途中就曾在日本度过假。接着，他于1908年4月抵达上海。他熟悉远东的情况，也发展了大量的人脉，其中就包括一家英国知名报业的驻华记者，这份报纸和英国政府早就有所联系。中国许多人认为，这位记者为柔克义讲了很多自己对东方政局的看法。的确，自从柔克义正式出任美国公使以来，他就经常提到这位记者。柔克义到达上海前，一场阻止美国军舰来华或至少限制这一事件带来的影响的运动正在进行当中。这场运动背后的情绪并没有公开表达出来，最多有一些措辞克制的言论，但显然很多舆论渠道都受其影响。这些人希望用比较低调、间接的手段达成自己的目标。

同时，打算以盛大场面欢迎美国军舰的计划也正在酝酿。北京政府似乎尤为支持这项计划。柔克义先生到达中国前，人们觉得美国会把整个海军都开过来。我曾同袁世凯、唐绍仪等中国高官就此讨论过，他们都表示乐意招待美国舰队。

一些人指出，过去许多外国舰队来过中国，但中国主动发出邀请还是头一遭，他们认为这标志着中国开启了外交关系的新时代。他们计划邀请海军指挥官和官兵进京面圣。当时，大家都以为舰队会来上海，因为美方一致认为上海是合适的，而中方也能接受。上海具有其他港口所不具备的独特优势。上海是中国的商业和金融中心，是东方的交通枢纽，而且从中国内陆来上海也是最方便的。大型船只需停靠在长江口的吴淞，这里距上海大概只有 12 英里。有吴淞铁路，水路通达，可直接通往各大内河外海航线。如果舰队抵达上海，那么几百万人都会看到。几百条船舰、汽艇和小船已经为观礼者备齐，有一部分甚至是专门租来的。中方不仅要办一次国务访问，更要搞一次国际大会，各个国家的代表都会参加。上海居民——不管是中国人还是外国人——都瞅准了这次机会，准备大赚一笔。

然而，就在这个当口，国际政坛发生变动，反对美国派遣舰队来华的势力插手干预。动机显然是来自官方，却采用了民间渠道。引发的争论可总结为以下几点：舰队来访的目的可能会在中国人民和政府中产生误解，而且可能会刺激中国人的爱国热情，从而将他国政府（日本）卷入其中；中国人会将这次来访解释为中国与西方列强已经取得平等地位，这或许会损害在华外国人的地位。这些都是公开宣扬的言论。

其他外国利益群体一致反对美国舰队来访而放出的非官方言论是：这一事件可能提高美国在中国人眼中的地位，让其他国家处于相对劣势的地位，从而增强美国的影响力。他们认为，美国的这一安排意在破坏其他国家目前享有的在华特权，是损人利己之举。美国抵达中国港口可能会损害其他列强划分的"势力范围"。最后一条理由在上海问题上表现得尤其明显，因为上海是英国的势力范围。日本还有一个自己的理由：在东方人眼里，美舰访华会为中国抵制日本提供道义上的支持。这些观点都没有拿到台面上来，但值得怀疑的是，如果它们没有得到美国驻华公使的支持，中美两国原定的计划还是否会被推翻呢？

或许柔克义的后续行动同他到上海不久召开的，并有英国利益方代表参与的会议无直接联系。但和他刚从东京过来的事实联系起来看，事情就不那么简单了。这种联系虽然只是揣测而已，但有些事实却是确定的。柔克义很快告知美国官方机构和民间团体，他不赞同美国派遣舰队来华，尤其是将地点选在上海。柔克义刚表态，舰队访问上海的行动就被搁置了。在华美国协会（American Association of China）本应发挥带头作用，与美国总领事馆一同推动访华一事，却因意见分歧而逐渐失去热情。其他中外集团人士也不可避免地向柔克义看齐。至于其他外国势力，不管期望如何，也是无计可施。建立国际商业人士接待委员会的计划也流产了。

进行接洽的英国、法国、德国、日本商行的回复都是："我们乐意参与接待美军舰队的活动，事实上我们十分希望它们抵达上海，但得知美国驻华公使的反对态度后，您知道我们也无能为力。"

这让中国人更为沮丧。中国早就安排各个同业公会参与迎接美舰，消息也已经传遍中国的各个角落，或许东方人因为能够借此显示自己的实力而欣喜不已。美国之前宣布退回部分庚子赔款①，中国各个阶层也希望做出回报，美军舰队访华正是一个机会。柔克义在上海短暂停留后便前往北京，他抵京后的首要行动之一就是向美国国务院拍发电报反对舰队来华。可能在电报传达之前，这一问题已经过中国外务部的讨论，所以迅速在中国官场传开。

现在考虑一下北京政府的立场。它之前曾邀请美军舰队访华，也相信美国将接受邀请。在美国公使抵华之前，北京政府与华盛顿政府的初步交涉一直在进行。

---

① 庚子赔款，简称"庚款"。1900 年（清光绪二十六年，庚子年）八国联军攻占北京，强迫清政府于次年订立《辛丑条约》。其中规定向各国赔款关平银四亿五千万两，分 39 年还清，年息四厘，本息共计九亿八千二百二十三万八千一百五十两，以关税和部分常关税、盐税做担保。这笔赔款因庚子年义和团事件而起，故通称为"庚子赔款"。从 1909 年（宣统元年）开始，美、英、日、法等国相继放弃并退还部分赔款。但截至 1938 年，各国已获得这项赔款六亿五千多万两。

如今，美国公使终于来华就职，非但不支持，反而试图阻挠，这一做法只会深深地羞辱中国。但是，北京政府也不能黯然撤回邀请，只能等着华盛顿方面的行动。自那时起，中国对于舰队来访的态度就变得十分敷衍。邀请既然不能退回，就只能悬在空中。朝廷预见到此事或许会让中国在全世界面前大丢颜面，所以只有一个合理的办法，那就是委曲求全。后来，美军舰队宣布将访问厦门，但一同传来的消息是只有一半军舰参与，而且不是由长官率领。消息确认的时候，我正在上海，刚从北京经由汉口回来。第二天，一位去过美国的中国官员——他现场听过塔夫脱的上海讲话，而且在同业公会中间很有影响力——对我说："美国政府的此番行径与塔夫脱的亲善言论要怎么协调起来呢？"

随后的一个月里，一则消息在中国四处流传："二等舰队、二等司令即将访华。"时常还传出消息说一等舰队、一等司令将前往日本。消息传开后，人们的热情也平息了下来。厦门相对偏远也不太方便，常发生霍乱，能参与的中国人本来就比较少。再加上来访舰只的削减，北京朝廷已经明白：试图压制中国的外国势力已经说服了华盛顿政府。自那以后，邀请舰队司令和海军官兵进京的想法就无人过问了。

因此，舰队访问厦门时的待遇是不难预期的。人们只是假装对中国人的缺乏热情、接待官员的敷衍了事表示惊讶。一些人从中国官方报纸对此次活动的报道中得出结论，错误地以为这表明了中国政府冷漠和落后。尽管有些人认为这体现了一个国家的自尊自重，而非安于现状的冷漠。中国政府本身是欢迎美舰访华的，但总不能指望中国去强调美国自始至终的怠慢吧。中国的态度和行动是符合正式礼节的。在这一事件中，中国受到的待遇要明显低于虎视眈眈的邻国，因此表现得不热情也没什么好责备的。美国舰队访华本可以鼓舞中国，让美国获益，最后却沦为敷衍的炫耀武力。而且，即便是这个目标，也因为舰船数量减少而没有实现。

从中国的角度来看，这次舰队来访带来的影响有：（a）中国再次意识到，只有建立强大的陆军海军才能获得列强的平等对待；（b）塔夫脱先生来访的成果以及退还庚子赔款所产生的正面影响有所减弱；（c）中国意识到，美国更重视对日关系，而非对华关系；（d）在某些地区，尤其是远东，人们可以推断出美国对华采取这一态度的原因是害怕引起日本不快。

从世界的角度来看，它可能带来的影响有：（a）中国人民和政府的举动表现出了落后；（b）中国人对美国不如日本人对美国友好；（c）美国无意主动帮助中国实现领土完整和"门户开放"！这些推断符合在华外国势力的期望，却与美国的利益相悖。因此，反对美舰访华的势力已经成功地塑造了此事造成的印象。

然而，我们需要记住这一点：中国从这一事件中得到的任何负面感受都会影响到美国和美国人的在华利益，而其他外国利益相关方发挥的作用可能会被忽视或是弱化。我想知道一点，那就是美国的东方政策还要继续受他国愚弄多久？支持——哪怕是被动地支持——一种动员保守势力反对美国在华事业，巩固其他国家在华优势地位的政策，到底对美国有什么好处？塔夫脱先生在上海曾向在华各方势力表明，美国东方政策的制定和实施本来是大有希望为各方带来积极影响的。

第二十八章　中国的外侨

随着中国不断发展，一个严重的国际问题产生了，那就是在华外侨问题。中国为了发展外贸，在通商口岸的"租界"单独设置了外侨居住区，至于当初是否预料到了如今的扩展，那倒是很难说。不管具体情形如何，租界已经发展成了现代化的居民商业区，随之带来了各种活动和关系。上海租界或许是这一特殊情况的最佳体现。各租界总人数大约在 60 万到 75 万之间，而且还在快速增长，几乎包括世界上的各个种族和民族。实际情况因为外国租界临近人口众多的华界而错综复杂，几乎融为一体。

起初，中国政府给各大国分别划分了租界，但现在除法租界外，各租界已合并为公共租界。由于在华居住的外国人必须遵守一定的法律，因此法律事务就由北京各国领事馆管辖。如果某个国家未设立外交代表，其在华利益就由友国代理维护。外国领事馆只能间接行使行政职能，通常由通商口岸的领事代表完成。但随着租界数量的增加，一些大国的领事馆人员对治外法权中的法律管理应接不暇，这推动了普通法庭的出现。

但这还不够，租界管理依然需要探索新办法。租界管理涉及大量中国人（现在中国人占上海外国租界总人口的 98%），于是混合法庭应运而生，职能也已明确。只涉及外国人，或外国人是被告的案件须由外国法庭审理；也就是说，涉及

汉口外国租界边堤岸

不同国家且没有普通法庭的情况下，案件将由领事法庭裁决。我举一个例子来说明。如果案件只涉及美国人，将由美国当局裁决；如果被告是美国人，也是同样的做法；但倘若美国公民或机构作为原告起诉其他外国人，案件则要由被告所在国的法院审理。现在上海有 19 个国家的领事代表，由于存在许多不同的外国司法管辖权，因此这类案件的审理变得非常复杂。

显然，这一制度很大程度上依赖于各国当局的协同合作。例如，一名德国人可能在上海租界杀害了一名美国公民，而重要目击者又来自其他国家，比如法国或英国。这个案件将交由德国法庭审理，但德国法庭无权强制英国、法国、美国目击者接受传讯提供证词，他们只接受本国当局的管理。除非各普通法庭和领事法庭相互合作，正义才能得以维护。要想具体说明租界内几乎无止无休的疑难案件，恐怕非连篇累牍不可；之前对总体状况的描述大概已经足够了。这就产生了一个显而易见的结果：司法机构多如牛毛，只要有一个徇情枉法，租界就会成为不法之徒的避风港。在一定程度上，这种制度本身就为违法者提供了保护，助长了不良之风。这不仅有损国家声誉，还会损害整个社区的利益。

对于这一问题，我们应该考虑各个在华外国社区的特点，这就需要简单回顾一下历史。外国贸易在华发展多年，在华外侨的生活环境异常宽松，这就带来了大量的外来人口，其中除了一般意义上的守法公民外，还有一个极为多样的冒险家群体。起初，这个群体的各国人员比例与各国总人口相当。于是，租界出现了两种生活标准：一种谨遵西方国家的社会和商业行为规则；另一种则偏离了西方文明的传统，也偏离了西方人的道德准则。"在中国口岸，什么都可能发生"成了一句俗语，也成为外国人在同胞做出恶行之后的辩护借口。几年前，在华外侨拥有多名中国女伴是常事，这种做法也不会严重影响到其原有的社会和商业地位。找中国妓女寻欢作乐也是允许的。在与中国人的商业往来中也存在类似情况，他们常说"我们来中国可不是为了养生保健的"。

　　在一段时间内，租界与华界基本上是平行发展的，没有太多往来。但随着时间推移，情况发生了变化：外国企业在中国大幅扩张，外侨社区也随之兴盛起来。由于中国深深受到西方传统商业和社会标准的影响，所以这些标准不可避免地用来更加严格地约束在华外国人。已经获得较大利益的国家自然会采取措施，竭力保持现有关税不变，维护本国利益。这意味着，正如其他许多方面一样，英国率先在中国设立了外国法庭。其他大国紧随其后，到现在为止，在华有直接利益的各国均已建立法庭。

　　然而，这种设立外国法庭的行动并非同步进行，也不是各国协商的结果。各国设立法庭都是独立进行的，时间也不统一，所以外侨社区的管理制度改革是渐进式的，持续了很多年。随着明确司法程序逐渐取代领事裁判权，租界辖区内推行正常的西方法度，外国不法分子的机会就少了，纷纷躲进沿用宽松旧办法的租界。许多拥有在华权益的小国将治外法权委托给了友邦大国。但是，租界内仍然有几块藏污纳垢之地。

　　美国是最后一个推行外侨管理制度改革的大国。结果就是，各国违法个人和企业的出现促使各国改弦更张，而美国的违法者却逐渐增多。上海是东方大都市、中国的商业中心，由此成了欺诈"圣地"，手法熟练的西方歹徒就这样在东方招摇撞骗。中国沿海的犯罪集团——特别是外国势力——与其他国家并无二致，进行着各种真真假假的犯罪行为。这些人包括私自藏钱的收银员、受贿政客，还有那些处在违法边缘、逃避惩罚的社会成员，比如赌徒、妓女和寄生在他们身上的人。正常情况下，这些人员理应受到城市警察的管理，但因为治外法权的存在，这种通行做法往往行不通。

　　外国租界的这些势力有不少以美国政府的名义行事，说起来也是很有趣。一般的套路是：一名声名狼藉的美国人把公司或项目办起来，挂起美国的招牌，美国领事要么包庇要么视而不见，管辖区再添一笔糊涂账。坦白说，在这种情况下，正是美国领事馆促使这些不法势力产生了对获得美国公民身份的向往。其他列强将这些人员排除在管辖范围外，于是这一群体集中起来，通常就在美国租界，随之出现大量"贿赂"行为。一些前任美国在华领事实在难以抗拒。此外，几乎无论在什么地方，这些恶德——至少是这些恶德的某些表现（比如赌博和嫖娼）——都被认为是难以清除的人类劣根性，哪怕西方名流也会睁一只眼闭一只眼。中国几乎全民皆赌，纳妾也是合法的，这两者并不属于道德败坏。这些恶行在西方文明之中和在东方一样根深蒂固，尽管我们对此表现出的包容态度有所不同。在华外侨社区中的一些强大势力试图包庇这种恶行。虽然一些国家出台了官方禁令，但官员们也乐见这些行为在其他国家的庇护下继续存在。是的，官员们在公开场合作痛心疾首状，还谴责美国人纵容坐视。但是，这些国家的其他成员却能自由地提供资金和情感上的支持，使得这种状况能够延续下去。

上面的描述看似唐突，却基本属实。实际上，我们在上面提到了一种不道德的情形——它经常被称为"最大的社会陋习"（the social evil）——深深扎根于中国的所谓"社交体面"，一方面是间接提供了资金支持；另一方面也与同样强大的私人偏好有关。在这一方面，中国外侨社区中受害最严重的当属英国人。多年以前，英国政府就在东方推行了一项政策——特别是在种族隔离构成行政措施重要一环的英属东印度——禁止某类英国妇女出现。而且，由于英美语言相通，美国的"散漫"女性也不许来印度、缅甸和海峡殖民地。然而，英国政府推行这项政策完全是出于政治考虑，因为其他国家的这种女性是被容忍的。在香港，美国"散漫"女性是允许的，但英国的就不行。在中国，英国自然管不了其他国家的人，但本国的此类女性依然遭禁。然而，在东方到处都有那么多英国人，对此类外国女性的需求自然也是成比例的；实话说，他们简直就是在鼓励这种现象。于是，只要英国的"脸面"保住了，一般英国人也会抱以容忍乃至赞许的态度。

经过了多年的漠不关心，美国国会终于意识到要处理这一问题，并于 1906 年在华设立美国法庭，管制我所提到的外国不法分子。在建立法庭时，国会所依据的信息既不充分也不完善。法案将美国法律应用于中国，包括当时的普通法和领事规章。显然，这种做法是很不够用的。美国法律的适用范围有限，仅限于管理联邦法院管辖范围内的问题，不包括各州实行的刑法和民法。普通法模糊而不确定。至于领事规章，就算确实有一套适用性广、实用性强的制度，充其量也只是权宜之计；更何况根本没有。而且，领事可能根本没有执法的能力。

就在这样的情况下，美国驻华法院成立了。法院刚一成立就遇到了许多困难，有一些问题在当时看起来是不可避免的，还有一些是由上海和中国其他地方外国势力制造的困难，他们很快感觉这个法院会威胁到自身利益。直接对抗的行为值得考虑，但不可避免的种种困难却更为重要，所以要先来讲讲。

在法院的组建过程中，L. R. 威尔弗利法官首先铁面无私地清除了在华外国人犯罪或潜在犯罪的一项基础。他宣布，有意成为美国驻华法院的工作人员必须提交一份证明品行良好的文件，还要通过法院考试。各国法院和领馆对本国律师进行考核评估是一种惯例，所以按照约定，其他法院也认可其律师身份。这一做法是当时唯一可行之法，即由各国自行为本国在租界的律师出具品行证明文件。美国管辖下的一些恶势力促使各国法院在大多诉讼或这些活动的准法律进程中聘用美国律师，这也成为吸引美国律师来华的主要原因。法院成立后不久，美国法院组织一批想要在此工作的美国律师进行考试。曾出入外国风月场所的律师全部落选。法院宣布短期内将举行另一场考试，失利的律师可以重新参加。

就在此时，某些势力发现美国法院里面有个对头，于是组织起来加以阻挠。目标自然而然就落到了法官的身上。没能通过考试的律师也借此表达不满，开始以各种各样的方式攻击威尔弗利法官。但显然法官不会轻易改变之前的计划，危险势力于是开始筹资，选定一名首次考试失利的美国律师向美国法院宣战。这名律师编造的谎言传遍了华盛顿，他对威尔弗利法官发出大量指控，称其滥用职权，

从江上看到的上海公共租界景象

黄浦江景

将上文提及的律师拒之门外。这些耸人听闻的指控致使这一问题在美国广受关注，一名无知的国会议员还有意提交议案废除在华法院。这一破坏在华美国法庭声誉的计划在中国也通过电报、报纸广泛传播，指控威尔弗利法官的报道反复出现，暗示这些指控可能让他名誉尽失，引咎辞职。此外，又有人筹资帮助一名美国律师返回华盛顿，公开表示出弹劾威尔弗利法官的意图。对威尔弗利法官的指控被送至国务院，但鲁特国务卿调查后将之驳回。弹劾威尔弗利法官的计划破产了。

对于威尔弗利法官在华的判决，人们评论较多的是"美国女孩"（American Girls）系列案件。顺便提一句，多年来，人们一直使用"美国女孩"来称呼东方的一类美国女性。她们的生活有着明显的东方特色，在涌泉路①繁忙时段会乘坐最精美的马车穿街而过。上海风月场因美女和时尚而闻名于世。由于先前的特殊条件，这里的时髦人士多为美籍。威尔弗利法官对外界宣告，美国不会再为这一群体提供庇护。这些人先是大惊失色，继而恐慌不已，许多美国女孩急忙去往香港和日本，其他人则想方设法挂靠到司法比较宽松的国家。另外一种办法就是结婚，对象是中国口岸的底层男性。作为补偿，他们会帮助这些女人逃避监管。多年以来，上海从未发生如此秩序大乱的情形，俱乐部和居民区里面也从未流传着这样多的批判和戏谑之声。有人听见一个外国人说：

"我听说啊，现在花三千两就能娶一个美国女孩。"

他得到的回答是，"要我说，意思还是不大"。

尽管通过攻击法官来败坏美国驻华法院声誉的计划最终失败，但法院在妥善运行之前还有许多事情要做。了解情况的美国人向国会提出建议，将加利福尼亚州的法令和一批特殊规定应用到美国驻华法院，引渡尤其必要。同时还需要专门制定遗产法和公司法。这些问题急需国会采取行动。美国驻华法院要想在中国建

---

① 现南京西路。

立与美国本土相当的社会和商业标准，就必须制定管理日常刑事或民事活动的法律。此前对社会恶行的容忍是否真的败坏了美国人在中国人眼中的形象，我对此持怀疑态度，因为中国人传统上就对这些问题相当宽容。但是，如果在中美企业发生纠纷时，中方的利益长期不能得到美国驻华法院的保障，那么对两国的亲善关系是相当不利的，也会影响美国在东方的商贸前景。

关于在华美国人的地位的一个重要方面是美国政府的领事工作。由于涉及在华外国人居住地和商业领域的事务，因此美国政府需要吸引足够优秀的人才来中国完成这一工作。海约翰曾说过，因此美国驻上海总领事馆在我国领事工作中有着最为重要的地位。毫无疑问，这一说法是非常正确的。按照美国各口岸领馆的重要性来看，上海领事馆又是美国在华的其他领馆中最为重要的。我国领事在除中国外的任何地方都不必承担如此复杂、多样、重大的责任，必须安排高水平的情报人员和正直诚信的工作人员。上海领馆绝非普通的领事馆，还包括许多职能。它设有一家直属邮局，还有法庭、监狱、负责对赴美的华人进行审查的调查局、医药局以及商务局。

从性质上来看，其他美国驻华领馆的职责与上海领馆是类似的，只不过任务量稍微小一些。为了在能力不足的前提下完成工作，上海领馆人员工作得十分辛苦。将他们与其他国家在上海的外派人员比较一番会颇有趣味。1905 年，美国对华贸易总额约合 7.5 亿万美元，紧随英国 7.6 亿美元之后，日本排在第三位，总额不到 6 亿美元，德国以 1.5 亿美元的贸易额排在第四位。之后是其他国家。英国驻上海领馆的人员场地是美国领馆的 10 倍，而且另设有法务当局，与领事馆分开。英国在上海的领馆、法庭、邮局位于黄金地段，有足够的地方为各种活动提供场所。其他国家的大多数机构也是如此。德国领馆处在黄浦江最重要的位置，德国的邮局甚至比一些有 25 万居民的美国城市还要精良。

多年来，上海总领事在租界美国利益团体的支持下，多次试图购置房产，安置核心部门。过去 20 年间，希望的火花多次出现。好几次都已经在地图上选定好了位置，可惜最后都失败了，因为国会总是拿出"节约"的理由加以拒绝。与上海房地产价值相关的一些数据可以说明这种"节约"到底节约出了什么。大约 30 年前，有人提议为美国政府大楼和领馆购买位于虹口港靠近国际租界中心的一片区域，当时售价是 1.5 万美元。现在，这里是日本邮船会社总部和仓库，价值 100 万美元，而美国领馆就在会社大楼后面的那条街，每年的租金放到当年都能把整块地买下来。英国领馆和法院大楼现在价值 100 万美元，英国政府没有花费一分一毫，单凭地价飙升就赚了整整 100 万，还不算省下的租金。现在的德国领馆大楼建筑成本是 3 万美元，地价才不到 6000 美元，如今价值 50 万美元。12 年前，美国总领事选择了靠近外滩中心地带的一幢建筑，就在租界名胜黄浦公园的对面，现在是横滨正金银行所在地，价值 25 万美元。7 年前，领馆还找到了一处不错的位置，强烈建议政府购买，但最终也没能成功。现在这个地方的转手价格是当时售价的 4 倍还要多。

过去多年来，美国驻华机构就是因为"节约"这个理由而没有一处安稳居所。没错，人们都不希望美国政府投机地产。但是鉴于其在华工作性质，它肯定会注意到上海这座贸易中心的地价会持续上升。不论什么情况下，上海都必定会成为一个大都市，成为远东商业中心，在这里投资房地产是完全合理的，与任何快速发展的欧美城市没什么两样。最近频繁出现的一个言论是，中国将来可能恢复政治上的独立自主，届时外国政府的这些机构也将终止运行，以此反对为美国驻华领事馆及其附属机构，如法院和邮局购置地产。即使这样，处理掉这些炙手可热的财产也一定会获利。美国政府在上海支付了足够多的房租，而且美国在其他国家也奉行同样的政策。美国政府在这个问题上目光短浅，给纳税人增加了压力，国家利益不仅没能得到妥善的保护，反而受到了损害。美国在东方的其他几处领馆每年反而有收益上交国库。

人们无法对在华外侨拥有超常地位这一事实视而不见，倘若清帝国统治得以维持，这种状况不可能无限期存在。上海的外国租界是世界上文明程度最高的城区之一，不论法租界还是公共租界都由外国人专门管理，尽管中国人占据租界中总人口的 98%，持有 9/10 的地产，可能还缴纳 9/10 的税款。上海的外国居民说，这座美丽城市有着整洁的街道、完善的水电系统、桥梁、供暖设施，高效的警务和稳定的政府，这都得益于中国人的努力。租界吸引中国人的原因是生命财产在这里更为安全，生存条件也优于本国官府管辖的地方。这样的看法是合理的，但是明显忽略了一点：如果没有中国人，租界绝不可能成为现在的样子。斤斤计较的小商贩和黄包车苦力也推动了城市的进步，促进了租界的发展，并足额上缴税款。如今，中国人对于外国租界来说和外国人一样重要。一旦这些租界因为任何原因驱逐其居民，租界的地位便会一落千丈。实际上，这些租界正是东西方和约中互惠互利的典范。

中国人认为外国租界对他们有利，但越来越多的中国人希望直接参与租界管理。租界的中国居民开始发现了自己和外国人处境不平等，并感到非常不满。这种情绪是逐渐增强的民族主义精神的一种体现。20 年或 10 年前令人满意的情况现在已经不能让他们称心如意。他们的人生观、世界观在不断发展，主要原因是西方的影响和典范作用，所以逻辑上来讲，西方没有理由对此进行公开谴责。

但是，多数在华外国人确实表达了强烈的反对，许多人认为这损害了他们的地位。谈及废除对普通外国人的治外法权就好像是在公牛面前摇动红布一样敏感；外国人很快表示，这会使自己和家人任由中国人摆布；租界的卫生和民政管理也会退化到普通的东方国家水平，产业也会得不到保障。日本废除治外法权时就出现了类似的预兆。有意思的是，外侨曾长期鄙视中国人缺乏爱国心；现在中国人有爱国心了，外国人却又感受到了危机。尽管如此，我坚信在华外国人也必须承认，随着中国人对西方态度的转变，他们应该调整自己的姿态，去适应这种变化。

在中国，外国传教士一直是颇值得玩味的群体。现在的新状况也影响到了他们。他们的存在直接或间接地造成了过去的许多动乱，通常来源于信仰基督教和中国本土宗教的人群间的对立。而且，传教士之所以频繁拂逆民意，成为打击的目标，正是因为他们对本土皈依者的支持。对争议判决的质疑常常导致传教士和中国官员间的冲突。庆幸的是，这种情况较之前有所减少，部分原因是中国人对外国人的普遍偏见逐渐减少，部分原因在于传教士们放弃了容易造成冲突的行事方法。在我看来，大多数在华传教士现在都意识到，将来西方国家不太可能在宗教问题上站在他们一边，与中国政府发生对立。这一政策不符合西方现代政治制度，也不利于维护国际公正。传教士们吸收新教徒的意图不再那么强烈，转而致力于医疗教育工作，希望以这样的实际行动帮助和造福中国人，从而产生精神上的影响。外国传教士过去和现在都在从事意义重大的教育工作，受到大多数开明中国人的认可。只要传教士不造成政治、社会动荡，这些中国人就无意打扰他们。

日本废除治外法权后，外国传教士也被降到和国内牧师一样的地位，这产生了一个有趣的结果。日本基督徒倾向于在教会中选择日本而非外国牧师，要求独立管理宗教事务。传教士由于信徒的独立精神而备受困扰，但却不能心生怨念。这明显是日本发展后出现的合理结果，中国之后也会出现类似的情况。

争冠日上海跑马总会一处观赛草坪

赛马日的上海跑马总会会所

第二十九章　菲律宾现状

菲律宾群岛自从被美国占领后，一直饱受政治问题困扰。

首先，它们在某种程度上就像是往返于美国政党政治之间的皮球，成了两党用来追求自身利益的工具，往往不顾菲律宾人的利益。其次，美国政府在菲律宾治理的基本原则和管理形式总是在变动。

幸运的是，第一种现象在逐渐减少，并且随着美国人对菲律宾群岛及美菲关系认识的加深，这一现象可能会消失。但对于第二种现象来说，虽然通过一些调整，情况在缓慢改善，但在一定程度上仍然存在，而且在未来的多年内仍然会延续。因此，菲律宾的政治问题值得长期重点关注。

我们没有必要在此提及前军事政权，因为它不大可能卷土重来，也不能解释目前活跃在岛内政坛情绪的根源。军事政权本质上是一个几乎完全由美国人管理的政府，主要为美国利益服务。即使没有发生起义，这种情况也很有可能将社会划分为两个群体，即外国人和本国人，双方都觉得与对方的利益对立。起义的发生使得这一情况成为现实，而且在之后几乎所有的政治问题上，这种分界都清晰可见。

文治政府建立之初的环境使得它必然遗留着这种情绪。实现这一转变经历了一个谨慎的过程，而且带有不确定性，但是是在逐渐实现的。美国在制订菲律宾政策上有几个备选方案：利用菲律宾群岛为其利益服务，使用武力来维持秩序，迫使其屈从；武力治岛，但是为了更广泛的国家利益，也会兼顾公正和平等；灌输自由主义的政治原则来管理菲律宾群岛，给菲律宾人提供实践机会，最终当他们完全有能力自治时再给予他们自治权。荷兰政府在爪哇岛和西里伯斯岛的统治是第一种政策的典型运用；第二种政策的典型是英国政府在埃及和印度的统治；尽管近代史上没有运用第三种政策的先例，但是美国政府认为它比较符合宪法原则，因此选择进行这方面的实验。

如果美国政府是在其他情形下涉入菲律宾的，可能这一方案的实施不会为已存在的民族反感情绪所阻碍。但不幸的是，这一情绪在文治政府成立时就已经存在了，而且很快就让政府陷入十分为难的状况。因此，政策的核心部分开始实施，即让菲律宾人在政府管理机构任职，这不仅是为了满足当地人，也是向他们传授共和制度唯一实际的方式。起初，只有极少数的菲律宾人担任政府公职，而且担任的是美国人不愿意去的职位。然而，这种温和的试探性措施导致美国某些群体认为这会导致严重的后果，他们担心或装作担心菲律宾人不具备自我治理的能力，再加上他们的不忠诚，会扰乱或者最终毁掉岛屿政府（Insular Government）①。许多美国人因此认为，文治政府不能处理内部的混乱，废除军政府是不成熟且危险的决定。

大多数坦率表达此观点的美国人，往往假定一方优越，另一方低劣，从而导致种族对立的延续。这种态度甚至让不那么激进的菲律宾人也产生了怨恨情绪，使得战争造成的创伤更难愈合。这一情形的确很棘手。军政府期间，美国人的地位几乎至高无上，文治政府的成立把双方拉回到平等地位，至少在法律面前是这样。这会令一部分人感到不快，尤其是那些曾因体验到不曾有过的权威感而骄横

---

① 岛屿政府，即文治政府，1901 年美国在菲律宾建立的统治政府，塔夫脱就任第一任民政总督，于1935 年解散，处于军政府（1898—1902）和菲律宾自治联邦（1935—1946）两个时期之间。1898 年，爆发美西战争，西班牙战败后，根据双方签署的《巴黎和约》，美国接收菲律宾，改由美国统治。在经历由美军将军主导的军政府统治后，过渡为由民政总督主导的文官统治的岛屿政府。

跋扈的人。事实上，那时在菲律宾群岛的美国人很多都是第一次来到国外，第一次与一个落后的被征服民族进行政治能力上的比较，因此失去了正确的自我判断，自我膨胀，一味贬低菲律宾人。这种认识与两国人民真正的品质都不相符。

做出决定并需要为之负责的人——塔夫脱总统就是其中地位崇高的一位——显然也认识到了困难重重。但是，他们认为有必要沿着两条道路中的一条走下去，虽然很明显这两条道路在开始只是略有差别，但是最终必然导致巨大的差异。

如果按照当时大多数美国人的看法，即菲律宾人没有能力达到给他们设定的目标，那么我国政府的一项根本假设在试行前便会被推翻。通过明确建立两种职位标准，以及在政府内部设立两种官阶制度，美国本应效法英印政府的做法，施行更严苛的政策，让种族对立长期存在下去，将自治局限在一个范围内。当前状况与英国在印度的施政理论和目标并不矛盾，尽管现在的形势使得一些人对于印度政策最终能否成功存疑。然而，类似英国在印度的做法违背了美国在菲律宾开展的政治实验的精神。如果实施这一行为，菲律宾早晚会沦为一出荒诞剧。华盛顿政府和马尼拉政府显然从一开始就意识到了这一点，所以尽管大部分居住在菲律宾的美国人有所不满，美国本土也不断有抨击的声音，但是到目前为止还是坚持了初衷。

1901 年文治政府成立时，菲律宾人受邀参与政府管理，其中不少人被委以重任。当时制定的政策在之后几年中一直沿用。在这段时间中，菲律宾人担任政府官员和职员的比例稳定增长，而美国人占比也相应地减少。起初有菲律宾人无能的论断，现在看起来很荒谬，但这种论断一度在政府中颇为盛行。比如，有人说菲律宾人赶不动美国的骡马，连普通职员也干不好。于是，政府雇用美国人管理骡马；有的工作在中国和日本只要 6 美元月薪，同样的活儿到了菲律宾，交给美国人干就要 60 美元。成千上万美国老兵被安排在菲律宾工作，不少人都进入政府机关。从美国做出的贡献来看，可以说大体上这些人都很好地履行了职责，给菲律宾及其人民留下了深刻久远的影响。

这种状况不可能延续。菲律宾群岛的收入很少，但是人民和国家的需求很多。既将菲律宾人排除在他们只要较低的薪水就能胜任的工作之外，又要依靠向菲律宾人民征税来支付美国人的高薪水，这是不公平的。我们有必要尽可能地减少行政开支，这意味着许多美国人需要离职。这是一个逐步的过程，从底层渐渐延伸到高层。菲律宾人现在开始自己管理骡马队了，也在海关负责进口检查。他们做得很好，尽管人数比之前雇用的美国人要多，但是政府开销却减少了一半。在这一点上，我们应该清楚，支撑岛屿政府的税收大多数是菲律宾人贡献的。

如今，菲律宾人在政府中占据着重要地位。1908 年，省长中有 29 名菲律宾人，美国人只有 8 名。最高法院由 4 名美国人和 3 名菲律宾人组成。初审法院法官中有 13 名菲律宾人，9 名美国人。土地法院由 1 名菲律宾人和 1 名美国人担任法官，其中菲律宾法官的地位较高。几乎所有省级委员会的前三位官员都由菲律宾人担任。大多数省级财务主管仍然是美国人，但菲律宾人担任这一职务的比例正在稳步上升。几乎所有的镇长、城镇官员和治安法官都由菲律宾人担任。菲律宾委员会有 3 名本土成员，而第一届国民大会里一个美国人都没有。

文治政府建立后不久，再考虑到先前的情况，我们必须承认美国的政策在实现承诺方面已经取得实质性进展。尽管许多行政机构已经移交菲律宾人管理，但中央政府的大多数行政职位仍由美国人担任。例如，委员会中的菲律宾成员目前还没有具体职务。各部官署受 5 名美籍委员会成员节制，而关键部门的首脑也都是美国人。因此，教育局、科技局、农业局、监狱管理局、警察局、财政局、印刷局、邮局、司法局、税务局的部长职务都由 5 名美籍委员会成员瓜分，类似于美国的阁员；而各部职员均由总统之下的中央机关任命，现在由国防部长具体负责。

在美国人的管理下，这些机构运转良好。他们使这里摆脱了社会混乱和运行低效的状况，带来了秩序和效率，建立了各个重要且有益的机构，这都是之前不曾有过的，为建立一个稳定和现代化的政府奠定了坚实的基础。这些机构构成了政府管理的支柱，机构效率不仅取决于行政长官，更取决于各个部门领导和职员的品格和效率。

要解释清楚这些机构所做的工作，我们需要进行全面的分析和说明，这里不可能一一涉及。但是我们可以选取一个例子来进行说明，比如教育局，美国人对此有着特别的兴趣。从1901年开始，有约2300名美国教师在菲律宾群岛任教，现在仍有超过800名在岗。尽管在教学的某些方面，有人对其实用价值提出了质疑，但是对他们的工作还是应该给予高度评价。大部分教师来到菲律宾群岛时除了英语不懂其他任何语言，他们很快就被分配到了各个省，开展组建学校的工作。我们可以通过成果来简要地总结下他们的工作。1907年时有3687所学校开放，招收近50万名学生，雇用了超过6000名菲律宾籍教师，他们大部分在工作中受到了美籍教师和校长的指导。最近在菲律宾群岛的一次旅途中，我更加了解到当时这些工作是在怎样的条件下完成的。在许多地方，地方学区的校长是当地唯一的美国人，校舍比窝棚强不了多少，但看上去开办得不错。我们可以说，这些岛上的学校是西方文明的宣传者，也是西方政治制度有力的宣传者。

其他部门机构也像教育局一样完成了优异的工作。但是，我们在这里讨论这些机构，并不是为了描述他们的工作，而是要提出一个直接影响到政治局势的因素。菲律宾存在这样一种危险，那就是随着美国影响的逐渐消减，各个机构的效率可能会下降，因为这些机构之前是由美国人成立的，现在依然由美国人主管。在政府机构工作的美国人也对工作越发不满，对前景更是担忧。他们注意到了政策发展的趋势，而且也预见到，如果这个政策延续下去，菲律宾人迟早会取代机构里的美国人。各机关的大部分雇员都是菲律宾人，但是比较重要的职位还是由美国人担任，权力也比较大。这样一种情绪同样存在于其他政府机构，包括初审法院的美国法官，甚至连委员会也有同感。事实上，菲律宾文治政府里的美国人都不太想继续干了，从上到下都是如此。

　　菲律宾政府机构中的普通美国职员是这样看待自己的工作的：他们满怀着开展一番自己事业的美好愿望来到菲律宾，带着爱国主义式的传教精神，准备在这里完成一项项艰难的工作。一年又一年过去了，通过自己和其他美国同事的努力，各项工作逐渐开始高效运转，事务也不那么繁难了。但是，如果他身居中低级职位，就会发现菲律宾学生们想要把自己取而代之，而且很多人已经做到了。这一情况现在还没有波及高级职员或领导岗位，但是这一天的到来也不远了。一直希望得到晋升的职员现在发觉机会越来越渺茫；从未担心过职位不保的局长也意识到其得力助手在不断流失，机构效率在下降。刚来到岛上的新鲜感也渐渐磨灭了。美国人意识到，他们在这里过得并不比在国内好，收入仅能糊口，工作前景也不能令人满意。因此，离职的热潮不断升温，几乎每个月各个机关都要流失大批得力员工，而且这些职位并没有合适的候补人选。目前离职的主要是那些年收入1200到2000美元的中层员工。如果能有同样高效的菲律宾人填补这些空位的话，那可能也没什么问题。可惜眼下还实现不了，就算是下一代也希望不大。现在政府遇到了一个问题，那就是如何留住美国职员。这一问题得到官方的重视，公职人员退休金法也提交到了议会。这本来是可以得到及时解决的，但是美国人感受到他们的未来如今取决于菲律宾人，而不是美国政府，而且几乎没人相信菲律宾人会希望美国人留下。这一观点并非毫无根据。毫无疑问，即使现在美国人占据的政府职位十分有限，菲律宾人对此也是十分在意，而且嫉妒美国人比他们工资高。我相信，大部分菲律宾人内心深处都希望各个部门机构的职位，不论大小高低，都由菲律宾人担任，他们也会尽其所能达到这一目标。为此，菲律宾人不惜拖累他们现在欣然接受的政府效率和国家的发展。议会中已经有人提议降低美国职员薪水，虽然最终没有通过，但也透露出了摆脱美国人的愿望。

　　菲律宾人当前的政治能力及其对自由政治的理解对这一主张有着明显的影响。

如果菲律宾人有能力管理所有政府事务，他们自然可以完全自治。但是他们还达不到这样的要求，这在很大程度上是公认的。塔夫脱表示，可能还要经历一两代人的时间才能放心给予他们充分的自治权。因此，我们的政策认为，他们在能力和性格方面还缺乏施行良政的因素，因此在现在和将来的一段时间内，他们还需要行政事务中的美方人员来指导。华盛顿政府及其驻菲代表机关，即菲律宾委员会中的美籍成员，在理论上已经很明确地指出了这一点。但有一些迹象表明，他们在实践中会出现越权行为。

按照岛屿政府现在的组织形式，在行政事务方面有两个针对菲律宾人员的监管部门：菲律宾委员会和最高法院。只要这两个机构中大多数都是美国人，政府就很难偏离美国设定的路线。如果其中之一或两个机关都由菲律宾人控制，很多美国人就担心菲律宾会逐渐偏离自由主义制度，种族歧视会再次抬头。美国国会有权否决菲律宾政府的任何法令，但这里的美国人认为菲律宾离美国本土太远，国会并不容易了解当地的情况。他们指出，之前美国高官曾因为菲律宾人不满意而被撤换，这一政策削弱了美国政府的代表在菲律宾的权威，也使美国的威望下降。

1907年10月，塔夫脱就任菲律宾委员会主席，这种情绪有所平息，但是，委员会对新国民大会的态度又让当地的美国人担忧起来。显然，委员会希望与国民大会分享权力，起码在政府管理方面是这样的，这也是大众的猜测。此举目的是将大众的关注点从美国政策转向岛内事务。通过使菲律宾人认识到他们通过自己选举议员，自己掌握国家命运，诸多有害的政治思想将失去威力，而且会以和平方式为实现美国政策扫清大的障碍。这是一个务实的政策，理论上也很完备，但是在实践过程中可能会不尽如人意。如果大批富有经验、工作高效的美籍政府职员离职，或者让菲律宾人觉得空出来的位子该由自己占，从而引发驱美浪潮，那么国民大会的效果就要大打折扣了。

菲律宾政府中的美国高级官员和普通职员，不论职务高低，他们作为一个整体的效率和廉洁都是无可比拟的。我相信，在工作干劲和人员素质方面，他们已经超越了美国的同类机构。在菲律宾的美国人已经接受了这样一个现实，那就是菲律宾人不喜欢他们，而且也体会不到我国政府所推动的事业的真正价值。但让他们感到最痛心的是，他们所做的工作在美国国内也不被认可。所以，这些美籍政府职员开始产生疑问："我这么做是为了什么呢？"除非他们能得到一个鼓舞人心的回答，否则一旦有更好的机会就会选择放弃这份工作。关于岛上这一政治趋势，其中一个人曾对我说："我不想把生命中最美好的时光浪费在帮助菲律宾人最终把我赶走上。"

政府陷入两难的境地。它不能理直气壮地把这个国家划分为白色人种和棕色人种——有些美国人就是这样期望的。如果它还想继续取得进展的话，无论如何，今后前行的船舵都必须掌握在美国人手中。尽管前景不甚乐观，但是如果有人表示看不到我们在岛上取得的实实在在的进展，那么这个人一定是故意视而不见。整个国家是处在和平中的，岛上不太可能，甚至可以说毫无可能再次发生动乱。即使人们还没有完全掌握共和制度的精神内涵，但他们已经很快学会它的形式。在法律的指引下，人们了解到自己享有的权利，在法庭上可以谋取公平正义。因此，披着各种外皮的"党魁政治"（Caciqueism）渐渐被压制。省总督、司法人员由当地人担任，他们努力与旧的邪恶力量作斗争，这是非常值得赞扬的。在那些熟悉自己工作的人当中，担任最高法院法官的当地人总体在能力和品德方面与美国人差不多。事实上，我还听一些美国人断言，三名菲律宾人法官是这所法院的顶梁柱。即使最高法院的法官大多数都由本地人担任，我觉得也不用担心。初审法院的菲律宾人法官表现得就很让人满意。但是，要让强大且经验丰富的美国人让出船舵，还需要一段时间。

至于独立问题，现在还是少谈为妙。毫无疑问，民族情感在菲律宾人中确实是高涨的，但目前似乎呈减弱趋势。除非美方专门刺激，否则这不会对未来的进

马尼拉巴士河畔

程造成困扰。1907 年对日美战争的恐慌让尽早独立的言论平息下来，也没有人再谈把菲律宾岛卖给日本这样的荒唐念头了。美国的菲律宾政策固然说不上一帆风顺，但我们也有理由相信，建立稳定政治制度的进程中最大的困难已经被克服了。

第三十章 菲律宾国民大会——首篇

就某些方面而言，菲律宾国民大会（The Philippines Assembly）的成立是美国民族进步和发展的进程中最有趣、最重要的政治事件之一。这项举措旨在使我们的政治制度适应于外国政府和陌生民众。菲律宾人有机会发展和展现其自治能力，并且在美国的指导和控制下逐步为国民和国家实现更充分的自治做好准备。因此，这一尝试应当得到文明世界的关注，尤其是美国人民，正是他们的利他精神才使之成为现实。

只有了解国民大会在召集之前的政治条件，才能合理地猜测他们的构成状况和未来的种种可能。1901 年文治政府取代军政府，菲律宾人也开始参与地方管理。起义刚刚有所平息，余波尚未肃清。菲律宾人之前并不熟悉选举权，也不知道它有什么好处，因此在这片余烬未消的土地上建立稳定政权，其难度不可谓不大，风险不可谓不高。多番考虑后，菲律宾委员会（威廉·塔夫脱和卢克·赖特也是其中成员）制定相关规定，为地方普选制度提供基础。自从文治政府在岛上建立以来，市政法典规定了选举权的相关内容，其条款也基本上收录到新的选举法中。接下来，我要引用其中关于选民资格的部分。

第十三节 选民资格——选举前在其选区合法居住时间达到 6 个月，非外国公

菲律宾众议院首次会议

民或属民，且符合下列三类中的一类的 23 岁及以上的男性——

（a）1898 年 8 月 13 日前，曾任市政长官、法官、省长、市长、中尉、区长或市政厅成员者；

（b）拥有价值 500 比索不动产或每年缴纳至少 30 比索税款者；

（c）能够读写英语或西班牙语者——有权在所有选举中行使投票权。

在此节下，美国陆海军官兵于辖区驻扎满 6 个月者无合法居住资格。

第十四节 剥夺资格，以下人员将被剥夺投票权：

（a）1898 年 8 月 13 日起拖欠税款者；

（b）1898 年 8 月 13 日起被所属法院判决剥夺投票权者；

（c）任何曾宣誓效忠美国但违反誓言者；

（d）1901 年 5 月 1 日起，在菲律宾群岛上曾参与任何武装反抗美国权威或主权者，不论官员、士兵或平民；

（e）1901 年 5 月的最后一天起，为了寻求庇护、豁免或利益，捐赠财物以协助任何个人或组织对抗美国权威或主权者，任何要求或接受了这样的捐赠者，或向任何反对或武装反抗美国权威或主权的任何个人或组织进行捐赠者；

（f）1901 年 5 月的最后一天起，以任何方式向任何个人或组织提供援助和支持以反对或武装反抗美国权威或主权者；

（g）精神失常或智力不健全者。

这些条件与美国各州和世界发达国家的相关规定没有实质区别。麦金莱①总统在文治政府成立时曾建议委员会，在起草选举权相关条款时应灵活运用地方自治

---

① 即威廉·麦金莱（William McKinley，1843—1901），美国第 25 任总统（1897—1901）。1898 年发动美西战争，侵占菲律宾、波多黎各及关岛，提出侵略中国的门户开放政策。1900 年参加镇压中国义和团运动。1901 年被无政府主义者刺杀。

理论。设立这项法律的目的是将选举权尽可能延伸到尽量多的能够行使此项权利的人，这不仅对他们自己有益，也能使整个国家受益。这项法律中唯一不同于美国一般模式的地方是教育和财产方面；而且，最近有一些州正采取措施努力消除文盲和贫困问题。考虑到这项法规出台时的岛内状况，我们必须承认它是极其开明的。条款中规定的曾参与起义活动，秘密或公开地鼓动反抗政府从而被剥夺选举权的人也逐渐被赦免。现在，之前的起义者行使选举权只需宣誓效忠美国，并禁止以任何秘密或暴力方式试图推翻美国在菲律宾的政权。

1902 年国会法案通过，罗斯福总统下令举行国民大会选举活动时，菲律宾有必要针对具体情况制定一部专门法令。该法令将菲律宾群岛划分为 80 个选区，大约每 9 万居民中有 1 名议员代表。全国划分成 34 个省政府，包括了除原始部落外的全部居民，国民大会的各个选区也根据人口数量来分配。每个省至少有 1 名议员，很多都有两名，也有几个省有 3 名议员。各个省下分为自治市和县，县下又有村镇。议员选区由大量相邻的自治市组成。通过这一计划，委员会比较轻松地实现了公平可行的席位分配。各自治市划分为区，每个区不超过 400 位选民，选区设置由市政局负责。然而，地方市政局受相关法律条款的严格约束，只留有基本的裁量权。总体来说，这些规定严格遵循了美国现代选举法的有关规定，只有个别规定根据当地情况而有所调整。这项选举法规定国民大会代表资格如下：

第五条　菲律宾国民大会当选代表在任期间不得同时出任菲律宾群岛政府下的民政职务，或者增加薪酬。在菲律宾群岛政府任职的任何人不得在任职期间担任国民大会代表。

第十二条　菲律宾国民大会议员必须在选举时是所在选区的合格选民，宣誓效忠于美国，并且年龄不低于 25 岁。

第二十九条　公职人员不得申请作为选举候选人，担任公职期间也没有资格参加市级或省级选举，除非申请连任现有职务。初审法院的法官、治安法官、省财务长官、警察局或教育局长官及职员不得以任何方式协助、影响或参与选举。但是，上述规定不得被解释为剥夺任何享有投票权的人在选举过程中投票的权利。

第一届菲律宾国民大会就是根据以上法律选举产生的。到目前为止，根据现有经验以及法律框架来看，选举过程已经采取了通行的保障措施。此外，政府还采用了一些专门措施来指导人们理解法律的含义及其实现途径，广泛刊登相关内容，分发样板选票。选举开始前几周，马尼拉办了一个选举检查员学校，向250名检查员展示选举工具和具体方法。在这一过程中也看到了越来越多的人对法律感兴趣，这说明法律在菲律宾政治家和上层阶级中间得到了广泛认可。菲律宾委员会的法务部门回复了近500封关于法律相关问题的信件，有些问题非常好笑。一名候选人想知道他是否可以向选民提供一个印有他名字的橡皮图章，方便不识字的选民给他投票。信里还包括很多修改意见，一部分是菲律宾新闻界提出的，但大多不值得认真对待，实际价值也不大。有人建议更改选民资格条件，但国会授权法案中已经如此规定，不能随意更改。

许多提议的修正案源于大多数菲律宾人在政治事务中天生的不信任感。法律规定，不识字或有其他方面残疾的选民可以要求一位检查员协助其完成选票的填写。大多数检查员都是由省级官员任命的，通常也有自己支持的党派。因此有些人担心，检查员会把自己的意愿强加给向他们寻求帮助的选民。有人建议，允许不识字的选民带着一名"信任的人"进投票间。很多这样的建议都体现着这样一个真实的看法，即有头脑的菲律宾人掌握着普通民众的政治能量。一位受尊敬的杰出菲律宾官员给委员会的信中写道：

菲律宾人的本性逃不出各位阁下的眼睛。几乎所有菲律宾人，包括专业技术人员，都智商低下、内心贫乏、身体薄弱、精神空虚、道德低下，但却总有愚蠢念头和勃勃野心。所以，他们很容易受到金钱或其他好处的诱惑。

处罚条款中关于贿赂等败坏选举行为的规定给菲律宾政客带来了很大困扰。其中一个人给法律部门写道：

选举法第三十条的第三段说要惩罚通过做出承诺来左右选举的人。那么，这项法规描述的人是否包括发表自己的政治观点，承诺改良政府的候选人呢？

选举过程中，选民登记方面的弄虚作假特别多。法案起草时已经注意到了要保障所有符合条件的人享有选举权，但困难还是出现了。文治政府成立时岛上还没有任何政党。人们总是依靠中央政府来决定大政方针，对地方事务以外的政治状况不感兴趣。因此，当美国政府之前开展市政选举和省级选举时，菲律宾人是有点困惑的。他们没有党派或议题，也没有几个领导者是他们信任的，所以往往选举出的当地官员都是在本社区内地位显赫的人物，或者说最优秀的人。这是民选政府的理想状况，是很难得的。文治政府初期的成功大多要归功于此，也导致对当地人政治素养的乐观估计。

然而，几轮选举下来，情况发生了变化。在新条件下，西班牙统治时期专门制造分歧的政治煽动者和反美起义领袖开始进入政坛。各个派系很快发展起来，之后每次选举获胜的官员都遭到另一派的贬损。鉴于选民整体无知愚钝，几乎没有自主决断能力，政治煽动就有了蓬勃发展的土壤。这一情况在菲律宾已经到了非常严峻的地步，只有中央政府还在勉力维持。随着时间的推移，滥用职权的现象明显增多。然而，1907年已有182项关于省级官员滥用职权的诉讼，这也说明了人们正在了解他们所拥有的权利，而且越来越不惧怕指控腐败残暴的官员。

服从权威的意识深深根植于菲律宾人的心中，因此在起草法律时也考虑到要限制掌权阶层的影响，防止他们操控选举。这就是规定在职官员不具备竞选其他职位的资格，禁止法官、治安法官、警察和教师进行除投票以外的游说参选活动的原因。这条规定的根源还要到西班牙统治时期去找寻，当时法庭、警察和教区学校是地方政治的核心。要让菲律宾人真正意识到，除非出于自愿，他们既不需要听从当权者的吩咐，也不用害怕触怒官员，这还需要一代人的时间。法律规定，国民大会候选人必须居住在他们代表的选区。但是，人们总有办法来规避这些条款。法律一经公布，就有很多生活在马尼拉的菲律宾"爱国者"为了成为候选人，连忙移居到偏远选区。有一个人（顺便提一下，他最后也当选了）觉得先去选区租一座房子，然后回到马尼拉，选举开始前再过去进行突击选战工作就够了。

选民登记方面出现了很多令人惊讶的情况。由于国民大会的设立已经过多年讨论，很多人便认为选民们会踊跃投票。实际投票人数与符合市政法案选民资格的人数相差很大。据估计，拥有选民资格者为 60 万人；但是，没有一次省级选举的登记选民数超过 15 万。各个选区都对登记时间方面给予了足够的重视，为选民留出了四天时间来登记。结果，所有举行选举的省份加起来只有 102487 名选民进行登记。关于人们对选举活动态度冷漠有很多解释。据称，有的地方人们受到恐吓威胁，还有的地方派系使用欺骗手段将选民登记限制在自己的支持者中。在一些选区，很多舞弊投诉得到了证实，政府因此派遣代表进行特别调查。然而，只有一个省证实有严重舞弊的现象发生。其他地区无疑也会发生轻微的违规行为，往往既有舞弊行为，也有舞弊意图。但是总体来看，我们没有理由认为当地选民登记中发生的违规现象比美国的一般情况要多。有证据表明，有很多被不正当原因排除在外的选民，也有许多没有选民资格的人进行登记，因此舞弊行为不能合理地解释为何登记人数偏少。指责岛屿政府间接插手的说法没有事实根据。事实上，岛屿政府恰恰希望更多人来投票。当时大部分菲律宾人对国民大会并不关心，因为这不能带给他们任何实际利益。人们明白区长、市长、专员甚至省长与自己的关系，但国民大会就是另一回事了。国民大会是什么？它有什么权力？它能做什么？菲律宾人民之前从来没有听说过国民大会。在他们的概念里，政府中是没有这样一个机构的。这个概念对他们来讲太模糊了，还很难理解。因此，尽管进行了很多演讲和宣传活动，人们还是不愿费力去登记，也许下一次会更感兴趣吧。

尽管如此，这场国民大会运动仍显现出一些有趣且影响深远的迹象。如果说菲律宾普通民众基本上不了解什么是国民大会的话，菲律宾政客可是明白或者自以为明白的，甚至会高估它的意义。一些省长为了有资格参选议员而辞去当前职务，尽管议员的法定薪水没有他们原来的高。大多数选区都有多名候选人，竞争颇为激烈。我说过，岛上政治条件还不足以形成对发展共和政体至关重要的政党制度，这一说法虽然基本上是正确的，但并不绝对。菲律宾出现了一个政党，或者说是派系。它叫作联邦党（Federalista），自称拥护岛屿政府，以此得名。严格来说，联邦党并非执政党，但他们与政府有着直接关联，因此美籍政府领导人无疑是支持他们的。他们可以有力地帮助美国巩固对菲律宾人民的统治，传播美国的政治理念。而且，该党多由菲律宾公职人员，以及支持美国长期占有菲律宾主权的人组成。

联邦党被反对者谴责为"岛屿政府的工具"，因此民望有所下降。于是，该党于1907年重组为进步党（the Progresista party），候选人便以此党名义参选。尽管在选举过程中并不涉及任何实际问题，但候选者要想吸引选民，言之无物总是不行的。在这种情形下，政客们自然会重弹独立的老调。在我看来，菲律宾群众并没有真正寻求独立的想法，除非菲律宾和美国的独立言论鼓动者把他们拉到这个问题上来，不然他们是没有什么兴趣的。但是，这一话题还是得到了回应，尤其是对政治自由只有粗糙理解的人。因此出现了另一党派——国民党（Nacionalista），他们主张菲律宾群岛中断与美国的关系，组建一个完全独立的政府。

国民党中又衍生出了很多派系，但只有两个在国民大会有自己的议员——独立派（Independista）和立即独立派（Immediatista）。独立派和立即独立派与国民党的不同主要是要求独立的程度上的差别。国民党支持独立，但并没有明确何时与美国断绝关系。独立派同样竭力主张独立，但是希望"尽快"独立。立即独立派则要求立即独立，不应有任何犹豫。还有第四个党派，叫作紧急独立派（Urgentista），他们希望比"立即"独立还要再提前一点。不过，紧急独立派的追随者大多支持国民党其他派别的候选人，因此紧急独立派没有人当选。

之后出现了一个强大的政党——独立党（Independent）。这个党派由温和派人士组建。他们也希望最终能够独立，或者在美国庇护下实现自治，但他们也愿意等人们更适合自治时再做出改变。独立党宣称自己的态度为"圣色"（san color），即没有任何偏见。之后在卡皮兹省出现了一个党派自称现代党（Modernista），但是他们在本省外没有任何追随者。

上述团体五花八门，虽然名字里有党字，但也仅限于此。菲律宾人对于党派组织的理解并不清晰。菲律宾政治向来是自上而下，而非自下而上地从群众中推举领导者。是否成为当地的政治领袖仅仅是一个关乎个人利益的事情。要想飞黄腾达，看的是能争取到多少追随者。很多菲律宾人擅长热情洋溢的演说，而政客们通常也是通过这种方式赢得追随者。

事实证明，第一届国民大会运动是非常活跃的。大批支持某候选人或派系的土语小报出现了，正规西班牙语和菲律宾语报纸也兴致勃勃地参与讨论。一开始发言者和报纸还比较注意言辞表达，但是随着选举的不断开展，他们坚信政府没有任何限制或打压舆论的意图，于是在言辞上越来越大胆。在一个直到最近才允许人民以直接激烈的言论来批评政府的国家里，一个人是很容易获得廉价的名望的，国民大会候选人当中的政治煽动者很快抓住了这一机会。菲律宾人通常不会参加政治集会，也不关注竞选活动，除非在辩论中出现耸人听闻的言论，所以一些候选人就在这方面争奇斗艳。很多候选者的观点是比较保守的，但是为了防止追随者被其他激情澎湃的讲演者抢夺走，不得不效仿那些煽动家。这种"谁敢讲就选谁"的风气从国民党中分出独立派、立即独立派、紧急独立派一事中就能看得出来。当时，这种竞争表现得相当明显，很多候选人在巡回演说中都保证，一旦当选就推动菲律宾在一年内独立。选举活动接近尾声时，许多言论已经不仅仅是煽动了，简直是赤裸裸的叛国。

在整个过程中，政府并没有参与，对于一些激烈的言论也没有进行正式回应。尽管岛上的美国居民对于一些候选者的言辞感到愤怒，并且私下批评政府不作为，但是政府坚持采取与美国在类似情形下会采取的政策。尽管政府的态度在理论上讲绝对是正确的，但菲律宾国情毕竟与美国不同。在美国，人们早已熟悉共和制度，对党派的性质也有基本的认识，不会对演说家的大话和报纸上的抨击特别在意。但是，普通菲律宾人还不具备这一政治常识。对于他们来说，一个敢于公开谴责政府的演说家就是英雄，因为这样的人过去是会被立即关进监狱的。现在政府容忍这种攻击性的评论，菲律宾人就容易认为这是胆怯和害怕的表现，而且也愿意亲自去试一试，看这种想法到底对不对。

尽管担心这种状况会引起一些混乱，但是整个选举运动并没有发生严重的意外。当国民党员们得知自己赢得了多数议会席位后，便在马尼拉组织了一场庆祝游行，但伴随而来的是一起令人不安的重大事件。在这场选举活动中，国民党中的一些候选者经常用蔑称来叫美国人，还经常在集会游行时悬挂卡蒂普南的旗帜，这在过去是起义的标志。但是，同场往往也会挂着美国国旗。1907 年 8 月 11日下午，马尼拉的街头有一支游行队伍，横幅上写有冒犯美国人的文字，现场还有很多象征起义的大幅旗帜。队伍中也有一面小幅的美国国旗。人群在菲律宾退伍军人会议厅前停下，这个组织是由起义期间曾在美国陆军和海军服役的人组建的。在示威者的呼喊中，一支本土乐队奏起了《阿奎那多进行曲》（*Aguinaldo's*

March ），之后又演奏了一曲曲调悲凉的歌曲，引起一片嘲弄的喊叫声。时至傍晚，一场类似的游行活动在落伦礼沓公园（Luneta）进行，保卫厅乐队正在公园里举行音乐会。此事的经过众说纷纭。据称一个菲律宾男孩拿着美国国旗，人群中有人把旗子从男孩手中抢来撕碎，并用脚践踏。有的人否认这件事，他们声称游行中的冒犯性行为仅限于欢呼"菲律宾自由"和挥舞大量卡蒂普南旗。但是毫无疑问，这场游行就是为了表达对美国人和美国政府的蔑视。落伦礼沓公园音乐会接近尾声，演奏《星条旗永不落》的时候，许多菲律宾人都表现出了反感和蔑视。

这一桩桩事件激起了生活在马尼拉的美国人做出回应。美方组织了一个委员会，号召于 8 月 23 日在歌剧院举行会议。这次会议令人印象深刻，各个阶层的美国公民和陆海军官兵都有参加。美国各团体领袖进行了演说。这些活动都是温和而适度的。同时，菲律宾委员会与华盛顿方面交流后颁布了两项《煽动法》的修正案，规定处罚反美煽动者，禁止公开展示卡蒂普南旗或任何代表起义的符号。之后几天里，整个城市笼罩在焦虑的氛围之下。菲律宾政治家们意识到他们之前做得太过头了，当地一些有影响力的报刊也对落伦礼沓公园一类的事件表示了谴责。因此，这一事件并没有产生严重后果，而且几乎不可能再次发生。但是，菲律宾美国人社区的想法发生了极大的改变，这无疑影响到了委员会，促使他们立即采取行动。

尽管选举结果没有什么特别的看点，但也有些有趣的现象。选票总数为100493，与登记选民数相差无几。各党派获得的票数如下：

国民党	……	34277
进步党	……	24234
独立党	……	25120
立即独立派	……	7126

独立派	……	6179
天主教派（Catholic）	……	1192
菲律宾教堂（Philippine Ind. Church）	……	91
其他	……	2005
作废	……	269

获选代表的党派分布如下：

国民党	……	32
进步党	……	16
独立党	……	20
立即独立派	……	7
独立派	……	4
天主教派	……	1
总计	……	80

国民党的三个派系共有 43 名候选人当选，占据了多数席位。但是，在 10 万多张选票中，国民党系候选人获得的票数仅有 47582，这表明多数选民实际上是选择了观点更保守的党派。有几个选区的票数和基于人口分配的票数相比少得可笑。巴拉望省只投出了 265 票，民都洛岛 622 票，巴丹半岛、苏里高和三描礼士省都不到 800 票。但是，每个省都有一名代表。马尼拉共投出 7206 票，是投票数最多的选区。整个选举活动安稳地结束了，舞弊恐吓现象并不太严重。

根据我之前描述的情况，再加上缺乏有组织的政党的领导，菲律宾国民议会选举在未来可能主要是凭借代表们的个人品格和能力。议员中有不少猖獗肤浅的政治煽动家，他们通过许下不可能兑现的承诺而骗来了选票。否认这些人的存在是没有意义的。他们进入议会纯粹是为了个人利益，而没有任何政治操守。第一届议会中有 23 名代表受到了道德败坏的控告。关于这一点，我们也应该明白：彼此攻讦，公报私仇在菲律宾是常态，未必有事实根据。鉴于这一点，以及近来的紧张气氛，许多指控很可能确有其事。从另一方面来讲，大部分代表品质优良，前途光明，而且有些人还得到菲律宾美国官民的大力支持。

第三十一章 菲律宾国民大会——末篇

1907 年 10 月 16 日，国民大会正式开幕。前一章里讲的都是它的前奏。开幕前，熟悉议员与时局的人士已经对大会的议程有了五花八门的预测，大致上可以分为两类：一类是大部分美国和欧洲居民的观点；一类是菲律宾人的观点。美国人，尤其是商业人士，对这项政治实验感到不安甚至焦虑。在菲律宾的美国人，尤其是有投资意向的美国人，普遍认为在当时建立国民大会还不成熟，人们还没有完全准备好，而且即使没有直接引发动乱，也容易产生骚动。这些顾虑在当时无疑是有一定根据的，而且从其他类似地域的经验来看或许不无道理。总的来说，他们认为菲律宾人整体上还不具备相应的政治能力，担心现在赋予自治权还不成熟，他们还不能够理解并应用民主原则，这些基础性的弊端会导致灾难性的后果。菲律宾人自然没有这样的顾虑，尽管部分有识之士也怀疑仓促施行自治是否有益。另外，部分居住在菲律宾的美国人支持现行政策，对其结果表示乐观。

国民大会的权力有若干限制，权力施行也受监督。我们应该记住，国民大会只是菲律宾立法机构的一部分。菲律宾委员会类似于上议院，与国民大会共同行使立法权。委员会由 8 名成员组成，包括 5 名美国人和 3 名菲律宾人。每位美国委员都有行政权责，而菲律宾委员只能行使立法职能。国民大会成立之前，菲律宾的立法工作均由委员会负责，且需获得国防部长、美国总统和国会批准。目前，部落省份的立法权仍由委员会负责。

　　菲律宾立法机关与美国类似，但也有部分例外。总督是委员会成员，也是立法机关成员，但没有否决权。只有美国国会有权撤销菲律宾立法机关制定的法律，且法律从颁布之日起生效，直到撤销或废除。立法机关在财政拨款方面受到的约束较大。如果立法机关在未完成年度预算拨款的情况下延期，下一年度的拨款将自动重新制定。这一规定旨在防止国民大会通过拒绝批准政府拨款而妨碍行政。

　　虽然到目前为止，国民大会的发展历史太过短暂，无法对此得出确切的结论，但是第一届大会的开展在一定程度上暴露了操纵大会的人员及其推力，而且在实际立法工作中登场的人物以及他们的行为是很有趣的。影响国民大会的政治因素可以分为外部因素和内部因素。外部因素主要来自委员会和舆论。内部因素是下议院自身的成员及其体现和代表的志向与抱负。

　　大多数立法机构都是通过政党来运行的。菲律宾国民大会也不例外，虽然目前已经表现出了一些个性。 代表选举工作都是以党派名义进行的，而且议员也是作为不同党派的代表在国民大会获得席位，但在议会召开时，党派的政治凝聚力并不强。

　　在这些所谓的政党中，只有三个党派有明确的政治纲领。立即独立派和独立派实则是国民党的两个分支，两者是在脱离美国的共同愿望下团结起来的。进步党认为实现独立是一个远期目标，因此并不支持当前争取独立的暴动行为。强大的独立党势力在选举前拒绝对此问题做出明确回应。因此，只有两个党派——国民党和进步党——在选举前表达了自己的观念并提出了积极的政策。按照一般的划分方法，我们不妨分别称之为激进派和保守派。国民党各派加起来占据了议会多数，但优势很小，因此独立党同样举足轻重。

　　我们认为，议长人选能够显示出人们对国民大会的期待。热门人选多米纳多尔·戈麦斯（Dominador Gómez）是一位臭名昭著的政治煽动家，也是一位精明的政客和演说家。召开会议时，他总能够控制国民党的核心团体。但是，国民党内有一小部分人坚决认为，戈麦斯的当选会败坏国民大会的权威，有损其在美国人中的声誉。由于在这一问题上没有达成一致，议长一职从国民党提名的候选人戈麦斯转向进步党和独立党的推选者。于是，国民党各派搁置了分歧，勉强同意塞尔吉奥·奥斯米纳（Sergio Osmeña）① 担任党团会议候选人。由于保守党派没有提名候选人，而且也能接受奥斯米纳，因此最终他作为唯一的候选人当选。

委员会没有公开插手奥斯米纳当选一事，但无疑对结果是发挥了影响的，以便两院能够同舟共济。奥斯米纳先生被热情地接纳进了高层圈子，很快成为菲律宾事务的重要人物。很多人预计国民大会会很快陷入无休止的争论，但事态的发展要让这些人失望了。尽管成功躲过了第一座暗礁，但年轻的立法机关前方还有更多障碍。14 个席位，包括戈麦斯和其他著名的激进分子，遭到抗议的理由在某些情况下严重贬损了代表的道德品质。很多人也因此希望以个人和政治不端为由来一次大清洗。最终，国民大会通过正规方式处理了这些问题，没有造成不必要的麻烦，从而又一次让那些心怀叵测的批评者失望了。的确，在此过程中有很多控告直接被无视，有些控告则因过于琐碎而被排除，但它表明国民大会有舵手和领航员，全体船员对于纪律也绝对服从。滚木立法（log-rolling）② 和党派交易是发挥了作用的，手段颇为高妙，堪称政治洗白的典范。会议期间，奥斯米纳议长展示出了机敏才干，在议员中产生了巨大影响力。

没过多久，竞选期间的党派分野就开始模糊了。"独立"是很好的竞选口号，但议员们还要面对更实际的政治问题，也要经得起各种批评的考验。因此，国民会议整体上可能有一种上法庭受审的感觉。奥斯米纳议长是国民党提选的，不过

---

① 塞尔吉奥·奥斯米纳（1878—1961），中文名为吴士敏，出生于中国，后随父亲迁至菲律宾，菲律宾第一共和国第二任总统（1944—1946），也是菲律宾第三共和国成立前的最后一任总统。1907，菲律宾举行第一次立法议会选举，有 10 万名菲律宾人参加选举，国民党人奥斯米纳当选为议长。
② 政客间互投赞成票以通过对彼此都有利的提案。

到目前为止，他的行为都相当保守，偏向进步党。其他国民党代表也是如此。议程设置的宗旨就是节制鲁莽行为，而随着大会的进行，议员们也自然地形成了庄重体面的意识。议员们有敏锐的政治嗅觉，对外部因素也极度敏感。

除了美国国会外，最直接的外部因素就是委员会了。美国委员会主席除了立法职责外，还行使行政职能。事实上，委员会拥有岛屿政府的全部行政权，而这些权力主要就集中在美国委员的手中。所以，委员会对国民大会有双重的制约作用。如果国民大会延宕，委员会可以自行施政。而且委员会不是选举产生的，不受选民的直接影响，这进一步加强了它的权力。委员会在没有国民大会的情况下也能够继续工作，但是国民大会在没有得到委员会同意的情况下就是寸步难行。国民大会有权通过法案，但只有经过委员会批准才能生效。如果没有新的法律通过，政府将依据现有法律进行治理。所以，虽然国民大会有足够的空间进行有建设性的工作，能够在部分程度上延缓一些行政事务，但不可能完全阻止。

虽然国民大会的权力受到了一定限制，但是他们似乎意识到自己寄托着菲律宾人民的希望，如果饱食终日，尸位素餐，必将遭到强烈谴责。议员们明白，任期届满时自己不是连任就是下台。他们急于赢得人民的好感，敏锐地观察着政治风向的变化。

美国人的公议可以通过委员会体现出来，而菲律宾人则寄希望于国民大会，对它的发展非常关注。因此，1907 年的省级选举结果颇值得玩味。虽然在国民大会召开相关会议之后，省级选举就仓促举行，因而未必能够反映公众意见，但是这些时间足够让塔夫脱来访并发表讲话产生一定的效果并影响选举结果。在进行了竞选的省份中，进步党拿下六个省的省长职位，而国民党只有两个省。有几个省的候选人全部来自同一个党派，竞选完全成了权力斗争。在其他省份，竞选国民大会席位失败的人，由于主要对手已经去了议会，因此轻松当选了省长。大部分省份的选举活动都主要关注地方事务，因此省长选举的选民投票数大大超出国民大会选举，在某些省份甚至超过了两倍。

但是，从整体上来说，我们似乎可以合理地认为进步党取得了胜利。国民大会的进步党领袖很快做出了回应，说这个结果反映了公众普遍反对激进，尽快独立的情绪也有所消退。尽管国民党的领袖们对这一解释并不认同，但多少也受到了影响，降低了推动独立的呼声。也许他们也乐于就坡下驴。

法律只有在实践中被检验，才能做出充分的评价。而除此之外，评价立法机关的最好办法就是看它通过了哪些提案，以及讨论过程中有哪些力量在推动，哪些力量在阻挠。前一条标准目前还不适用，但是我们可以通过研究大会提交的法案，以及跟踪这些法案的落实情况来评判它的工作。国民大会通过的第一项法案是拨款 100 万比索（Peso）①建造农村学校，第二项法案是提高议长薪水。农业、税收和教育似乎是热门议题，代表们提出了许多相关法案，一项法案要求提供义务教育，一项规定要在公立学校教授当地语言，一项规定大力发展手工培训班，一项要求每个省份都建一座农学院，一项要求建立工业学校，还有一项要求农村学校必须教授英语。岛内农业问题显然是很多代表的关切所在，共提出了 6 项与农业相关的法案。一条是规定在一定情况下免费分发农具，一条规定归还由于未缴税而被强制出售的土地。还有相关法案主张废除死刑，在一定限制下允许中国移民、改善岛内水道，等等。有 45 项法案是对各类法律的修订和完善，6 项提案是针对选举法的。还有一项法案要求设立人身保护令。

通过研究第一届国民大会会议提出的法案列表，我们虽然未必能搞清楚藏匿在表面之下的个人和政治动机，但足以说明它与美国立法机关相比毫不逊色。大多数法案都是针对岛内的某种具体情况而提出的，这显然源于办实事的真切愿望。只有一项建议的举措是很愚蠢的：要求国民大会议员在公共场合佩戴徽章。这一

---

① 比索是一种主要在前西班牙殖民地国家所使用的货币单位，这些国家包括墨西哥、智利、阿根廷等美洲国家，以及亚洲的菲律宾。

项法案不可能通过，因为国民大会可不想沦为笑柄。大会也会闹出些小笑话。有一名议员提案要求修改及放宽诽谤法的规定。那天晚上，他恰好参与毛驴（burro）纸牌赌博遭遇警方突击搜查，至少马尼拉的一家日报是这样报道的。这位愤怒的国民大会代表立马起诉该报诽谤，但是由于他提出过言论自由的主张，所以不得不忍受同伴的嘲笑。

总体来看，第一届国民大会取得了出色成绩，某些逢迎权贵之举也是可以得到原谅的。大会通过的第一项决议就是感谢美国总统和美国国会。这是一个恰当得体的行为，成员们明白这会给美国留下一个好印象。菲律宾立法机关颁布的第一项法律——农村学校法案——也是这样的。国民大会明白这会在世界范围内引发赞扬，这项法案能迅速通过无疑是与这项考量有关的。无论如何，这项法案是良善的，这一行为也表明国民大会意识到了国际观瞻作为有益外部因素的影响。

除了立法工作外，国民大会对整体政治局势的影响也是值得注意的。1907年末，我曾到访菲律宾群岛并进行了全面调查。我确信，国民大会开幕在国民心中产生的情感效应是很积极的。不管怎么说，它转移了人们的注意力。普通人和政客们不再讨论美国人在做什么，或者美国人打算做什么了；而是开始讨论国民大会，国民大会在做什么，国民大会打算做什么。

"你听奎松的演讲了吗？"

"听了，但是我不同意他的观点，我认为奥斯米纳的回应更好。"

"土地法应该修订了。"

"是啊，我们写信给国民大会议员吧。"

这一风气在全岛蔚然成风。一直叫嚷要求马上独立，向人民保证美国政府永远不会给予菲律宾自治的煽动者如今失去了大部分政治资本，也觉得必须转向其他议题了。

民意很快就传到了马尼拉，传到了代表们的耳中。国民大会认识到人们在时刻关注和议论他们，而且不管是现在还是未来，他们都要为成败负起责任，再也不能拿美国人当挡箭牌了。议员们明白，在他们的选区有很多雄心勃勃的政客渴望取代自己。从本土政客的角度来看，岛内的政治游戏注入了一个新元素；选民们有了新的关注点，不再一味关注虚无缥缈的独立议题了。纯粹从狭义的政治角度来看，成立国民大会是美国政府迄今在菲律宾做出的最明智的决策。

虽然国民大会到目前为止表现良好，但也有人预计好景不会长久。"等到第三届大会，你们就知道了（国民大会行不通）。"这句话在岛上的美国人中广为流传。这个预言没有什么好评判的。现在评价菲律宾国民大会以及国民大会对菲律宾及其人民的最终价值或许为时过早，但是我们已经能观察到一定的趋势。毫无疑问，国民大会已经有了良好的开端。

在很多人看来，这场民主试验的意义完全是政治上的。诚然，政治是重要的，在某些方面甚至是主要因素。但是，也有些人认为，菲律宾政治问题的长远解决要靠经济发展和秩序稳定。他们更关心的是国民大会对工商业的影响。岛内美国等外国工商业人士担心，国民大会将阻碍工业发展，为潜在投资者带来障碍，吓跑恢复经济和开辟新产业所需的资本。

在我看来，此种顾虑没有什么实质依据。我们可以通过比较来正确看待这些问题。多年来，美国和其他国家的大量资本涌入拉丁美洲的各个共和国，尤其是被认为相对稳定的墨西哥。综合各方面考虑，我认为菲律宾政局比墨西哥要更稳定。墨西哥多年来局势和平，稳步发展，但是不得不承认，该国的成就总体上要归功于领导人的品格。墨西哥政局的稳定没有得到权力、影响、财富、威望、管理经验更胜一筹的外部权威的直接支持。而菲律宾是有的。考虑到在某些人种的民族中间，建立共和制度的尝试往往会遭到失败，我们再来看菲律宾就会发现，许多在其他地方引发动乱的情况在这里并不严重。我去过中南美的几个小共和国观察所谓"文治政府"的运作，结果对当地居民的政治素养毫无信心。古巴殷鉴不远，我们也不能一边倒地乐观估计菲律宾的情况。但是，美国在菲律宾尚未犯下当年在古巴犯下的错误，即为了实现一时冲动或者考虑不周的承诺，为了逃避繁重的责任，便把政府交托给毫无行政管理经验的人。不过，我们也没有理由认为，美国会在菲律宾犯下同样的错误。塔夫脱在菲律宾国民大会开幕演讲中向菲律宾人民宣告，追求菲律宾未来的独立与眼下效忠于美国政府并不矛盾。但是，他也告诫菲律宾人民，要想实现独立的理想，他们必须要等到自己有能力保证独立后维持政府正常运作。通过塔夫脱的这一声明，再结合他在日本和中国做出的类似讲话，我们可以彻底否定美国将菲律宾卖给他国的谣言了。

菲律宾人民意识到，美国将长期保有对菲律宾的实际主权，而且除非菲律宾人民充分做好了自治的准备，否则美国不会主动放弃主权。我们可以相信，授予菲律宾立法权能够改善国内的形势和条件，吸引国外投资。现在就预计国民大会能否取得成功为时过早，但是即使它起初没有抓住美国国会为它创造的机会，不良后果也未必会长期延续。第一届国民大会的成员在很多方面的表现都是可圈可点的，但是名声有亏的代表们也不比频繁当选美国各级议员的人差。国民大会可能通过了一些不明智乃至错误的法律，但是美国的法律就完全没有错误或愚蠢的吗？只要是菲律宾人民拥护，也没有迎合愚蠢的冲动和野心的行为，我们都应该认为它们是对菲律宾好的，有助于实现政治稳定的目标。从这个意义上来讲，设立国民大会也会发挥有益的影响。就合理程度而论，这个假设并不逊色于种种悲观论调。我们应该记住，如果国民大会最终证明是失败的，只是产生了毫无意义的煽动言论，而且不利于社会进步，那么我国现在有能力将它成立，那时自然也有能力将它解散。

有一个问题是人们避而不谈的。在美国人中间，它造成了对菲律宾基本方针这一议题上的重大分歧，虽然现在有弥合的迹象。不过，我们或许可以期望所谓的"反帝思潮"偃旗息鼓了。这种思潮在菲律宾的直接体现是要求立即独立，有些人目前正在岛上四处煽动。我看不出来这样的煽动能带来什么好处。它的出发点是好的，但它的解救对象们无法感受到它的真正价值所在，只是激发起目前不可能实现的愿望和野心罢了，还会让美国政府处于尴尬境地。实际上，任何正直的观察者都不得不承认，美国政府启蒙菲律宾人民的行为是无私而真诚的。在我看来，鼓吹菲律宾立即独立或完全自治的人正是菲律宾的大敌，与彻底排斥菲律宾人民管理内部事务的人同样恶劣。在大多数情况下，折中结果都是比较好的，美国当前的政策正是如此。

菲律宾国民大会可能还没有达到支持者们的期望，甚至可能只是达到了最低限度的期待。但是，那些希望看到它失败的人必定是缺乏同理心和同情心的。通盘考虑国民大会目前的优劣，它还是值得相信共和制度、希望菲律宾群岛有光明未来的人去期待的。

第三十二章 菲律宾的价值——首篇

尽管菲律宾实际上是美国的一部分，主权完全属于美国，但在某些方面还是应该将其视为独立实体，这要看当时美国国会的态度。但是，只要我们还控制着菲律宾的命运，他们的麻烦和困难就同样是我们的，他们享有的物质繁荣也将造福美国。因此，对于岛内状况和发展潜力，美国政府应当予以重视，待遇不应低于其他美国领地，甚至要特别关心。

从对菲律宾情况的粗略调查就能看出，政治问题的根源在于经济形势。和其他地方一样，政治动荡多发生于工商业萧条时期。实际上，岛内繁荣与否掌握在美国国会手中。这也就意味着国会有能力通过和平方式打击扰乱政府工作的政治势力，让他们没有能力继续阻止或妨碍正常工作。

大部分经济问题都与其他问题关联着。菲律宾和美国未来的关系对两国都可能产生影响。很多美国人还不习惯把菲律宾看作是美国的一部分，尽管他们很乐意看到它的繁荣发展。在他们眼里，菲律宾和委内瑞拉差不多，也就是不需要特别关心的国家。这种关于美国对菲律宾岛屿以及居民的责任的看法是消极的，也是错误的。除非我们充分认识到菲律宾的发展同样能给美国带来物质繁荣，菲律宾的萧条将会对美国资源造成负担，这一看法才会销声匿迹。

考虑到菲律宾自然资源的发展可能会对美国的贸易和工业方面产生的影响，

我们可以来看一些有趣的事实。美国商业与劳工部的一份报告显示，1906 年美国进口的热带和亚热带物产价值超过 5 亿美元。这些物产大多不适合在美国生产，即使气候适宜，从经济上考虑，也会种植其他作物。这些热带和亚热带物产对于美国人民生活的舒适便捷是必不可少的，包括咖啡、糖、茶、可可、椰干、橡胶、大麻、黄麻、烟草、水果、坚果、香料、树胶、染料木、硬木等，它们或者是工业原料，或者是日常饮食。为了换取这些物品，美国出口产品（主要是工业品）到此类物产供应相对不足的国家，而且要与其他生产类似产品的国家展开竞争。但是，美国在很多竞争中处于下风，因为美国的竞争者可能享有最惠国待遇，或者拥有美国永远不可能得到的天然优势。对于能够大量产出低价热带和亚热带物产的国家来说，在美国本土种植这些物产在经济上肯定是划不来的；但是，一般来说，这些国家的自然条件又不适合生产商品粮和工业品，而商品粮和工业品正是美国工业繁荣的基石。

了解这些事实后，再来看菲律宾与商贸经济问题的关联就很有意思了。菲律宾几乎全部位于热带地区，美国消费的几乎所有热带亚热带物产都能在当地大规模生产。为了更好地了解菲律宾在这方面的发展，我们可以做几个简单的比较。1906 年，夏威夷的商品出口总值为 3600 万美元，菲律宾的面积是夏威夷的 18 倍还要多，人口更是超过 50 倍。但是，同年菲律宾的出口额却连 3400 万美元都不到。波多黎各的面积是菲律宾的四十分之一，商品产量却接近其四分之三。美国吞并波多黎各后允许其商品在美国自由流通，之后波多黎各的热带物产产量增长了一倍还多。自从 30 年前美国资本和技术引入夏威夷，夏威夷群岛的产量便增长了 30 倍。如今夏威夷和波多黎各在名义和实质上都是美国的一部分，尽管取得了重大发展，但也只能供应美国对热带和亚热带产品需求量的十分之一。

还有另一个方面。自 1875 年美国调整夏威夷商品入境关税之后，美国产品在夏威夷的销量增加了 30 倍。美国目前对波多黎各的出口额是合并前的 10 倍，波

多黎各进口总额的 88% 来自美国。自美国占领菲律宾，或者说自 1901 年通过镇压
叛乱使社会基本上回归到正常状况起，菲律宾的对外贸易总额逐渐攀升至 5900 万
美元。与此相比，西班牙政权的最后一年里，菲律宾外贸总额是 5400 万美元；考
虑到当时局势同样动荡不安，这个成绩实在算不上进步。1906 年菲律宾进口额只
有 17% 来自美国。如果菲律宾的人均消费水平和波多黎各相当的话，那么 1906 年
应当进口价值 1.57 亿美元的美国商品，但实际上只有 4,477,786 美元。从面积、土
壤、气候、人口和热带气候来看，随着时间推移，菲律宾完全能够生产美国需要
的几乎所有热带和亚热带产品。这就意味着菲律宾人民的购买力会相应提升。菲
律宾政局是由美国掌控的，因此美国能够控制该国的进口规章，为美国商品提供
便利，同时为其他制造业国家制造障碍。

我们可以将该方案视为建立经济闭环、实现经济独立的一大步，就此而论，
美国政界人士不妨予以关注。从经济角度看，一个与美国年贸易额达到 6 到 8 亿
美元的菲律宾难道不值得考虑吗？这一可能性与菲律宾群岛的未来紧密相连。那
么，为什么美国要实施对菲律宾发展并不积极鼓励，甚至在某些方面造成了实质
阻碍的财政政策呢？

答案是：某些势力试图阻挠菲律宾的经济发展。这些势力颇为多样复杂。但
是，我们可以将其分成几类，然后去理解和分析。美国国内的贸易保护无疑是其
中非常活跃有力的一个因素。这种观点认为，如果取消对菲律宾产品的关税壁垒，
美国部分工业就会受到冲击。这类论据的经济基础很薄弱，若非他们在讨论中大
放烟幕弹，四处搅浑水，几乎不可能阻止国会的行动。为此，一种充满虚假歪曲
言论的运动开始了。菲律宾群岛被描绘为美国的巨大经济负担，政治局势的困难
被严重放大，出于各种原因反对美国对菲律宾政策的因素都被视为不可逾越的障
碍。这场运动已经阻碍了国会的立法补救工作。

最早被授予菲律宾群岛管理权的人很快意识到，美国接收菲律宾后，由于国

菲律宾新建的省级示范学校

各省典型的市政大楼

际关系变化和随之而来的外贸环境变化，该国的工商业必然会受到影响。西班牙的政策是为了本国利益，尽可能地压榨利用菲律宾，他们促进或阻碍一些工业和生产的发展，完全是出于本国利益的考虑。美国人改变了这套做法，不许菲律宾的某些优势产品进入某些市场，那么菲律宾人自然就会去寻找其他市场。这在一开始没有引起什么不安。毕竟，如果能因此进入广阔得多的美国市场，损失一个狭小有限的市场又有什么影响呢？

当有声音要求国会进行补救时，国会做出了小小的让步，将《丁格雷关税法》（*Dingleg Schedules*）规定的菲律宾产品进口关税降低了 25%。但是，这一让步很明显并没有带来多少好处。于是，塔夫脱出任国防部长后，他督促国会给予菲律宾同夏威夷和波多黎各一样的自由贸易地位。于是，一项议案被提出，在 1909 年之前，对菲律宾进口产品采用《丁格雷关税法》中规定的一半的关税税率。议案在众议院高票通过，但是利益对立方成功将其扼杀在参议院中。允许糖的自由进入是阻碍议案通过的真正绊脚石，反对者在这件事上的态度显示了他们的本质。糖业利益集团声称，只要将糖的年进口量限制在 40 万吨内，他们就支持菲律宾的糖自由进入美国市场。但是，即使一切顺利，菲律宾的糖产量在 20 年内都达不到这个水平。因此，菲律宾对美国糖业的威胁更多是臆想而非现实。

尽管反对有益于菲律宾的法律的主要都是美国人，但它还是获得了大量来自菲律宾各派别的间接支持，主要包括政治和经济两个方面。政治方面的反对声音来自于拥护菲律宾独立的人，他们担心菲律宾随着两国工商业联系的加强而过分依赖美国，从而导致菲律宾共和国成立的希望破灭。这一担忧是很有依据的。国家日益繁荣，与美国关系更加密切，外国资本进入，再加上随之而来的新力量发展，美菲合作在两国之间都会得到更多认可，对脱离美国的情绪不啻釜底抽薪。菲律宾不乏这种政治家，他们相较于一个安全繁荣、附属于美国的菲律宾，更渴望建立一个贫弱的菲律宾共和国，就像那些只重私利、不顾国家的美国人一样。

反对者中也有真诚的爱国者。他们提出的根据是，目前菲律宾政府收入的三分之二都来自海关。需要指出的是，自由贸易确实会造成眼下的关税损失，而且允许美国商品自由进入也会排挤岛内其他国家的商品，从而造成进一步损失。据估计，菲美之间若实行自由贸易，菲律宾政府可能会损失四分之三的收入。如果这一估计是正确的，那就必须通过创造其他收入来填补，这个观点让菲律宾政客们惊骇不已，也引起了委员会的忧虑。经验表明，间接课税固然并不经济，但确实是最方便的敛财方式。在菲律宾有很多人担心，税收的大量减少可能会迫使岛屿政府改征直接课税。但是，以岛内的当前状况，这种做法必将引发国内动荡。

虽然这些观点并非没有根据，只要研究一下岛内预算和岛内情况，我们就知道没什么好担忧的。现行国内税收法刚开始执行时，很多人——尤其是部分菲律宾上层人士——认为菲律宾经济会遇到灾难性的影响，并且可能激起人民的反抗。这些预测并没有成真。由于错误的煽动，的确发生了一些小骚乱，但都被完全控制住了，而反对该项法令的各项产业并未受到影响。可以肯定的是，就算海关收入下降，菲律宾也可以通过其他来源大幅增加收入。波多黎各在与美国建立自由贸易时几乎出现了同样的情况。结果是波多黎各和美国的贸易大幅增加，美国产品现在几乎垄断了整个波多黎各市场，海关收入是开放国门之前的70%，而且还在稳定增长。原因是很清楚的。很多来自欧洲或其他国家的产品由于其质量和特色而受到青睐。随着国家日益繁荣，他们在继续购买这些物品的同时，也在购买之前从未使用过的美国产品。我们有理由认为与菲律宾进行自由贸易也会带来同样的结果。

岛上有这样一种声音认为，免税进口美国产品——比如开发自然资源所需的农业机械——可能不会降低菲律宾消费者购买这些商品的花销，反而可能会增加生产成本。实际上，菲律宾目前消费——或之后可能会需要——的部分重要美国产品在美国国内被称作"托拉斯"产品，受到美国进口关税保护，结果在美国卖得比在国外还要贵。和很多国家一样，菲律宾也有一项商业惯例：这些产品的美国生产商会给菲律宾代理回扣，回扣的数额几乎与交纳的关税相当。进口这些美国产品的贸易公司相信，如果削减现有关税，菲律宾的地位就和"本土市场"一样了，因此就不需要再给回扣了。然而，结果是这些产品的价格非但不会下降，反而会更高，唯一损失的就是税收。因此，自由贸易可能会给菲律宾带来一定的不利影响。

此事利益关系复杂，看待问题的角度也各不相同，有不同的观点、看法是理所当然的。主张"还菲律宾公道"的人内部也存在分歧，从而为试图浑水摸鱼的人制造了便利。从大的方面来考虑，情况其实并没有那么复杂。只要我们从蝇头小利和偏见的冲突中走出来，就不难抓住要领。

菲律宾群岛的地理位置、土壤、气候和自然资源表明它必然以农业立国。关于菲律宾在生产热带和亚热带作物方面的自然优势，为免夸大之嫌，我会讲得客观一些。大自然对这片土地的馈赠是极其慷慨的。在农业方面虽然还没有完整的数据统计，但据专家估计，岛上 80% 的土地都是可耕地。这片美丽的岛屿尚有许多处女地，只需人类付出智慧和劳动，便能为人类财富的增加贡献一分力量。在现代条件下有两大要素：资本和劳动力。岛内的劳动力状况值得关注，可以这么说，当前劳动力的供应足够实现长足的发展。岛内经济发展的主要障碍是资本。

资本现在还不太敢于进入菲律宾，小的原因固然有很多，但核心就是一条：对该国当前和未来的政局没有信心。1907 年 10 月，塔夫脱在宣言中明确表示，华盛顿政府无意放弃菲律宾群岛，这有助于平息一个不安因素。但是，在资本能够在那里找到适合投资的领域前还需要做很多工作。有人已经认识到，菲律宾丰富的自然资源会带来众多机会，也愿意投资当地的工业和其他产业。而他们首先希望的就是确保岛内大局稳定，因为这会影响自己的投资。如果他们想建立大麻种植园或者投资橡胶产地，那他们非常希望该国政局和产销状况稳定。换句话说，由于岛内拥有的自然优势，资本家是乐于进入菲律宾的，但是在权衡损益的过程中，他们希望知道至少在一定时期内菲律宾会处于何种状况；是否会继续附属于美国；美国发展过程中的一般条件在这里是否同样适用；如果是否定的，什么条件在这里适用。如果有了这些方面的保证，菲律宾无疑就会得到大批发展资金。

在这一点上，资本家也不像某些人预料的那样难以满足。这涉及多方面因素，最基本的有两点：岛屿政府的态度和美国国会的政策。归根结底，岛屿政府政策的制定必须遵循美国总统和国会的指挥，这往往对事态的发展有很大的影响，因此美国对有意投资菲律宾的人是什么态度就很关键了。美国承诺遵循真正维护当地居民利益的政策，保护他们避免受到外国力量为谋求自身利益而进行的剥削。在强国与弱国的交往中，这种剥削是经常发生的。于是，委员会否决了一些雄心勃勃的招商引资计划，原因是这些计划会牺牲当地人的利益。政策本身和推进政策的精神都是值得肯定的。但是，如果菲律宾想要实现发展繁荣，保护当地人利益的观点就不应该成为阻碍合法企业进入菲律宾的因素。

想要吸引外资进入菲律宾，就必须使当地的投资环境比其他地方更具吸引力。这一点可以通过以下某个或所有影响投资的条件来实现：政治稳定、环境安全、预期收益。在通常认为风险较大的地方，资本就需要更高的预期收益。在起步阶段，与其他一些具有类似自然条件优势的国家相比，菲律宾可能需要通过提供能在此获取更高利润的机会来吸引外资。因为即使国会采取了积极行动，人们对菲律宾国内稳定与否的质疑也不会立即消失。这就要考验管理菲律宾事务诸君的政治智慧和判断力了。我们很高兴地看到，目前的前景总体上是非常有利的。

菲律宾究竟是进步、原地踏步还是退步，这取决于美国国会。国会应通过关税减免法案，同时以修订案的形式满足反对者的合理诉求。这一措施尽管不是万能药，但也能带来很大的好处，能进一步改善岛内经济状况。国会还应该修订准许农业银行建立的法律，提高对资本的吸引力。土地法规定了持有土地的限额，既阻碍了需要大片土地的企业进入，又阻止不了数不胜数的违规行为——不管是字面上违背，还是精神上违背——因此也应该加以修订。

于是，我们可以看到国会是可以行动起来，给菲律宾带来实质性的帮助，并将在不久的将来带领菲律宾走上繁荣发展之路的。果真如此，美国人中间的"菲律宾负担论"和"菲律宾麻烦论"便可休矣。只要看看岛上的状况就能发现，一个人如果总是把菲律宾称为"负担"和"麻烦"，他就是在直接或间接地让菲律宾坐实这两顶帽子。我希望国会能够采取明智而合理的行动，让我们以后不至于再听到这种论调了。

第三十三章 菲律宾的价值——续篇

谈到美国政策在菲律宾的影响，流亡归来的安东尼奥·雷希多尔先生（Antonio Regidor）在 1907 年菲律宾会议的开幕会上说："它使我国人民懂得了劳动的尊严，教会了他们如何劳动。"

这位值得尊敬的菲律宾爱国者触及一个事关菲律宾发展的基本因素，这一点毋庸置疑。"菲律宾现在的麻烦就是当地人不会工作"，这句话被频繁提及，几乎要成为流行语了。这个因素对资本投资造成了阻碍，对于发展造成的影响可能比任何关于菲律宾的不利传言都要大。但是，菲律宾的劳动力果真就素质低下吗？

解答这一问题需要关注几个方面，要看这种观念是在何种状况下产生的，也要看它具体适用于哪些人。很多在菲律宾居住的美国人认为这一观点是正确的。但是调查显示，这种评论的事实依据是薄弱的，考虑也是不周全的。人们经常能够在菲律宾——尤其是马尼拉——听到美国人和其他外国居民强烈抱怨当地佣人和雇员的无知和大意，以此来说明菲律宾人的普遍无能。在美国也有类似的抱怨，但是任何一个了解美国的人都不会由此得出美国人懒惰的结论。

所以，要想评价菲律宾人到底是否勤奋，我们有必要咨询那些曾在足够长的一段时间内雇用了大量菲律宾人，而且在本国也有过类似经历的人，这样才能进行恰当的比较。结果取决于多种因素，但我们可以从相对效率出发来得出判断，而相对效率的经济指标就是成果和成本之比。

我们或许可以说，早先雇用当地人的美国雇主并没有得到满意的结果。在这类情况下，雇主的满意程度是由最终所得与期待所得的对比来衡量的，其中之一发生改变就会导致失衡，两者皆变亦然。既可能是雇员创造的太少，也可能是雇主的期望太高。在美国统治菲律宾的早期，美国雇主下意识地以美国的质量标准，即人均产出，来衡量菲律宾的劳动力。当时，他们对东方的产业环境还不够了解；在这里，劳动力的实际价值是以生产成本衡量的。另外，一般的美国雇主由于政治因素而充满优越感，他们无法忍受当地的这种衡量标准，通常会坚持美国的习惯做法。于是，菲律宾工人不得不采取他们并不熟悉的生产方式，产出也达不到雇主的期望。不仅劳动效率的衡量标准是错误的，瞎指挥更影响了实际效率。因此，起初大部分美国人不止是对菲律宾劳工期待过高，还因为强加给他们不熟悉的方法和工具，不理解或者拒绝考虑特殊的社会环境而使他们连通常的效率都达不到。

多个问题导致美国对菲律宾劳工的管理不当，其中一点是：美国人认为自己能够迅速推动东方的发展。起初，美国对于实现菲律宾快速发展的理论是尽快引进美国的生产方式。理论本身是很好的，但是注定要在实际应用过程中遭遇挫折。工业方法在哪里都不是独立发挥作用的，效率高低要受到具体条件和环境的约束。这一经济规律同样适用于菲律宾。但是，在将美国工业方法引入菲律宾时，我们往往没有通盘考虑相关因素，而这些因素对最终结果都是有影响的。美国人不断地犯下此类错误，比如不考虑某些重要的成本，比如盲目引进在当地效率低下的昂贵机械；然后又归咎于菲律宾人，尤其是当地工人。实际上，错误往往在于美国人自己判断失误、谋划不周。

不可否认的是，菲律宾人的某些工作特点会引起美国雇主的极度不悦，尤其是初来乍到的美国人。性格懒散、喜欢"旷工"、热爱过节、体格瘦小……菲律宾人的这种形象已经在美国人眼里定型了。自然环境起了重要作用。有一幅图，图中的菲律宾人在结满果实的树下睡觉，只要摘果子吃就能过好。这幅图代表了很多当地人对工作的看法。这幅图中的信息是片面的。过去几年间，普通菲律宾人不爱干活的观点已经遭到了事实的反驳。

从经济要素角度思考菲律宾劳工问题时，我们必须注意开发当地资源需要什么样的劳动力。虽然当地有一些制造业企业，而且随着经济发展会越来越多，但农业将始终是菲律宾的支柱产业，而农业发展需要大量的非技术工人。实际上，菲律宾目前以及未来发展需要的是大量的、可靠的非技术工人，而不是技术工人。在这一方面，菲律宾非技术工人在美国的管理下已经取得了一些意义重大的有趣结果。

在菲律宾，与当地非技术工人打交道比较多的企业是大型工程公司，主要包括 J. G. 怀特公司（J. G. White & Company）和大西洋、波斯湾及太平洋公司（the Atlantic, Gulf & Pacific）。这两家公司都在菲律宾承接了大型工程：前者负责马尼拉市内轨道交通、菲律宾铁路和宿务岛港口改建等项目，后者承接了马尼拉港口改建、落伦礼沓广场扩建等工程。这些工程都是在美国人的监管之下由当地工人完成的，为上万名菲律宾工人提供了就业机会。工程经理对菲律宾工人的评价，是从几年来各种情况下和他们亲身接触的经历中得出的。

他们在菲律宾的经历也有不如意的状况出现。尽管这些公司拥有顶级的专业人才，在其他地区承接大型项目中也积累了丰富的经验，但来到这里后还是发现有必要因地制宜，调整工作方法。他们试图引进某些创新，但是结果并不理想，然后才做出了现在的决策。这是一个不断试验以使当地劳动力发挥到最佳的过程，是一个"美国方法"与当地具体情况不断相互妥协的过程。他们始终关注的是结果而非手段，并逐步形成了一套办法，即在菲律宾人能够吸收发挥的范围内尽量采用美国的方法，同时允许他们在其他方面遵循自己的喜好。总的来说，美国人

宿务岛正在建设中的铁路

发现：在很多事情上与其迫使菲律宾劳工遵循某些工作方法，不如根据他们的情况调整工作方法。

菲律宾铁路工程充分展示了当地工人的能力。铁路全部位于维萨亚斯群岛。马尼拉是菲律宾的工业中心，工人素质最高。因此，有人断言马尼拉的铁路施工会比较顺利，其他地方就要差一些。菲律宾铁路建设过程中，维萨亚斯路段的工人基本上都是农民，其结果应该能够代表菲律宾整体的平均水平。

在维萨亚斯群岛开始铁路建设时，J. G. 怀特公司因在吕宋岛有过经验，因而具有一定优势。宿务岛、班乃岛和内格罗斯岛的状况大体上能代表菲律宾的整体劳工状况。该群岛几乎是纯农业区，建筑工人不得不从种植园劳力和小自耕农中抽取。他们中的大部分人不以固定的雇佣关系为生，从而养成了只在想要工作的时候才去工作的习惯。从这个意义上说，他们是独立的。很多了解这一状况的人预计，J. G. 怀特公司可能无法获得足够的劳动力。另一些困难也是可以预见的，因为工人们要使用陌生的工具，还要进行之前从未有过的有组织性的劳动。

菲律宾雇工里面有一个不良因素：工头。一名工头手下管着15到20个人，工资由他来发，责任也由他来担。美国承包公司刚来的时候尝试过排除工头，但是结果并不乐观，只好半途而废，仅仅是革除了这项制度中的某些严重弊端。J. G. 怀特公司在维萨亚斯的建设工程是以营为单位划分的，每个营有一位外籍工长。营又细分为40到60人的大队，各有一名外籍副工长。大队又分成若干小队，由当地工头负责管理。宿务岛有四千多名工人就是在这样的安排下进行施工的，如期平安完工，推动了当地铁路线的建设。

于是，一群完全没有工作经验的人就被打造成了一支高效的工作团队。在这个过程中，工程经理的一系列主张为成功奠定了基础：合理的工资，确保不被"压榨"；良好且充足的食物；尽可能地不干涉当地风俗习惯，灵活处理相关事宜；施工期间只通过当地工头指挥工人；努力使大家明白公司关心他们的福利待遇和生活条件。

　　这一政策带来的经济结果，以目前的发展状况来看，是非常有趣的。铁路建设中的一个重要部分是搬运大量泥土，这就需要使用挖掘工具和运输工具。在维萨亚斯群岛，人们起初是用篮子，后来决定用独轮手推车，这种工具是菲律宾人之前几乎从没有听说过的。一开始工人最多只能装半车，既有不熟练的原因，也有手臂缺乏力量的原因。但是，工程经理坚持逐渐增加装载量，现在工人们已经可以毫不费力地运一整车泥土了。菲律宾工人原本很容易对工作产生懈怠，工作时游手好闲，这种令人恼火的习惯现在也在慢慢改正。由于良好的饮食卫生条件，工人的营养状况变好了，这是一部分原因。另外，工长的监督也起了作用。外国工长不得直接对工人催促或下命令，如有必要，可通过当地工头传达。如果外国工长发现一名工人经常磨洋工，就会私下里指示当地工头把这个人换掉。原先外国工长和当地人之间产生很多冲突，往往引起严重的劳资纠纷，现在通过这种方式几乎完全避免了。一位美国工长认为，美国常用的维持纪律手段在菲律宾没有用处，当地人也反感。如有外籍经理或工长对当地人盛气凌人，大部分外国雇主现在都会选择辞退。殴打当地劳工更是会立即辞退。领导们也开始意识到，在与当地劳工的交往过程中，耐心和体谅比粗暴命令要有效得多，外国工长或经理如果不能据此调整自己的行为，那就没有存在的价值。这项政策不符合美国人心目中某些与菲律宾人打交道的观念，但确实产生了良好的经济效益。

　　在这种状况下，当地工人自身也起了变化。原来平均一周只愿工作三天的人，现在愿意工作五天或六天。过去一有小节小假就歇工的人，现在也经常在节假日坚持工作。这种转变意义重大，表明过去阻碍产业发展的习惯并不是想象般那样根深蒂固。只要善加运用在其他地方能够激发工作热情的力量，菲律宾人同样能够改掉恶习。在美国人和菲律宾普通工人打交道的早期，只要旷工就把工资扣下，之后也不会再用。这一制度在人们理解其含义的地方是可行的，但是菲律宾人并不理解，反而引起了强烈不满，因而有必要进行修改。铁路工人的工钱按天算，而且不管一周干六天还是一天，工钱都会全额发放。

佩德罗想去过节或者钓鱼，然后就去了。后来工地上招人，他就回去了，公司没有说什么，也没有处罚他，至少他觉得没有。何塞是佩德罗的邻居，他要勤奋一些，上工比较规律。不久，何塞的妻子穿上了比佩德罗妻子更好的礼服，孩子们也有鞋袜穿了，家里还买了佩德罗的妻子和孩子们用不起的好东西。有一天，佩德罗离岗后想回来，结果发现位置已经被新人占了。他被解雇了吗？在五年前，答案是肯定的，但是现在不一样了。工地上跟他说，如果招人他就可以回来。这种事发生过几次。何塞一直在工作，佩德罗的妻子就开始跟他念叨，说何塞的老婆过得多好。佩德罗发现游手好闲不像从前那样惬意了，他开始把工作当成一件好事，在做可能丢掉饭碗的事情之前会三思。这种改良版的美国方法在菲律宾各地产生了巨大影响，再加上其他方面的规训，雷希多尔先生的勉励之语正逐渐变为现实。

从雇主的角度来看，结果同样是令人满意的。尽管一些美国公司雇用菲律宾人劳工的成本有所上升——平均提高了50%——但很多工作的成本比美国本土还要低，与在当地雇用白人劳工相比更是划算得多。比如在铁路建设工程中，美国白人工人一天的搬土量是菲律宾工人的1.5倍，薪酬却是菲律宾工人的4到5倍之多。从工人的角度来看，菲律宾人的确有严重的缺点，但是大部分都能够轻易地通过合理施压和环境刺激来克服。英国公司承建的马尼拉—达古潘铁路和马尼拉有轨电车工程都证实了当地人是有能力的。在机械方面，他们的模仿能力很强，但原创能力不足。菲律宾人在许多技术工种上也取得了进步。正如从前的一位西班牙修道士所说，菲律宾人的智慧在他们的手上。想要了解当地技术工人的成就，不妨去参观马尼拉的公立印刷厂，那里所有的高级印刷和刻印工艺都是由在美国人指导下的菲律宾人完成的。目前，数百名菲律宾年轻人就读于马尼拉工艺学院。

工业技校已经成为菲律宾教育的重要组成部分，而且仍然在不断发展。

我认为这是一个振奋人心的信号。我问过很多雇用过大量菲律宾工人的美国人，没有一个人对当地人的工作能力持悲观态度。在这个问题上，最有发言权的是那些在实际工作中与菲律宾工人有过接触的人。他们相信，通过巧妙和不懈的努力，菲律宾人的工作效率和可靠程度是可以提升到很高水平的。参与菲律宾早期工程建设和机械操作的理查德·拉芬、E. J. 比尔德、约翰·利奇及其同事为菲律宾的产业发展打下了坚实的基础。

美国在菲律宾的经济活动产生了一些有趣的影响。菲律宾种植园主不时会抱怨劳动力短缺。但是细加分析的话，他们似乎指的是工人越来越不愿意接受他们开出的条件。在过去，人们在腐败的地方政治压迫下抱怨连连，劳动创造的任何剩余价值都被剥夺，因此工作没有动力。菲律宾铁路建设部门为了吸引当地人参与这项繁重陌生的工作，将维萨亚斯群岛的工资水平从一天 50 美分提高到了 75 美分，从而引起了满腹牢骚的种植园主的强烈抗议。事实似乎是大部分旧式种植园主不希望当地劳工取得进步，因为劳工会从之前的半奴隶状态解放出来。如果种植园主支付更高的工资，他就必须努力让劳工创造更多价值。而菲律宾的普通种植园主又对旧秩序太习以为常了，任何改变都会引起他们的焦虑和不满。但是，他们原来那种随意草率的做法注定是要失败的。人们从法律中对自身权利有了更多认识，从腐朽统治的枷锁中解放出来，工资比以前高了，欲望比以前多了，于是干劲比以前足了，效率也比以前高了。在这种情况下，老一套迟早会被淘汰。

菲律宾必定会对这种激励做出回应，这没有什么好怀疑的。事实上，他们已经在指望美国人为自己带来改善生活的机会了。只要美国采取促进菲律宾发展的政策，"菲律宾人愿意工作吗"这个问题就几乎再也不会得到否定的答案。

菲律宾发展的一大不利因素就是恶意煽动，比如说菲律宾会被出售或转手给他国，从而让人们对菲律宾的政治稳定和地位产生了不确定感。尽管在外交界几乎没人严肃看待这个问题，但是一些美国人和其他国家人民一直努力让这个问题得到公众关注。他们要么对这一观点的适用条件和环境有极大误解，要么就是希望以此博得政治优势或个人名望。消除这些荒谬传言对菲律宾的未来和美国的整体国家利益都是十分重要的，为此我要从多个方面加以阐述。

相关争论主要在两个层面：一是道德层面；二是现实层面。关于美国在菲律宾地位的主流讨论中，不同的人试图从道德层面和现实层面出发，说明美国应当放弃菲律宾主权，但显然后者的影响力较大。无论如何，现实层面的意见提出得比较早，可取之处也更多，所以我们要先来谈。

从现实的角度反对美国保留菲律宾的论点中，一些政客试图说明菲律宾已经耗费了美国政府的巨大开销，这恐怕比其他任何论点在美国人民中产生的影响都要大。美国确实在菲律宾问题上付出了大量金钱，不过反对者提出的很多数字都可以通过审计工作来加以驳斥。诚然，从西班牙手中接手菲律宾后的花销很大；然而，将花销问题转移到探讨我国与菲律宾的未来关系上来是不合理的。美国花费的金钱，或者说大部分金钱，都用在了镇压暴动和社会秩序重建上，或者行使特别治安管理上。如果某处发生严重暴乱导致财产损失，这就需要军队镇压，而这部分额外花销是政府维系稳定的合理开支。人们会谴责暴乱，表示惋惜，但是任何一个通情达理的人都不会拒绝为其买单，虽然人们明白这部分损失不可能挽回，而且只能靠新的财富积累来弥补。美国内战花费了美国纳税人一大笔钱，但有头脑的人都会意识到，经济是会恢复的，现在的财富已经比战前多了很多倍，而损失是收不回的。这类政府特别开支相当于火灾损失。

所以，出售或放弃菲律宾很明显并不能使我国收回已经投入的大量开销，除非能得到同样数额的金钱或其他形式的补偿。从经济角度看，把过去的花销纳入此事讨论是不合理的，显示出赞同以这种方式处理菲律宾问题的人思维何其混乱。很多由于美国过去以及将来在菲律宾的花费而主张出售菲律宾的人宣称，把这个耗资巨大的属国卖掉能获得一大笔钱来弥补之前的损失。这建立在一个含混的观念上，即另外一个国家能够通过菲律宾获得利益，因此愿意从我们手中接手。这就产生了一个悖论：如果菲律宾对于支配它们的国家而言注定是个负担，显然美国很难将其出售或者转让；但是，如果在挺过经济政治剧变后，菲律宾能够成为富源，那为什么我们不自己收获这份成果呢？

既然已经认识到丢掉菲律宾也不一定能补偿美国过去在那里的开销，那么合理的现实估计就应当着眼于当下和未来。美国维护菲律宾主权的花销主要有两个方面：政府费用和安全开支。由于菲律宾目前没有抵抗强国侵略的能力，而且可能永远都不会有，所以菲律宾的防御工作在一定程度上转由美国承担，这就要花一笔钱。很多人理所当然地认为，这是美国的一笔额外开销。在安全方面，菲律宾最终是要依靠美国军队的，尤其是海军，而美国是必然会维持一支陆海军的。因此，如果认为保留菲律宾会导致额外开支，那就隐含着一种假设：在保留菲律宾的情况下，与不保留菲律宾相比，美国为了维护其在全球的国家利益必须维持一支更庞大的陆海军。

这个问题是有争议的，涉及很多方面的考虑。人们针对这个隐含假设各抒己见，很快就吸引了公众的注意，而菲律宾本身反而不那么重要了。郑重考虑过这个问题及相关观点后，我相信，即使完全不考虑将菲律宾纳入美国，我们也不能减小现有军队的规模，反而有必要增强海军力量以维护美国在远东的利益。为了实现更广泛的国家利益，我们无论如何都需要这样的海军计划。很大程度上，将这支海军用于维护菲律宾安全只是附带结果而已。我认为可以这样阐释这个问题：美菲两国长期保持亲密友好关系，这是我们当前政策的目标，很可能也会成为现实，而这种关系能够巩固美国在太平洋地区的军事和海军地位，最终减少美国在维持这一地位上的花销。此处我只谈军事，不谈其他方面可能带来的补偿。

目前有 1.2 万至 1.5 万名美国士兵驻扎在菲律宾，而且这一数字在未来几年缩减的可能性不大。菲律宾驻军的额外费用，等于实际驻军费用减去同样的军队在美国国内的驻军费用。目前来看，菲律宾驻军成本确实高于国内。当然，士兵们在任何地方拿的工资和补贴都是一样的，在和平时期的维持费用几乎没有差别。主要的额外开支来自于往返交通。目前军队在菲律宾的服役期是两年，这就意味着军队需要频繁进行远距离人员运输，交通花销是非常大的，而且实际服役时间也会因此减少。尽管完全消除这一项额外花销是不切实际的，但是无疑我们可以大幅减少这部分花销。

许多军官赞成延长驻菲律宾服役期至 3 年或 5 年。两年服役期是在暴动频发、文治政府成立之初的混乱时期确定下来的，当时军队承担着艰巨的任务，而且军官们还没有学会如何在热带地区管理军队。现在，士兵在菲律宾服役不再比美国艰苦，大部分工作都是在卫生条件良好的兵营内履行日常职责，认为军人长期服役有损健康是没有道理的。随着对热带环境越发熟悉，我们可以尝试在军费预算方面更加节省。无论如何，我国在远东总是要花钱维持军事基地的，无论建在哪里都一样。然而，美国人应该学着在心理上把两个问题分开：一是美国在太平洋的安全问题；二是菲律宾当地的行政管理问题。我们可以肯定地预计，不论美国是否保留菲律宾，将来它都会在亚洲海域维持一处军事基地。

随着时间的推移，菲律宾局势将保持长期稳定，当地美军可能会集中于两三个地点，其中一个是大型海军基地附近。由于不需要占领阵地，所以主力应该是炮兵和步兵。治安部队可以当地人为主力。当地已经有了数千名本土士兵，叫作侦察队和保安队。侦察队隶属于美国陆军，主要由美国人指挥。保安队隶属于岛屿政府，开支由岛屿政府负责，大部分军官也是美国人，其中部分来自陆军。这些部队有能力达到一流的效率，而且专家认为，在指挥装备得当的情况下，他们能够独立对抗任何一支亚洲军队。

政府正在认真考虑招募、维持一支足以维护菲律宾治安的本土军队，并为美国在菲律宾的防卫工作或者在远东地区的其他行动提供支援。虽然侦察队和保安队现在是两个单独的组织，但实际职责基本重合，所以之后可能会合并。在实际组织的过程中，把全部负担压在成立不久的岛屿政府身上是不明智的。通过在稳定的基础上打造一支本土军队，当地人可以学习经验，避免错误。完全由西点军校毕业生来指挥这支力量是一个很好的安排，其中必须有一部分菲律宾人。这就需要西点开设新班级，而且我国军官数量本来就不足，所以必须马上行动起来。本土军队不会出国作战，因此维持费用比美国军队低得多，而且整体上也更适合当地。现在发展方向可以看得很明白了，我们要及早着手建立菲律宾本土常备军，两万人应当足以应对各种预期情况了。

不管是报纸上还是口口相传，显然很多人认为，菲律宾文治政府的全部或部分开支是由美国承担的。这种看法是不正确的，纯粹是以讹传讹。自 1901 年文治政府成立以来，除了一些无关紧要的例外情况，当地税收基本可以负担政府部门的开支。尽管菲律宾在法律方面受到华盛顿政府的一些不公正待遇，还遭遇一连串自然灾害，饱受多年战乱动荡之苦，但税收仍然足以自我维持。1906—1907

菲律宾警官队

财年的财政总收入为 13,754,046 美元，而支出（包含债务支出）仅为 12,691,378 美元，结余超过 100 万美元。

这项成就是在若干特殊状况下完成的：农业税几乎全部免征，部分省份还减免了其他税种，救济款也多次发放。在此期间，政府逐步改变了西班牙政权下向贫苦阶层课以重税的状况。

在这个方面有一些很有趣的对比。菲律宾共有 3141 个岛屿，总面积为 127853 平方英里，人口为 7,635,426 人，人均税负 1.52 美元。古巴面积为 44000 平方英里，人口为 1,572,845 人，人均税负却是 13.33 美元。波多黎各的面积比班乃岛还要小，人均税负为 3.7 美元。日本的人均年税负为 8 美元。这些数字表明，随着经济的日益繁荣，增税而不增负是相对容易的。如果菲律宾能够得到美国国会的公平对待，有机会开发本国资源，那就不需要担心菲律宾会成为美国国库的负担。反之，发展教育、修明内政等各项工作所需的资金都足以自筹，未来还能够供养一支如前所述的军事力量，为美国的整体国家安全做出贡献。

菲律宾工商业发展会为美国带来物质上的利润，这是合理预期下的一种好处。但是，现实利益的另一个方面值得讨论。美国很多反对保留菲律宾的意见来自联合大企业，它们宣称允许菲律宾商品自由进入美国对国内的部分工农产业不利。很重要的一点是，表达这一观点的利益集团赞同出售或者出手菲律宾。出售菲律宾的提议中也出现了一些有趣的经济方面的见解。目前为止的讨论中，可能的买家只有一个：日本。如果菲律宾落入日本手中，这会对美国工业造成什么样的影响呢？

菲律宾的主要出口商品按金额从高到低分别为大麻、糖和烟草。大麻是菲律宾的垄断商品，且征收出口关税。美国消耗了全球生产的过半大麻，如果目前进行的工业试验成功，美国也许能够消费菲律宾生产的所有大麻。根据美菲当前的关税协定，菲律宾大麻对美国执行出口退税，这对买方是有好处的。因此，使用大麻的美国生产商就能取得一定的国际竞争优势。目前，菲律宾因此损失的税收近50万美元。如果美国将菲律宾出售给日本，或者日本通过其他方式获得菲律宾，日本可以马上将大麻产业变成政府垄断产业，并且在不减少消费的情况下尽可能地提高出口关税。这部分增加的收入足够日本支付购买菲律宾时发行的债券本息，最终可能导致美国某些行业退出市场，被日本大麻制品取代。

免税大麻对美国工业发展是有益的，不会有人反对。事实上，大麻现在就是自由进入美国市场的。反对美菲自由贸易的声音似乎主要集中在甜菜制糖业。看上去好像是为了甜菜农户的利益，其实真正的推手是制糖企业。我们应当承认，菲律宾生产的糖即使全部进入美国（现在只有很少的一部分进入），也不足以影响美国市场。有人争论说，如果给予它在美国的自由市场地位，菲律宾制糖业会有很大发展，迟早会对美国甜菜农户造成不利影响。那么，日本接手菲律宾后，糖业会发生什么情况呢？日本工人会被送去菲律宾种植园。日本糖厂本来就享有政府垄断保护，届时在世界市场中相对于美国制糖业的竞争优势会进一步扩大，这样的猜测难道不合理吗？果真如此，那么将菲律宾出售给日本反倒可能让美国制糖业的那些担忧成为现实。

虽然我先谈了现实层面，但我并不认为道德层面不重要或者处于次要地位。道德方面的主张非常明确，没有什么狡辩的空间。先前怀着吊民伐罪的心理占领菲律宾，如今却因为怕赔钱、嫌麻烦、前景不明而将这片土地及其人民抛弃，这是怎样的一种想法啊？但凡是人，哪里有不"麻烦"的呢？

在不久的将来，美国人民会明白菲律宾绝非"问题"。在未来，我们会为治理菲律宾之初产生的种种担忧而感到羞愧。随着时间的流逝，我们通过不断的接触，对这个"问题"也会更加熟悉。我们逐渐对各种困难有了正确的认识和判断，就会明白这个国家到底是什么样。哪怕是欧洲三流国家也能办好这件事情。

在出售菲律宾的问题上，有一个道德因素似乎被很多人忽视了，那就是将一

菲律宾的交通方式

个基督教国家的人民交由一个异教政权来统治所涉及的伦理难题。如果美国由于各种原因完全抛弃菲律宾，这很可能就是它的命运。某些美国媒体在严肃讨论向日本出售菲律宾的问题时，一位马尼拉的美国牧师慷慨陈词："我们绝不能被卖给异教国家！"

以我对菲律宾情况的了解，以及对目前影响着且将在未来决定美菲关系的局势估计，"不惜代价摆脱菲律宾"没有任何可靠的基础。这种讨论基于人们对事实的误解，产生的实际效果则是阻碍菲律宾的现实发展，增加行政管理的难度，推迟菲律宾人迈向富裕的时间。考虑到菲律宾独特的地理位置和弱肉强食的趋势，我认为菲律宾被美国抛弃后不可能长期维持政治独立。如果没有外援，菲律宾必然会落入另一个强国之手。如果美国放弃目前在菲律宾的地位，那就相当于给列强抛出一份肉骨头。在我看来，美国人民永远不能抛弃菲律宾。

第三十五章　摩洛省

现实中有两个"菲律宾"。一个是马尼拉、伊洛伊洛、宿务的菲律宾，在美国国会、菲律宾委员会、菲律宾最高法院有代表席位。省长和议员自行选举产生了，独立问题时有讨论。

另一个菲律宾的种族、宗教、风俗都与前者不同。它的政府是另外一种形式，而且从来没考虑过独立。这片土地的正式名称是摩洛省。

摩洛族被认为是阿拉伯人的后代，不过现在来看，民族起源没有多少实际意义。菲律宾摩洛族的直系先祖是婆罗洲的迪雅克人（dyaks），他们几百年前曾远航至苏禄群岛并进行劫掠。接下来，他们又去了棉兰老岛。由于当地气候宜人，土壤肥沃，便定居了下来。两名婆罗洲王公后来发生了纠纷，于是其中一人去了霍洛岛，在那里建立了自己的王朝。摩洛族毫不费力就占领了此地，内战不休但没有什么外忧，直到多年后西班牙在菲律宾建立主权。随着维萨亚斯群岛和北部各岛屿日益文明富裕，摩洛族对其大肆掠夺。摩洛族舰队不时侵占北方岛屿，劫掠维萨亚斯群岛，甚至有一次威胁到马尼拉。现在保存下来的瞭望塔和石堡都是当年摩洛族留下的。西班牙不得不保护自己的殖民地，打赢了几场仗，辅之以外交手段，费了很大劲总算名义上收服了摩洛族。虽然摩洛族人在头人默许下接受了西班牙的主权地位，但实际上受到的束缚很少，西班牙也不敢催逼过甚。只要摩洛族不闹事，西班牙人就心满意足了，从未试图亲自进行管理。这种羁縻之策必然会对美国人造成影响。

虽然西班牙人在一些沿海城镇设立了驻军，并因此控制了南部岛屿的贸易，但内陆几乎感受不到西班牙人的统治，一如往常地过着与祖先一样的生活。近年来，摩洛族公认的君主是苏禄苏丹，驻地仍在霍洛岛。苏丹常年领受西班牙津贴，但在他居住的岛屿之外几乎没有实权。摩洛族的人实际由当地酋长（datu）统治。酋长的地位取决于个人魅力和保护属民安全、笼络手下的能力。小酋长会向大酋长效忠，而大小实力是按照手下数量来定的。酋长之间经常打仗。小规模内斗很频繁，西班牙政府和苏丹一般置之不理，除非伤害到西班牙人或西班牙产业，或者波及整片区域。在这种情况下，西班牙人一般会站在看上去比较恭顺的酋长一边（当然，恭顺的原因五花八门），帮他击败对手。因此，西班牙政权非但无意让摩洛族团结起来，反而大搞以夷制夷。在西班牙政权的早期，传道士曾试图在摩洛族中间传教，可惜成果不彰，只得放弃。

上面我们回顾了摩洛族的历史，从中可以了解到美国控制菲律宾时南部岛屿的局势。美西战争伊始，摩洛族就发动了起义，而西班牙人正在别的地方交战，无力顾及。一时间，西班牙总督和守军都被困在三宝颜市，直到美国军队赶到才得以解救。因此，就像菲律宾的其他地方一样，美国要应对的是一场暴乱。然而，暴乱背后并没有令人不安的政治观念，因为它的起源是宗教和种族上对外来者的反感，再加上轻微的商业压迫引起的愤怒，所以处理起来不难。美国军官说服了酋长，表达了自己的友好来意，没过多久便恢复了和平。西班牙人离开，美国人开始统治他们。

从某种意义上讲，美国人和摩洛族之后的纠纷来自于我们自己和我们的统治方式。既然有了一份新领地，美国政府自然就会展开调查和开发。调查发现了一些特殊情况，于是试图加以改变，随后便导致了冲突。

美国人初来乍到，而且忙于处理北部的起义，所以一开始主要是在大城镇建立政权，驻扎军队，并与苏丹和有影响力的酋长建立友好关系。这些初步行动没有遇到多大障碍。苏丹承认了美国的主权，而美国人许诺延续西班牙统治时期的年金。在棉兰老岛，如皮昂和阿里等大酋长也臣服了，公开宣布受美国节制。

随着时间的推移，美国人逐渐熟悉了当地情况和岛内事态，似乎与美国的方针政策大相径庭。人们实际上还是在酋长的统治下。酋长几乎拥有绝对的权力，而且他们经常利用这种权力欺骗和压迫臣民。法律是粗放的，管理是野蛮的。土地没有确切的使用期限，几乎所有土地都被酋长及其党羽霸占。奴隶制和一夫多妻制仍然存在。除了驻军城镇上开办了若干耶稣会学校，负责教育菲律宾人和华人的子女，其他人都没有接受过教育。教会曾在早期尝试过推行教育，但遭到激烈反抗，之后西班牙人就放弃了。因为在西班牙人那里，教育和教会是一体的，教育总是附着在宗教的羽翼下。

美国政府面临着改善这种状况的问题，满怀信念地开始了行动。1902 年，文治政府拓展到了摩洛省，这是改革的发端。很多人认为，动乱再起的原因是文治政府取代了军政府。这种观点有其合理性，但因此得出军政府应当长期存在的结论，这就只能说是误解了。诚然，军政府之前成功地维持了秩序；而且，只要一面炫耀武力，一面不干涉内政，秩序可能还会继续维持。但是，这也可能意味着相对停滞，人民长期受到压迫，国家的发展繁荣受到阻碍。

改革意味着干涉酋长的权威，削减他们的权力；废除奴隶制和限制奴隶贸易；建立法院，加强大众的法治意识；为工商业发展提供良好的法律基础；建立教育体系；并在总体上将中央政府的各项职能扩展到全国。

西班牙人从未做到这些事情，连尝试都很少。因此，这是前所未有的开拓性事业。即使在最有利的情况下，做到这一点也不免会引发激烈冲突。在摩洛省，美国人要对付的是一群勇猛好战、无知顽固的人，他们之前很少被打败，更从未被征服；再加上他们脑子根本不转弯，于是反抗就成了定局。正如许多人所预料的那样，将美国政策应用于摩洛省的尝试引起了他们的反对。偏远地区的酋长拒绝将权力让渡给征服，强制执行时便揭竿而起。这样一来，混乱就开始了。烽火顿时燃遍整个摩洛省，经过艰苦奋战和几场恶仗之后才镇压下去。幸运的是，酋长之间并不融洽，很难一致对外，使美国人可以各个击破。兰傲湖（Lake Lanao）战役就充分展现了这一弱点。大约 50 个小酋长参战，然后一个一个被美国军队打败。美国当局很快就采用了西班牙当年挑动内斗的办法，让他们难以团结起来。

虽然兰傲和科托巴托的仗打得比较苦，但霍洛岛战事的决定性意义要更大。这里发生了巴德达霍战役（Bud Dajo fight），也叫"火山口之战"，在美国引起了很多的批评。在这场战斗中，摩洛族惨败，无力再战，于是和平得以恢复。在整个起义期间，伦纳德·伍德都是摩洛省的省长和军队司令，他的行政才干起到了重要作用。美国军队在这场小规模战争中表现出色。摩洛族治安队也发挥了重大作用，与族人对抗时的勇猛劲头丝毫不逊于与菲律宾人战斗时的劲头。

在镇压叛乱的过程中，文治政府不得不暂停推行既定政策。现在，它终于可以恢复正常运作，建立了摩洛省政府。省政府设省长一名，兼任棉兰老岛驻军司令，司库一名，司法官一名，审计员一名，4 人共同组成省立法委员会。菲律宾委员会有权否决摩洛省立法规。省分为 5 个区，设区长、秘书和司库，3 人组成区议会，人员由省立法委员会任命，委员会批准。区又分为部落，设正副长官各 1 名，正职多为原来的酋长，因为经验表明，任用当地头面人物能更好地控制该地区。区议会有权制定法规，省立法委员会则有权修订或废止。区长担任部落法庭法官。部落法院提请上诉由省初审法院负责，院长由美国法官担任。摩洛省为菲律宾第十四司法区，主要使用西班牙民法和刑法，这与菲律宾其他地方是一样的；不过，有时也会采用粗略整理成文的摩洛习俗法。当地基督徒的法律地位与其他各省相同。根据建省法令，军官可以出任区长和民事官员，另有补助。目前，出于经济和便利的原因，各区长均由军官充任，同时有必要在省内维持若干军事据点。

人们会认为，它名为文治政府，实质是准军事政府。在某种意义上，它的权力仍然依赖军队，而且主要由军官来管理。但文治政府的本质就在这里。行政的基础是当地的法律，而不是军事独裁。人民根据中央政府和法院的司法解释服从法律。然而，这项工作才刚刚开始。中央政府对许多部落的情况知之甚少，信息来源只是当地酋长。渐渐地，人们开始意识到自己可以诉诸更高的权威，以此来对抗不平等和压迫，而酋长的严重劣行也正在被纠正。奴隶制已经取消，一夫多妻制正在逐渐减少，并且建立了个人财产和不动产的合法基础。目前当地正在推行一项计划，希望在几年之内完成全部土地的登记。在此之前，占全省大半面积的未开垦土地均属于酋长。政府对此不予承认，而且今后只会向实际开垦耕种者发放地契。如此一来，公共土地所有权的一大问题就得到解决，打开定居垦荒的局面。 政府正努力阻止摩洛族的迁移习惯，使他们定居下来，但迄今为止还没有取得多少成果。

摩洛省现有大约 45 万归化摩洛族，6 万菲律宾人和华人，以及大约 5 万未开化的"高山部族"，他们居住在棉兰老岛东部。大部分人口生活在比较大的棉兰老岛上，岛民约有 50 万人，四分之三为摩洛族。除了海滨各城市外，菲律宾人主要住在棉兰老岛西北部，设有一个小省份，有正常政府机构，隶属于岛屿政府。华人在当地定居多年，以经商为生。 该省能够自给自足。1907—1908 财年的收入为 75 万比索，结余 3 万比索。海关等各项收入都由省财政部征收。省内学校由省政府开支，遍布各地，但除了在比较大的城镇以外，吸引摩洛族儿童入学都比较困难。不过，入学率还是在缓慢上升的，人们开始理解学校的意义，因此也越来越看好。摩洛族的孩子们很聪明，善于学习。我在三宝颜一所学校的技工部参观过，有一名华人教师教大约 60 名摩洛族、菲律宾、华人男孩学习制作柳条筐、柳条椅等物件。这竟然是一所美国公立学校！美国在摩洛省推行的政策可见一斑。

摩洛省目前有大约 6 万名学生，大部分是菲律宾人。

摩洛省的问题是行政上的，而不是政治上的，最多有一些外在的政治压力。摩洛族人对现代意义上的政治是没有概念的，也不感兴趣；甚至不知道自己应该忠于中央政府，对中央政府有责任。他们的文明基于家庭和部落关系，由宗教帝国主义联系在一起，而苏丹就是他们的中心。之前，人民向酋长进贡，而酋长又向苏丹进贡，除非酋长认为有必要反抗苏丹，而这接下来往往就是内战。摩洛省的行政事务中只涉及一个政治问题，那就是宗教。乍看上去似乎有些矛盾。伊斯兰教向来固执狂热，让其他宗教难以立足，在这里也不例外。干涉摩洛人的宗教必定会引发严重后果。因此，当地政府不希望其他教派存在。耶稣会虽已站稳脚跟，但早就放弃摩洛族人，专攻菲律宾人了。

随着时间的推移，岛屿政府有望为摩洛族和摩洛省做一些事情。然而，至少是现在，有两个习俗连军方都不愿意去干涉：纳妾和持械。经过艰苦的工作，政府总算收缴了大部分摩洛战士的步枪，但他们仍然在腰际插着令人胆寒的巴隆刀（barongs）。他们是凶猛的战士，政府如有需要，大可以从他们中间招募。摩洛族在某些方面和其他东方人是不一样的。我曾经近距离观察过：眼神对视时，他们不会退缩。他们有时或许会战败，但从未被征服，而且随时准备再次拿出武器战斗。摩洛族保安队相当优秀可靠，深得官员信赖。有些和摩洛族接触过的美国军人认为，在同等的装备和训练情况下，他们比日本人还要强。

在南部岛屿漫游不禁会让人想到狂想曲。小岛风景如画，海平面上呈现出蓝色或者紫色，山顶上经常环绕着浓密的云彩。棉兰老岛是菲律宾最大的岛屿，自然资源也可能是最丰富的。外人常称之为"白人国"，说的是当地气候与温带颇为相似。对于认为菲律宾是个不健康的国家的诽谤，应该已经有人在反驳了。我认为，大多数美国人的生活方式本来就不太健康。在我看来，棉兰老岛的气候是相当宜人的，作为省府和主要港口的三宝颜市讨人喜爱，道路整洁干净，白色的房屋很整齐，有着繁荣和进步的氛围。这是菲律宾唯一一个使用人力车的地方。

棉兰老岛是一个很好的岛屿，只是尚未开发。大河奔流穿过广阔富饶的山谷，有的地方海拔有上万英尺。山上覆满浓密的树木，大多数是珍贵的品种。岛上大麻生长地数量多且质量优，达沃（Davao）就有一处欣欣向荣的美国大麻生产基地。这座岛屿几乎完全没有开发，如果按照波多黎各岛的人口密度来看，它完全可以供养 2000 万人口。目前，大麻、橡胶和水稻是主要的物产，但是几乎所有热带和亚热带农作物都能在当地的土壤和温度下繁茂生长。

霍洛岛可能是苏禄群岛里面最有趣的一个地方，因为它的历史与苏丹关联很紧密。霍洛岛的战争气氛很浓厚。军人或外国人出门都要携带武器，这是命令，所以到处都是佩戴手枪的人。我见过几个冲浪回来的军人，身上只穿着泳衣，但每个人手里都有一把左轮手枪。下水的时候，他们就把武器放在岸边，旁边有两个同伴看守。到了每天晚上的规定时间，摩洛人必须离开霍洛岛的城市。夜晚城门关闭，有卫兵把守。早上重新开门，哨兵会仔细检查每一个进城的人。

在和平时期，采取这些预防措施是因为胡拉门塔多（juramentada），这是一个狂热教派，经常提着刀，杀气腾腾。摩洛省到处都有他们的踪迹，但霍洛岛似乎最多。他们的暴行足够写一整本书。一旦他们决定开战——之前从来不打招呼——就会对基督徒进行疯狂屠杀，直到自己被杀死。他们疯狂到了极点，有时要多发子弹才能把一个人打倒。最近，在霍洛岛的郊区，有一个人被击中了 12 枪才倒下。

西班牙政府当年也吃过胡拉门塔多的亏，损失惨重。这里有一个故事，很可能是虚构的，讲的是西班牙政府如何处理胡拉门塔多。一个胡拉门塔多残忍地杀害了一个西班牙的农场主。像往常一样，胡拉门塔多被处死，他认为自己应该走向死亡，所以并没有逃跑。邻近镇的记录显示，这名胡拉门塔多是被通缉的，于是总督向酋长发出了抗议，要求他管好这些人。酋长回答道，他很抱歉，但那个人是胡拉门塔多，他也管不了。几天后，西班牙的一艘炮艇出现在酋长面前，杀

摩洛维塔斯船队

死了许多人，炸毁了许多财物。酋长匆忙地向总督提出抗议，据说总督回答说："我很抱歉，但我的炮艇已经被胡拉门塔多控制住了，我也控制不了。"

不管西班牙总督们使用了什么方法，在西班牙政权的后期，胡拉门塔多的数量确实已经变得很少。但在美国占领菲律宾之后，他们很快恢复了生机。幸运的是，他们的人数现在似乎正在减少，但仍然经常让霍洛岛的外国人感到担忧。

苏禄群岛位于菲律宾的边缘，山峦起伏颇可一观，值得一游。数量众多的小岛上既有采珠人，也藏匿着很多以婆罗洲为基地的华人和当地人走私贩子。为了打击走私，菲律宾政府在多处设立了海关。即使在菲律宾，锡安希、班加奥、席坦吉岛也属于偏远外岛。还没等我们的快艇下锚，周围就围上了一批小舟，舟上的摩洛族男孩用英语跟我们打招呼，抛硬币给他们，他们就下水捞珍珠。有的时候，他们还会听从指挥，站在舟上用船桨准确地发出各种信号。他们是从美国士兵那里学来的。在锡安希岛，一名英语很好的摩洛族男孩跟我讲，有一名富有的酋长经常会送给美国游客很多珍珠，不过我们并没有亲自去检验酋长是否真的那么好客。卡加延苏禄岛上，两名白人生活在 3000 名全副武装的摩洛族人中，简直像是奎勒—库奇（Quiller-Couch）爵士故事中的场景。其中一位是美国海关官员，1908 年的时候已经在当地居住将近两年了，跟当地人从来没有发生过矛盾。他很满足，当被问到他是否害怕在没有任何军队和警察的情况下生活在那里时，他说："如果政府在这里派遣士兵或警察，我马上辞职，因为那肯定会惹麻烦。"

尽管遇到了困难，美国的政策还是在摩洛省取得了进展。虽然军队和政府之间的关系比较特殊，但现在还是同舟共济的。在摩洛省的地平线上只有一朵小乌云。这就是菲律宾国民大会想要控制当地事务，这在国民大会第一次召开时就提了出来。由于摩洛族和菲律宾人之间在种族和宗教上的相互反感，现在在摩洛省内设置菲律宾官员是不明智的，这种状况会持续很多年。摩洛族鄙视菲律宾人，菲律宾人讨厌和害怕摩洛族。菲律宾的政客们似乎担心摩洛省会独立，因此希望将它控制住。一些美国人认为，如果现在就允许菲律宾独立（包括摩洛省），那么摩洛族几年之内就会征服北方各岛。幸运的是，这种改变的可能性很小，这让当地有了持续和平发展的条件（这期间可能会有一些波折）。

第三十六章　美国在太平洋地区的地位——首篇

要想考虑东方贸易的潜力以及美国工业繁荣发展与东方的联系，就不可避免地要考虑到美国在太平洋地区的安全问题。远东未来注定会在未来的世界舞台上发挥更核心的作用。

提到美国的远东利益，很多美国人都会马上想到菲律宾。尽管美国和这些岛屿的关系很重要，但是除此之外还有更宏大的因素。所以，当有人提议保护美国的远东利益，以免其受到侵害的时候，普通美国人只会想到菲律宾，很可能回答道："他们值得我们这么麻烦和花这么多钱吗？"对此我认为应该给予肯定的回答。但是，真正的问题是："美国要不要强化在东方的力量，让美国在东方问题上的话语更有分量，从而充分保护美国在东方的现实利益，而不仅仅是收缩战线，任由其反过来损害本国繁荣呢？"

可能有人说，美国在太平洋地区的利益安全取决于制海权，要对潜在对手保持优势；而掌握制海权就需要海军装备，还要依靠运煤港和海军基地。但如果没有供应和维护的设施，海军装备在任何地方都是没有用的。要提供这样的设施需要两个必要的东西：一是海港和泊地；二是必要的仓储空间和机械设备。

美国在太平洋地区拥有丰富的天然优良条件，因此只需人工设施即可，包括：适用各种型号船只的干船坞，煤和采煤机械设备，提供维修船只和武器的器械、材料的工厂，以及储存供给的仓库。自然条件良好的话，准备上述设施只需要足够的时间和资金就行。

基地建好之后，海军和陆军也已经集结好，一旦战争发生就应该考虑它们遭到攻击的可能，选址时也应该考虑守卫方便与否。海军基地可能遭到来自陆地和海洋两方面的攻击，所以防卫问题都要考虑。如果一支更强大的敌方舰队朝港口开炮，基地的机器设备会被损坏，而停泊在基地里的军舰也可能会损失掉。因此，海港应该设计成不让敌方舰队进入或靠近的形式。最近的战争都表明，军舰是打不赢同等火力的岸炮的。如果港口的入口很窄，可以设置水雷进行保护。如果港口位置选得好，抵抗海军袭击就相对容易得多，只需要建好炮台和布好水雷即可。

然而，要抵抗陆地上的袭击就没那么简单了。在海上遭到封锁，陆上遭到围困的情况下，基地能否守住既要看能不能挡住突袭，也要看能不能长期坚守。我们没有必要担心位于美国本土的海军基地的抵抗能力，因为它们很容易地能得到美国全部军事力量的快速支援。但是，孤悬海外的基地就另当别论了。在这样的情况下，保护基地最终要靠供给和援军，这就需要掌握制海权。因此，除非美国长期在太平洋地区驻扎比任何对手集结速度更快、实力更强大的海军，不然就必须努力抵御住海军基地可能遭受的陆地袭击，直到支援的舰队能够与入侵的敌人争夺制海权。

人们可能会说，太平洋地区的海军价值主要体现在美国和亚洲国家的战争中。某些欧洲国家固然可以在这里进行大规模海军行动，但如果美国和任何一个西方大国发生冲突，关键战场也不会在东方，而且单凭海军是不能夺取美军在太平洋地区的主要基地的。只有陆军才能做到这一点。除了俄国外，没有一个西方国家能够在远东集合起一支能打大仗的庞大军队。在亚洲国家中，能够真正威胁美国的只有两个：中国和日本。所以，要保护美国在这一地区的利益和领地就要认真考虑这两种可能。中国的内政军事都没有为战争做好准备，未来多年内无需担忧。

因此，现在问题主要在于评估美国和日本两国的对比形势。

虽然有人反对在和平时期讨论可能会发生冲突的国家之间发动战争的可能性，但是很明显，将所涉及的国家间的资源和力量进行对比可以产生威慑作用。无论对这件事持有什么样的观点，联邦政府都一定会一直与这些国际冲突带来的问题打交道，国家间的冲突一直存在，这是人们永远会关心的。这些考虑也不一定包含好战的意图，并且通常这些问题只限制在外交纠纷似乎会带来分歧的情况下，只有在这种情况下大多数国家才会认为国家安全和合法目标都是需要关注的。

日本会在美国国家安全考察中占有重要的位置，是因为日本的地理位置和近年来的迅猛发展。在美国占领菲律宾初期，日本在该地区具有危害性的政治活动的具体证据就被美国政府官员获取了，随着这些证据被悄悄转移到华盛顿的档案馆，美国陆海军就把日本当成自己的对手，日美或许终有一战。

日本的军事实力开始展示出来。日本的野心和活动范围早已扩大，日美两国开始产生了摩擦。目前形势还不太明了，只有个别直接利益相关方才了解，这属于秘密外交的范畴。外界广泛流传的消息大多都是皮毛。但是，这些消息已经吸引了世界的注意力，人们不断猜测日本与美国发生战争的可能性，直到今天还会有美国公民严肃地问："日本人能把我们怎么样？"也许这个问题每隔一段时间就会沉寂下去，但它会一直存在，或许有一天需要一个实实在在的回答。

问题中包含了很多因素，战争发生的时间、地点以及突发的实际情况。发生冲突的地点似乎不可避免地限制在太平洋地区和周边国家。因此，地理因素是比较固定的，我们先来谈谈。

日本和美国即使在现代条件下也是距离很远的。从横滨到旧金山最快也需要10天，寄到温哥华的信件最短也要12天或13天。从横滨中转檀香山发往旧金山的邮件需要16天的时间：从横滨到檀香山需要10天，1天休息，剩下的从檀香山到旧金山的路程需要5天时间。但是，美国也有更接近日本的领地：菲律宾、关岛、中途岛、夏威夷以及阿拉斯加。偏远的距离对于战争一方是好是坏，取决于它是攻方还是守方。而在战争中，决定哪一方进攻、哪一方防守的因素往往是双方在起初根本无法控制的。这是由美国和日本之间的地理环境决定的。马尼拉与美国的距离是长崎与美国距离的 3 倍，而关岛到美国的距离是到日本距离的 2.5 倍，旧金山距离长崎 2089 海里，距离横滨 3445 英里。但是，单单说地理距离是没有意义的。

现在来看其他要素。很明显，战争何时爆发是需要重点考虑的因素。我们不能精确预测发生战争的具体时间，因此为了让推测有实际价值，必须限定在一个可预见的时期内。对这个问题来说不能超过 20 年。事实上，10 年的预测可能是合理的，因为专家们认为，如果日本决定对美国做出极端的举动，那么在巴拿马运河建成之前它就会这么做。所以这里有一个时间的限制，这个时期还可以再分成两段，以 5 年为界。

对于战争发生的现实条件，我们还有很多需要探寻，因为其数量和种类都很多。在接下来的 5 年时间里，我们的分析是在相关条件保持几乎不变的情况下进行的。一个至关重要的因素是两国的海军实力。很多关于日本和美国现在和未来的海军的言论最近已经公开发表，大多数的观点认为美国有优势，而且之后可能会将优势进一步拉大 。两国陆军不需要比较，因为短时间内不可能发生地面冲突，而且投入作战前必须要先招募和组建，尤其是美国。这两个国家都可以随时轻松地扩充和装备军队。我们不需要考虑日本入侵美国或者美国入侵日本的情况，在目前的情况下，这可以认为是不可能的。

一旦战争爆发，而美国海军的主力在大西洋地区，那么美国便会处于防御的一方，面临着要保护它在太平洋地区领地的形势。日本的首要目标很可能是菲律宾，但具体过程就很难说了。一些专家认为，战争爆发后，日本会马上派遣远征军夺取马尼拉，占领菲律宾。但是，也有些人认为，他们首先会占领夏威夷和关岛，从而切断美国和菲律宾的联系，增加守卫菲律宾的难度，如果菲律宾刚开战就投降了，美军的收复作战也会困难得多。我将首先讨论日本尝试攻占夏威夷的可能性。

在保护美属太平洋领地的问题上，夏威夷是一个重要的垫脚石。只要我们在那边设置好据点，我们就有了一个前进基地，在整个太平洋中部占据主导地位。日本如果拥有夏威夷，必将会对保卫菲律宾造成极大的障碍，而美国海岸也会对日本的海军入侵敞开大门。尽管华盛顿政府早就明白了这个道理，但夏威夷军事基地的建设却相当迟缓。珍珠港在檀香山附近，已经被选为海军基地，相关准备也已经开始了。如果战争在防御工事完成之前就爆发，那么珍珠港就要靠临时防御工事和迅速集结的部队了。

由于各国政府都很清楚第一次有效打击的重要性，因此在战争爆发前的外交谈判中，两国都会各怀鬼胎，希望开战后为陆海军谋取优势地位。一个成功的例子是日俄战争。日本在开战前突袭旅顺港内的俄国舰队，造成了俄军的严重损失；同时，济物浦（今韩国仁川）的俄国军舰也被消灭了。这是客观条件造成的，当然俄国对自己的过失也负有部分责任，这使得日本控制了俄国与朝鲜的电报联系，使它能够在冲突开始前切断在汉城的俄国大臣与本国政府的沟通。这种做法不符合外交礼节，但历史上借此占得上风的例子有很多。未来在对付日本的时候，任何政府都将吸取这样的教训。

虽然目前没有国际规则明确界定这一问题，但两国开战之前一般会展开谈判，交换彼此的意见，并尽可能做出妥协。但在许多情况下，战前谈判完全是装样子，因为在谈判进行之前，双方早就下定决心了。当战争在这样的条件下发生时，主动的国家肯定已经积极备战了几个月甚至几年。备战工作必不可少，备战消息又不可能长期保密，因此一般来说，只要留心观察就能发现很多迹象，完全意义上的突袭是很难的。

就日本和美国而言，合理的假设是：除非一个国家已经决心开战，否则美日两国不会提出关键的外交议题。当然，这并没有考虑到一点，即由于国内政治的需要，或者以一般的外交补偿方式，小失误会不时地出现。假设有意发动战争或期望外交事故导致开战，下达通牒和关系破裂之间至少也要经过两个月。两国将利用这一过渡期进行战争准备，而不会采取会立即导致开战的行动。在这种情况下的行动或许可以视为实际的敌意行为，包括大量的军队接近边境，或者将海军集中到对潜在敌军意义重大的领地附近。一国政府向防守薄弱且可能是潜在敌人重要领地的地区增兵，这本身并非敌对行为，但很多战争都是以此为借口发动的。因此，在日本和美国之间出现严重问题谈判悬而未决的情况下，美国需要加快构筑在马尼拉和檀香山的防御工事。

　　我们可以有把握地说，在发生冲突的情况下，美国政府将重申其在太平洋地区所拥有的财产和领地，并考虑保护它们的方法和手段。暂时先不考虑菲律宾，让我们看看在现有条件下夏威夷的防御是怎样的。美国本土太平洋沿岸各港口有众多可用运输船，如果政府直到战争不可避免之时仍未增兵檀香山，那么此时仍有时间派遣足够的力量来迅速采取行动。通过租用额外船只，开战后的 10 天内就可以将 2.5 万人的军队运到檀香山，同时还有各类补给，包括野战炮、要塞重炮和岸炮，如果后两类火炮之前尚未到位的话。由于夏威夷的防卫重点在于海军基地，因此守军司令不必担心其他岛屿，只要保住珍珠港和檀香山即可。上万人会立即开始修筑工事，虽然短时间内肯定达不到旅顺港和塞瓦斯托波尔的水平，但几周之内的成果足以阻挡数量远远超过守军的敌军。如果没有陆军支援，又遭到守军顽强抵抗，日本能够在夏威夷集结的舰队绝不可能夺取珍珠港或檀香山。

　　现在就出现了这样的问题：日本会如何阻挡大规模援军抵达夏威夷并长期坚守，如果阻挡不了，日本又有什么力量能把夏威夷拿下呢？

　　首先要考虑的问题就是日本能否阻止美军对夏威夷的支援，因为如果美军成功了，日本占领这些岛屿的难度就会大幅提高。显然，要想阻碍美军增援，日本就必须拦截开往夏威夷的运输船，这就要考察相关客观条件以及开战时两国海军的实力对比。美国政府启动了一项新政策，将夏威夷海军基地的战列舰全部撤出。该项政策可能还会延续几年。它基于一种理论，即美国海军在亚洲海域未来的唯一的对手就是日本，除非我国准备在当地维持一支强大的舰队，有可能击败或重创日军战列舰队，否则就不应该保留任何战列舰，因为这些战舰会处于孤立地位，可能会白白牺牲。 我们的亚洲舰队现在由比较小的巡洋舰和炮艇组成，还有一支小型鱼雷艇队。如果在这种情况下与日本开战，巡洋舰——可能还有部分更小的舰船——至少要在战前收缩到檀香山，很可能要一路撤到旧金山，然后与太平洋舰队的巡洋舰和战列舰会合，组成一支庞大的舰队。按照目前的战力配置，它还不足以应战日军主力舰队，但足以迫使日本海军考虑它的存在。在马尼拉和美国之间有一条电报电缆，与关岛、中途岛和檀香山都有联系，战时将归政府控制。配备无线设备的快速巡洋舰将驻扎在关岛和中途岛，随时做好准备，战争爆发后立即行动。这些船只可以在日本和美国之间的海上航线上航行，并且报告日本的情况。这样一来，只要任何日本舰队在海上航行，檀香山和华盛顿政府就可以收到警告。即便假设日本舰队会先发制人，在谈判破裂之前就离开基地，就像当年对付俄国人那样，日本政府也赢得不了多少时间。原因在于，这一情况很快就会被发现，而除非几个小时——最多一天——之后就要开战，日本政府是不会在出海即失联的情况下贸然派出舰队的。

　　一支日本舰队若要打败美国亚洲和太平洋联合舰队，就必须包含战列舰和装甲巡洋舰，而且只能派出作战半径比较大的战舰。如果日本的舰队往日本的东面开，煤炭补给就会中断，除非拿下美军据点或者返回日本。日本只有几艘大型巡洋舰能够从檀香山开到旧金山，巡航一段时间，然后返回日本；战列舰中则没有一艘能做到。当然，采取经济节省的航速或许是可行的，但这样又太慢。因此，任何日本舰队都不敢拦截美国和夏威夷之间的交通往来，战争开始后的 10 天内，我们已经可以派遣援军。我们应当记住，在高航速下（现在不是省煤的时候），运输船从旧金山到檀香山只需 6 天，有些太平洋邮船公司的班轮还要更快。那么，除非美国政府懈怠到了极点，否则在日本海军有能力拦截美国运输船队之前，将 2.5 万部队和数月所需补给送上夏威夷是不成问题的。

如果援军成功登陆，那就要考虑另一个问题了。日本进攻夏威夷时必然要面对它，我们再假设由于美国海军全部撤回本土太平洋沿岸（可能只留下若干潜艇），等待大西洋舰队增援，这支美军目前处于孤立状态。为了攻占由 2.5 万名美军（可能还有几千名夏威夷志愿兵支援）守卫的设防阵地，日军规模至少要达到 5 万人。为了不遭到美军快速巡洋舰的拦截，庞大臃肿的日本运输船队必须要有护航，而且途中可能会付出惨重代价。

战争还需要考虑另外两个主要因素：方式和时间。运输的主要方式是日本商船。鉴于需要运输的部队和装备很多，需要的船只也少不了。在和平时期，日本商船的分布是比较散的。日本航线上的船只是往返于欧洲、美国和澳大利亚，并且需要很长时间的航行。日本共有 40 万艘蒸汽商船，四分之三是小于 3000 吨的，经常用于远东沿岸交易，动员起来比较方便。在不掌握更多细节的情况下，我们或许可以说：除非动用大批上述小轮船，否则要运输 5 万人是很困难的，甚至连一半都很难做到。这些船本来是适应经济航速下航行的，而且本来没考虑远途航行的问题，因此载煤量小，速度也慢。出于经济考虑，日本近海船只平均航速只有大约 9 节，很多连 9 节都达不到。正如链条的强度是由最弱的一环决定的，舰队的速度也是由最慢的船只决定的。由于分批上岛只会被各个击破，所以日本人必须同时将大量军队运上岸。这与在满洲、朝鲜打仗不一样，那时的运兵和摆渡过河差不了太多。将日军运往夏威夷的舰队速度很可能最快达到 8 节。从日本集结港到檀香山所在的瓦胡岛有 4000 海里的距离，这么算下来，日军从本土起航 20 天后才能到达夏威夷。假设日军在开战前就已经上船了（通过船只、军队动员等其他信息来源，美国会提前了解到这一情况），那么日军登上瓦胡岛就要3周时间，美军可以在此期间备战和修筑工事。回想美国内战期间，交战双方往往在一天不到的时间里就能完成坚固工事，更何况有3周时间呢。

抵达瓦胡岛后，登陆又是一个难题。这个岛非常小，檀香山和珍珠港是少数适合登陆的地方。即使不考虑守军，两周内完成登陆也很不错了。接下来，登陆部队还要夺取美军阵地。完成这个任务可能需要几周，甚至几个月的时间。所以，我们可以合理地认为，檀香山和珍珠港会在战争开始后坚持3个月。在此假设下，我们就可以考虑另一个因素了。

那就是美国海军。大白舰队①当年越过了非洲之角，这是很有名的一件事，也是现实的一课。如果有必要的话，美军在日美开战后也可以重现这一纪录。开战3个月之内，美军战列舰队就可以抵达旧金山，并与驻于该地的舰队会合。这就能很容易地建立起美国舰队在太平洋地区的数量优势，然后便可向夏威夷前进，与日本舰队交战。如果日本舰队被打败，它几乎不可能逃脱被消灭的命运，因为它离能够提供补给和修整的基地有4000海里的距离。随着日本舰队被消灭，甚至被迫放弃对夏威夷水域的控制，夏威夷的日本军队就将任由美军宰割了。

这些分析使我相信，如果美日两国在5年内发生战争，日本不会试图占领夏威夷，而会袭击菲律宾。而保卫菲律宾的任务又与保卫夏威夷的任务有所不同了。

---

① 美国海军作战舰队常用昵称。1907年12月16日至1909年2月22日，大白舰队依照西奥多·罗斯福总统的命令，完成环球航行。大白舰队分为两个中队，由16艘战列舰和各种护航舰组成。这些船的船体都被涂成象征和平的白色，因此获得了"大白舰队"的称号。罗斯福总统希望通过这个舰队来展示美国快速增长的军事实力。

第三十七章　美国在太平洋地区的地位——末篇

除了地理因素外，日本进攻菲律宾的各项要素都与进攻夏威夷相同。马尼拉距日本军事基地约 1800 英里，而距旧金山超过 5000 英里。所以，除非在关系破裂很久以前就派遣援军，还要保证日本在亚洲海域的援军在战争爆发后才行动，否则美国军队不可能赶在日本登陆之前抵达菲律宾。现在美国在菲律宾约有 12000 名驻军，分布分散，无法在不扰乱当地社会秩序的同时调动全员集合备战。同样，当地的侦察队和保安队主力也不能快速调动。在奥隆阿波或加维特设立海军基地的计划已经讨论了许多年，一些工作已经完成，但目前两地均无法抵御数周猛烈的陆上进攻。这样一来，如果接下来几年内对日作战，而且战争初期美国海军主力在大西洋，那么美国几乎无法阻止日本占领菲律宾、关岛和中途岛。

因此，美国在战争初期就要先守住夏威夷，然后再收复菲律宾。这意味着会开始一场持久且昂贵的冲突，因为如果美国人参加这场战争，那么只有胜局已定，再战无益的时候，政府才有停战的可能。美国军方可能面临的问题有：其一，从日本手中夺回亚洲海域的控制权；其二，夺取制海权后封锁日本海岸线，从而破坏其贸易和工业发展，阻止日本援军和补给抵达菲律宾；其三，向菲律宾派遣足够的军队对抗日军，收复各个岛屿。尽管这些目标并非不可能实现，但这将是一项艰难的任务，而且可能花费两到三年的时间。

三宝颜市街道

摩洛族孩子

这样一场漫长的战争就不能只考虑纯军事因素了，其他方面也很重要。增加海军军备就是一个需要逐步推进的要素。美国海军建设的相对缓慢总被看成是无能的表现，但这些批评大多没有充分考虑当时的条件。美国政府并未开足马力搞海军建设。战舰是由私营企业建造的，经常会出现工人被调走生产民用船只的情形，因为船厂接政府的单子不是为了利润，而是为了避免让工人无事可干。许多研究过美国造船业行情的人都知道，在紧急状态下，美国的战列舰建造速度不逊于英国外的任何一个国家，比日本更是要快得多。一旦美国加入一场需要夺取制海权的战争，美国的所有船厂都会在政府鼓励政策的刺激下加班加点造军舰。最近我看到的一个关于日美海军造船厂相比较的统计表明，如果战争现在或者在近期爆发，美国海军造舰速度将是日本的两倍。此外还有一个因素。美国拥有现代战舰所需的一切材料和制造军舰所需的一切设施，而日本就不一样了。尽管日本人因建成国产无畏舰而感到骄傲，但许多原材料还是需要进口。日本想要从龙骨到桅杆完全自主地生产一艘军舰，恐怕还需要一些时间。战争期间，这些材料都会遭到禁运，进口受阻乃至完全终止。

但是，或许在两国持久战中更为重要的一个方面是金融和国内经济结构。我们很难想象现在的日本如何在大规模战争中应对金融和产业压力。战争可能会切断工业生产的必要原料，打击产品出口，甚至缩减民众的食品供给，从而使其国内经济陷入严重衰退。一些人认为——这种想法可能源于欧洲军事专家的预测——一旦美国与军事强国开战后必将损失惨重，而欧洲各国会幸灾乐祸，与美国对立，从而有利于日本获得资金支持。对此我并不认同。去东方亲自看一看吧，听听欧洲人和英国人对日本及其远东政策的看法吧。不！欧洲可能对我们略有嫉妒和恐惧，但他们在对于到底是该支持白种人还是黄种人的问题上绝不会感情用事，而这个问题正是日美战争的一环。他们对同美国维持良好关系的重要性也是毫不含糊的，因为双方对工商业的依赖程度很深。在我看来，日美开战后，欧洲的民众和政府都会一边倒地偏向美国。

　　某些评论员指出，一旦日本受到攻击，英日联盟就会要求英国援助，而英国一定会与日本联手对抗美国。从某个角度来讲，英日联盟确实对英国提出了这一要求；而且英国如果准备与日本一道抗击美国，那整个局势就会大变。我们可能会失掉菲律宾，但我们会得到加拿大，这是个不错的交易。在这一问题上，没有人相信英国会成为日本的爪牙。除非是为了保护本国在亚洲的利益（可能是因为其他国家破坏现有国际条约，或者试图干涉美国内政），否则美国不会与日本发生冲突，也不会与其他在东方有势力范围的国家开战。例如，不管如何解释英日联盟的含义，它都不会促使英国干涉日美两国间的移民问题，或者两国在中国"门户开放"政策上的龃龉。考虑到英国人当下的意图，这一联盟现在是否还有实质作用已经引人质疑。英国人现在意识到，自己当时没有恰当考虑各种可能性就匆忙签订了这一条约；虽然它曾经广受支持，但现在不仅被身处东方的英国人诟病不已，澳大利亚和新西兰也感到忧虑。除了英日联盟已经失去国际声望这一因素，我们还有一重保障：只要英国占有并希望长期保有加拿大，它就会在日美冲突之间保持中立，哪怕英美骨肉情其实也只是空想。

　　所以，通过分析对日作战的各种可能性，考虑到日本财政、经济状况和海军的相对弱势，我们有理由相信未来几年日本不会同美国决裂。于是，我们现在就要讨论第二阶段了。5 年之后日美是否会开战，这几乎完全取决于我国政府坚持的政策方向。除非华盛顿政府和国会没有正常履行职责，否则 5 年后我国的海军实力将会大幅提升，我们在菲律宾、夏威夷以及关岛的海军基地建设完备，维护我们在太平洋地区利益的现实计划也已制定。这一状况将使局势发生实质性的改变，面对日本和其他任何国家时将拥有比现在更大的优势，这一优势将成为维护和平的重要保障。如果情况允许，在菲律宾建立一支能抵御 6 个月陆上进攻的海军基地是必要的。

菲律宾海军基地的防御问题有赖于以下几个方面：进攻部队的实力，从宣战到封锁所花费的时间，在敌人和其进攻目标两者中牵涉到的现实条件和作战谋划。派遣军队袭击菲律宾海军基地所需的时间取决于军队的数量，因为运送小规模部队要容易些；基于同样的考虑以及防御部队的规模和准备程度，问题可能要小一些。许多评论员认为战争爆发的可能性很小，所以不必在菲律宾建立防御基地。如此空谈毫无意义。要估计和权衡战争发生的可能性，我们有必要假定一座基地已经建立，防守所需补给也是充足的。否则，谈论选址优劣毫无意义。所以，我认为一旦美国在 5 年后同一个亚洲强国开战，我们就需要在菲律宾建设海军基地，并精心布置防御。

有鉴于此，敌军必然也会进行相应准备。分析相关条件时，我们的优势是可以参考唯一的假想敌日本近年来采取的类似行动。我们不能认为日本能够长期维持高度战备，就像日俄战争爆发前那样。我们现在知道，日本曾在谈判破裂前就实施动员，并将军队送上运输船；实际上，部分日军在两国关系紧张之前就已经实施了敌对行动。日军做了充分的准备，行动也极其迅速。日本的首要目标是占领俄国在旅顺港的海军基地和要塞，从日本出发只需不到 60 个小时即可抵达。由于距离很近，再加上辽东半岛并无自然屏障，而且日军很快在大连占领了一片优良的登陆点，所以战争开始几个月后，旅顺港才遭到实际围困。我在这里所说的"实际围困"，指的是日军与要塞外围守军展开交火。南山地峡的失守切断了与北方的铁路线，于是旅顺港陷入孤立。但是，守军压力还不是很大。战争开始十个月后旅顺被占领，本来还可能再多抵抗几个月，但日军所在位置能够以强劲火力袭击港口，旅顺港作为海军基地的价值已经丧失了。

在与美国交战时，假设日本能以比当初出兵辽东半岛、满洲以及朝鲜地区更快的速度出兵菲律宾是不合理的。事实上，日本应该需要更多的时间。日本以那么快的速度登陆的情况可能会出现，但前提是美国在亚洲海域海军力量严重缺失，作战攻击堡垒所需时间只取决于自然和人为的障碍。

美国需要在远东地区建设设施健全、坚固可靠的海军基地，这是战略研究人员早就意识到的，但现在基地还未建立。该基地理应建在菲律宾，因为这是我们在亚洲海域的唯一属地，而且当地有许多令人满意的选址。当初从西班牙手中得到这些岛屿时，我们获得了两个所谓的"海军基地"——奥隆阿波和加维特。从现代角度来看，这些地方几乎配不上海军基地这个称呼。两地设施仅限于一些可以小修小补的修理厂，没有干船坞，虽然小型船只可以在加维特靠岸停泊。从那以后，加维特获得了重大发展，建立了加煤站。奥隆阿波也建立了类似的加煤站，还设有浮坞"杜威"号。奥隆阿波其他地区还建立了海军陆战队军营。但是总的来说，目前两地改造工作陷于停滞，尽管对优质设施的需求越来越迫切。

出现这种情况的原因有以下几点。其中有一点是国会没有拨款，而这实际是因为陆军部和海军部没有确定一致的选址。1902年海军委员会受命分析和报告菲律宾的选址，在备选地点中，委员会认可的只是加维特和奥隆阿波。海军军方认为，奥隆阿波所在的苏比克湾具有可以满足所需的自然条件，很快就制定了在奥隆阿波修建基地的计划，只等国会批准。但国会迟迟没有通过，也可能是不愿意通过。原因是美国在菲律宾政策的不确定性，而且国会也没有领会到这个基地的重要地位。尽管如此，要不是陆军和海军的专家争执不下，或许选址的问题早就该确定，而修建工作也早该开始了。两派意见很快就出现了，一方选择奥隆阿波，另一方则支持加维特。两派在陆军和海军当中也都获得了一定支持。大体上说，海军一方更支持奥隆阿波，而陆军则倾向加维特。

对美国来讲，至关重要的是尽快打破选址僵局，菲律宾海军基地建设刻不容缓。这一争议某种程度上和多年前运河选址的拖延进程类似。专家们认为巴拿马和尼加拉瓜两条路线都可行，但就两地优劣争执不休，白白耽误了很多年。我不想危言耸听，但是现在东方的局势是：再继续拖延就是对国家利益的犯罪。不久的将来，这个基地对美国的意义将相当于10艘无畏舰，不仅能在战争中发挥作用，更能成为维护和平的砝码。一连串加煤站遍布太平洋，将美国和远东的强大堡垒连在一起，就好比从美国远远向西打出的拳头，是美国的任何敌人都必须克服的首个障碍。

美国在远东海军基地的经济因素同样需要被考虑在内。现代陆海军是国际警察，而没有装备和驻地，警察就无法行使职能。所以，要想维护我们在东方的利益，就必须要建立基地。一个完善的基地必然要花费上百万美元，但基地10年内通过节省开支就能够支付这笔费用。在"杜威"号船坞送至奥隆阿波之前，我们必须将军舰和陆军派往香港或长崎休整。据统计，"杜威"在东方带来的经济效益能达到建造该船坞，并将其运到菲律宾所耗成本的一半以上。现在，军舰需要被送往大西洋或太平洋沿岸修整，成本很高。最近从菲律宾发现的优质燃煤更是维持美国东方舰队的福音，而政府也准备开采当地煤矿。有了海军基地和廉价煤炭，美国就不必依赖战争期间难以获得的外国帮助。美国海军在亚洲海域的地位是为了保护我们在东方的属地，还能使我国海军在这一区域展现实力，赢得当地各国的尊重。

我认为，美国政府应当从根本上改变其海军战略。毫无疑问，只有远东局势渡过眼前的危机，统治基础也比较巩固了，太平洋才能成为美国海军政策的重心。华府可能已经认识到了这一点，但有人似乎认为要等到巴拿马运河开通之后再行动。为什么要等呢？在我看来——我也知道某些美国海军专家持有相同的观点——美国应该在运河开通前将战列舰队主力转移到太平洋沿岸，与日军增长保持一致。这将在海军基地建成完善之前保证夏威夷和菲律宾的安全。除非拥有设施完善、守备坚固的基地，否则在亚洲海域部署大量军舰是没有用处的，甚至有些愚蠢。为了保护美国在东方的利益，海军部队应该在情况允许的条件下采取主动。

很多美国人肯定会问："为什么我们要自找麻烦地保护那些我们并不需要的属地？把这些地方都扔了，问题不就解决了吗？"

过去这个问题在美国经常听到，将来还会再出现，但频率会减少，也不再那么坚决。我已经给出了包括更广泛的国家利益在内的一些原因，这些原因要求我们关注太平洋事态的发展。军方对这些问题的回答是：美国在东方的属地或其他军事据点都是维护国家利益的必要条件。这些属地是我们的陆海军前哨，可以抵御并削弱任何来自东方的袭击。通过这些据点，东方也更容易抵达美国本土海岸。对那些听到讨论军事就厌烦的人，对于那些觉得维持基地开支太大的人，我们可以这样回应他们：社会还没发展到可以不需要警察的程度，而且各国也没有对何时废除国际警察达成一致。一些人反对我们在太平洋保留舰队，原因是舰队可能使美国和其他东方国家产生纠纷，或是爆发战争。这就好比说警察也可能引发混乱一样。在我看来，没有人会以为美国舰队在所有地方都会耀武扬威。据我判断，接下来的 5 年里，削减太平洋海军实力就像让城市警察和消防员放假，指望着不会出事，用不上他们。强硬的太平洋政策能够稳定东方局势，从而对和平投下一枚重磅砝码。

有些人似乎认为，美国的关照和付出是为了确保其自身利益，确保在东方发展过程中获得公平有利的份额，而这种关照和付出是不合理的，损害了当地居民的利益，乃至更广泛的利益。对此我不敢苟同。我国与我国人民的行动与目标是善意而合宜的，这与任何国家并无二致；我们希望凭借自己的进步和理想在世界占有一席之地，这种愿望也是合理的。不管想还是不想，我们都会和东方国家及其人民有越来越多的接触，人们不应当推测认为，东方国家在与美国的外交关系更紧密后会受害。相反，我国各个机构里代表性的活动、企业和有影响的事物一旦应用于东方国家，必能为其政府、国民以及所有居民带来好处。美国人扩大其东方利益时没有戴上舍己为人的假面具，而只是表明自己是带着友好互惠的精神参与到东方事务当中的。我认为，双方关系的加深能让东方获得比我们更多的好处。将美国的财富与美国人民的活力和智慧结合在一起，一定能让我国政府在全球大力推进获取国家利益。如果没能实现原来的期待，美国人民也要承担起自己的责任。在我国面临的诸多大问题中，美国在太平洋地区现在和未来的地位以及安全问题是最为重要的一个。